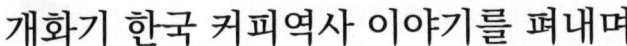

개화기 한국 커피역사 이야기를 펴내며

'개화기 한국 커피역사 이야기'가 출간될 수 있도록
도움을 주신 많은 분들에게 진심으로 감사의 인사를 전합니다.

'개화기 한국 커피역사 이야기'는 2015년 제1회 '궁중문화축전'에서 한국문화재재단의 도움을 받아 진행했던 '대한제국과 가배'라는 프로그램 참여가 계기가 되어 기획하게 되었습니다.

한국의 커피역사는 이미 많은 자료를 통하여 정보를 얻을 수 있었지만 아직 밝혀지지 않은, 보다 더 깊은 한국커피의 이야기를 찾고자 염원했으며 그 결과 이제껏 알려진 내용보다 앞선 한국의 커피역사를 찾아낼 수가 있었습니다.

'한국인은 과연 언제부터 커피를 알게 되었으며 커피는 언제 이 땅에 들어오게 되었는가?'에 대한 내용이 바로 그것입니다. 이번에 찾아낸 자료에 의하면 한국인이 커피에 대해 알게 된 최초의 시기는 1845년 헌종임금 재위시기로 거슬러 올라갑니다. 조선의 사신 권대긍은 헌종임금에게 청나라에서 가져온 한 권의 책을 바쳤습니다. 그 책은 청나라학자 위원이 지은 '해국도지'로 서세동점에 대한 위정척사사상을 내포한 세계지리서였습니다. '해국도지'에는 해외 커피의 생산국가가 기록되어 있었으며 훗날 조선의 근대화와 부국강병을 꿈꾸던 조선의 26대 임금 고종도 '해국도지'와 '영환지략' 등의 지리서를 통해 커피라는 음료와 서양의 문화를 알 수 있었습니다.

　이후 커피라는 단어는 조선이 앞으로 나아가야 할 방향이 무엇인가를 고민하던 조선의 지식인들에 의해서도 기록됩니다. 이는 한국의 커피역사가 근대화의 과정 속에서 독특한 특징을 가지고 있다고 볼 수 있습니다. 통상적으로 커피생산국을 소유한 열강들의 정치·경제·문화의 저변확대를 위한 목적으로 커피가 소개되고 전파되는 경위와 다르기 때문입니다. 한국에서 커피는 고종임금에 이르러서야 비로소 근대화를 위한 외교적 수단으로 활용되었습니다.

　커피가 실제로 한국에 들어 온 시기는 1860년 프랑스 선교사 시메옹 프랑수아 베르뇌 주교의 서한을 통해서 알 수 있습니다. 베르뇌는 1860년 3월 프랑스 파리외방전교회에 선교물품과 더불어 커피 약20kg을 보내줄 것을 요청했으며 1861년 9월 서한에 물품들이 무사히 잘 도착했다고 전했습니다. 이것이 현재까지 밝혀낸 한반도에 커피가 들어온 최초의 기록인 셈입니다. 커피원두의 포장기술이 1900년대에 이르러서야 발전한 것을 생각하면 당시 조선에 도착한 커피는 볶은 커피원두가 아니라 커피생두였을 것으로 추측되나 그것까지는 밝혀낼 수 없었습니다.

이 책은 1845년부터 1945년 제2차 세계대전 이전까지 약 100년의 역사를 다루고 있습니다. 즉 조선인이 커피라는 단어를 처음 알게 되었을 것이라 추정되는 시기부터 세계 커피무역의 황금기와 세계대전으로 인해 더 이상 조선에서 커피무역이 이루어질 수 없었던 시기입니다.

내용은 크게 세 부분으로 구성했습니다. 커피의 기록과 유입, 커피애호가로 알려진 고종임금과 궁, 그리고 모던시대의 커피문화입니다. 모던시대의 커피문화 부분은 여러 전문가들이 그간 밝혀내고 수집한 내용을 찾아내어 구성에 맞게 다시 정리한 것임을 밝힙니다.

필자는 역사학자가 아니기 때문에 '개화기 한국의 커피역사 이야기'가 한국 커피역사의 역사서로 점철되기 바라며 집필하지 않았습니다. 더욱이 시대상으로 한국의 개화기는 국권이 침탈된 시기로 표현이 조심스러울 수밖에 없었고 어떠한 사관을 띄고 집필을 기획하지 않았으며 최대한 찾아낸 기록의 정보만을 기초로 집필하였습니다.

이 책은 커피와 인문학을 사랑하는 세계의 모든 커피애호가들에게 불편함 없이 자랑스러운 한국의 커피문화를 소개할 수 있는 안내서가 되기를 희망합니다. 그리고 이 책이 계기가 되어 커피를 좋아하고 한국의 역사를 사랑하는 많은 역사 전문가 분들이 아직 탐구하지 못한 커피역사를 밝혀주시리라 기대합니다.

끝으로 출간하기까지 기획과 기록에 도움이 되었던
한국문화재재단과 한국교회사연구소에 다시 한 번 감사를 전합니다.

Contents

개화기 한국 커피사 연표(1845~1945)

01 커피, 문헌자료의 유입과 기록

개화기와 커피	016
조선, 문헌을 통해 커피를 알다.	031
청나라의 지리서 영환지략에 등장한 커피	038
조선의 선비 커피를 기록하다.	043
조선의 인문, 지리서에 등장한 커피	049

02 커피, 조선에 들어오다.

조선에 온 커피	058
개항의 시대와 커피(1)	068
개항의 시대와 커피(2)	079
한국에 소개된 커피	089

03 황제의 가배

고종의 가배	102
고종과 손탁여사	114
경복궁 집옥재	124
대한제국의 연회장 돈덕전	133
고종의 연유처 정관헌	140
커피접대 관련 공문	149
대한제국 외빈 절차	157

04 모던시대와 커피

커피 하우스	170
카페	180
끽다점	193
다방	201
커피와 의학	230
커피 만드는 방법 소개	240
커피 가격과 대용커피	252

05 부록

개화기 커피 표기변화(한국, 중국, 일본)	264
한국에 유입된 커피 수입량과 수입국	273

개화기 한국 커피사 연표(1845~1945년)

년도	주요내용	출처
1845년	조선, 문헌으로 커피를 알다. - 사신 권대긍이 커피가 기록된 위원의 『해국도지』를 헌종 임금에게 바침	허전, 『성재집』(1891)
1852년 경	조선인 윤종의가 서양의 커피에 대한 정보를 최초로 기록 - 필리핀의 물산 중 커피 기재	윤종의, 『벽위신편』제 2권 필리핀 편
1857년	커피의 생산지 정보와 커피 제조법 기록	최한기, 『지구전요』
1861년	조선에 실제로 커피가 유입되었다는 최초의 기록	베르뇌(Berneux) 주교 문서

년도	주요내용	출처
1883년	조선인이 서양의 커피문화를 접함	유길준, 『서유견문』 (1895)
	조선에서 외교고문직을 수행 중이었던 묄렌도르프의 집에서 윌리엄 칼스가 커피를 대접받음	윌리엄 칼스, 『조선풍물지』
1884년	서양의 운송에 관한 사설에서 서인도제도의 커피 언급	『한성순보』 1884년 02월 17일 태서(泰西)의 운수론
1885년	윤치호가 중국(상해) 망명시기, 커피를 마심	윤치호, 『윤치호일기』 1885년 6월 6일
	헨리 거하드 아펜젤러가 대불호텔에서 서양 음식을 먹음	헨리 거하드 아펜젤러 「한국에서 우리의 사명」
1887년 경	궁중에서 접대음식 중 하나로 커피를 추가	호러스 알렌 「조선의 풍물」(1908)
1889년	릴리아스 호톤 언더우드가 평안북도 군현에서 위현군수 정건식에게 커피를 대접함	릴리아스 호톤 언더우드 『상투잡이와 더불어 15년』
1895년	경복궁에서 커피를 마셨다는 기록 - 경복궁 집옥재에서 명성황후가 애니 엘러스 벙커 부인에게 커피를 대접	애니 엘러스 벙커 『한국의 보고』 1895년 10월호
1896년	아관파천(俄館播遷) - 고종황제, 러시아 공사관으로 거처를 옮김	『고종실록』 34권 1896년 2월 11일
	최초의 커피광고 - 커피 종류 소개 (Moka coffee, Java coffee)	『독립신문』 1896년 9월 15일 골스차키 (Gorschalki) 상점
1897년	고종황제, 경운궁(덕수궁)으로 환궁 * 연회장 돈덕전(1901), * 연유처 정관헌(1900 이전)	『고종실록』 35권 1897년 2월 20일
	터키, 멕시코, 하와이, 인도 특산물로 커피(珈琲豆) 소개	『대조선독립협회회보』 제9호 1897년 3월 31일

년도	주요내용	출처
1897년	최초로 정부공식문서에 커피가 '가배(珈琲)'라고 표기 - 학부(學部)에서 사용할 커피잔과 스푼을 빌려 달라는 요청	『학부래거문(學部來去文)』 1897년 6월 16일
	대한제국 선포	『고종실록』36권 1897년 10월 13일
1898년	외국인에게 서양음식과 더불어 커피를 대접함 - 동래감리서의 독일왕 접대 연회비 요청(정부공식문서)	『각부청의서존안』「외부소관동래감리서 연회비 예산외지출청의서」제158호 (1898년 8월 19일)
	경운궁(덕수궁) 보현당(寶賢堂)에서「고종황제 독차사건」이 일어남	『고종실록』38권 1898년 9월 12일
	커피를 '카피차'라고 한글로 표기	『독립신문』 1898년 9월 16일
1899년	서양음식 만드는 책에 커피의 제조방법이 소개됨	릴리아스 호톤 언더우드 『조양반서(造洋飯書)』
1899년	윤용주 'Refreshment' 개업 - 영문으로 된 우리나라 최초의 커피 하우스 광고 등장	『황성신문』 1899년 11월 24일
1900년	송교청향관(松橋淸香館) 개업 - 가피차(加皮茶) 파는 집 광고 등장	『황성신문』 1899년 11월 24일
1901년	고종황제가 덕수궁 돈덕전(惇德殿)에서 커피를 마심 (황제가 덕수궁 처음으로 커피를 마셨다는 기록)	『뮈텔 주교일기』 1901년 6월 7일
1902년	손탁여사, 손탁호텔 개장	조선총독부, 「경성부사(京城府史)」 (1934)
1904년	세브란스병원 이전(移轉) 개업식에서 커피가 사용됨	『뮈텔 주교일기』 1904년 11월 16일
1906년	커피(카페인)의 생리학적 효과 기술	강병옥(의학자) 『태극학보 제2호』 9월 24일

년도	주요내용	출처
1907년	계산보통학교(초등학교) 졸업 및 진급식 다과행사에 커피가 사용됨	『독립신문-영문판』 1899년 08월 31일
1908년	끽다점(喫茶店)이라는 명칭 등장	『황성신문』 1908년 10월 25일 낙성식 기증건
1909년	남대문정거장(南大門停車場)에 끽다점(喫茶店) 개설 소개	『황성신문』 1909년 11월 3일
1909년	하와이에 '하와이 코나'의 커피사업을 소개하면서 한글로 '커피'라는 단어를 표기	『신한국보』 1909년 3월 9일
1911년	타이거(タイガ) 카페 개업 -최초의 '카페'	『경무휘보(警務彙報)』 1931년 10월(제306호)
1914년	조선호텔 개관	『매일신보』 1914년 10월 10일
1915년	순종임금이 이완용에게 커피기구 하사	『순종실록』 부록 6권, 3월 4일
1920년	커피제조판매점인 평상점(平商店) 개업 (경상남도 창원군 진해면 진학정 6)	『조선은행회사요록』 (朝鮮銀行會社要錄) (1921)
1920년	커피 내용이 담긴 예술작품 등장	『개벽』 1920년 11월 「격야(隔夜)」 (각본 / 현철)
1923년	하와이에서 우리나라 이민자들이 커피 재배에 종사하고 있다는 내용이 소개됨	『개벽』 제36호
1926년	가정에서 커피를 맛있게 끓이는 법 소개	『중외일보』 1926년 12월 22일 -커피 맨드는 법
1927년	최초로 다방(티-룸)이라는 명칭 사용	『경성일보』 1927년 8월 21일, 후타미(二見) - 개업1주년 광고

년도	주요내용	출처
1927년	영화감독 이경손(李慶孫)이 카페 '카카듀' 개업	이봉구, 「한국최초의 다방-카카듀에서 에리자까지」 『세대 11호』, 1964
1930년	카페 및 여급 현황 소개 (1929년 8월 현재, 카페 6187호 여급은 13849명)	『경성일보』 1930년 1월 3일
1930년	브라질에서 커피를 과잉생산함에 따라 커피가격이 폭락했다는 내용 소개	『중외일보』 1930년 4월 8일
1930년	미쓰코시 백화점 개업 - 옥상정원에 위치한 야외카페 등장	1930년 10월 24일
1931년	경성 카페조합 현황 소개	『매일신보』 1931년 3월 3일
1931년	명동성당에서 열린 교황사절 방문 환영 행사 중 커피가 사용됨	『뮈텔 주교일기』 1931년 9월 13일
1933년	브라질 커피광고 등장 -미쓰이 물산주식회사	『경성일보』 1933년 2월 18일
1933년	이상(李霜) 다방 '제비' 개업	조용만. 『구인회 만들 무렵』 (1984)
1934년	카페영업에 대한 규제 - 서양식 장비설비 필수, 여급의 접대에 의해 음식물을 제공하는 곳으로 카페영업을 규정	경무국, 「카페 영업취체 내규표준 (營業取締內規標準) 1조」
1934년	커피시럽 소개	『경성일보』 1934년 7월 6일
1935년	대용(代用)커피가 소개됨	『경성일보』 1935년 2월 6일
1935년	세계 최대 커피 생산국인 브라질과의 커피 거래가 소개됨 - 브라질 상인 거래처 문의 인천상의(仁川商議) 통첩도래(通牒到來)	『동아일보』 1935년 5월 24일

년도	주요내용	출처
1935년	올바른 커피 만드는 방법, 원산지별로 다른 커피 맛 특징, 커피의 효능(카페인)이 소개됨	『매일신보』 1935년 10월 4일
1937년	상공성(商工省)에서 커피, 커피분쇄기 수입제재 *(1937년 07월 중일전쟁)	『동아일보』 1937년 10월 8일 - 수입제한 금지품 그 전모를 발표
1939년	커피를 가격 공정품(價格公定品)으로 지정 (공정 가격- 잔 당 25전)	『동아일보』 1939년 12월 12일
1940년	중국 충칭(重慶)시 가릉(嘉陵) 호텔에서 열린 한국광복군 창립전례식의 식전행사 때 김구를 비롯한 주요 인사들이 함께 커피를 마심	『한민(韓民)』제23호 (1940.10.15.)
1941년	함경남도에서 생산된 대두(大豆)로 원산에서 커피 대용차 생산회사가 설립됨	『매일신보』 1941년 6월 8일
1945년	제 2차 세계대전으로 조선과 일본에 커피 유통의 어려움이 생김 (1939~1945.08.15.)	『동아일보』 1939년 12월 12일

01
커피, 문헌자료의 유입과 기록

개화기와 커피

조선, 문헌을 통해 커피를 알다.

청나라의 지리서 영환지략에 등장한 커피

조선의 선비 커피를 기록하다.

조선의 인문, 지리서에 등장한 커피

개화기와 커피

커피는 이 땅에 들어온 이래로 개화기라는 파징을 서치며 늘풀저럼 세력을 확장해왔다. 개화(開化)란 사람의 지혜가 열려 새로운 사상이나 문물, 제도 등을 지니게 된다는 뜻으로 보통은 정치제도를 근대적으로 개혁하는 일을 일컫는다. 때문에, 개화를 이해하기 위해선 먼저 근대의 개념을 알아야 한다.

'문화비평 용어사전'에 따르면 한국에서의 근대란 고종이 등극한 1863년 혹은 강화도조약이 이루어진 1876년을 그 시작으로 1945년 광복에 이르는 시기까지를 말한다. 그리고 이 시기 '과학적 발견', '생산의 산업화', '도시의 팽창', '대중매체의 성장', '자본주의적 세계 시장의 성립' 등의 사회적 변동이 일어났다. 생활양식 또한 '규격화된 생산물이 공통으로 소비'됨으로써 균

일한 소비군이 형성되어 계층, 직업, 지역에 차별 없이 동질화되고 공유되는 대중화가 이루어진다.[1]

이처럼 개화기와 근대화의 과정이 진행되는 동안 커피는 대표적인 기호 음료로 성장하며 소비되기 시작한다. 그러므로 그 당시 커피의 역사를 들여다본다는 의미는 곧 한국 개화기의 한 부분을 살펴보는 중요한 작업이기도 한 것이다. 앞으로 살펴보겠지만 커피는 단순한 음료로서 개인적 호기심의 대상이기도 하였고, 때때로 역사의 변혁을 이끈 주요한 매개체로서 혹은 그 한가운데 서기도 했다. 또 어떤 때는 사회적 현상과 맞물려 그 모습을 드러낼 경우도 있었다.

18세기를 전후하여 조선을 둘러싼 국제정세는 급변하고 있었다. 소위 '이양선(異樣船)'이라고 불리던 함선들이 탐험과 측량을 명분 삼아 조선의 연해에 출몰하여 개항과 통상을 요구하였다. 그리고 19세기에 이르자 청나라에서는 아편전쟁이 일어나 영국과 프랑스가 베이징을 점령하는 사태가 벌어졌다. 더하여 북방에서는 러시아가 연해주 일대로 영토를 확장하며 호시탐탐 남하의 기회를 엿보고 있었다. 반면 조선은 쇄국(鎖國)을 고수해 오고 있었다. 쇄국이란 '나라를 잠근다.'는 뜻으로 나라를 방위한다는 명분 아래 조선은 철저히 외국인의 입국이나 무역을 통제하였다. 이는 곧 외국의 것은 받아들이지 않겠다는 의지였고, 이에 따라 필연적으로 국제적인 고립을 초래할 수밖에 없었다.

커피를 찾아낸 사람들은 바로 이러한 시대를 극복하기 위해 조선이 나아가야 할 방향을 고민하던 지식인들이었다. 더 넓은 세상을 알고 싶었던 그들은 더 높은 꿈을 꾸고 더 깊게 그날들을 탐험하며 이윽고 우연히 커피와 만나게

---

(1) 최여진, 『근대 한국 커피문화 공간 연구』, 2013, p2

된다. 당시 그들이 만난 커피는 이국(異國)에서 생산되는 생산품 중 하나였고, 차(茶) 대신 마시는 어떤 나라의 기호품일 뿐이었으며, 독특한 제조법으로 만들어진 음식 중 하나였을 것이었다. 그런데 흥미로운 사실은 우리의 커피 역사가 막 태동한 바로 그 무렵, 일본과 중국에서도 커피를 접하게 되었고 이후 서로의 커피 역사에 있어서 긴밀한 영향을 주고받았다는 점이다.

동북아 3국 중 제일 먼저 커피를 만난 국가는 일본이었다. 일본은 1641년~1859년까지 나가사키의 데지마(出島)를 통해 네덜란드인과 교류하고 있었는데 18세기 이르러 바로 그곳을 통해 커피를 접하게 되었다. 당시 나가사키(長岐) 데지마(出島)에는 유녀(遊女), 상인(商人)을 비롯해 통역사들 그리고 네덜란드를 통해 서양 학술을 연구하던 난학자(蘭學者)들이 오가며 그들과 접촉하였는데 이때 여러 경로를 통해 커피와 만난 것으로 보인다.[2]

현재까지 밝혀진 일본에서의 커피에 대한 최초의 기록은 시즈키 타다오(志筑忠雄:1760~1806)라는 난학자가 1782년에 저술한 『만국관규(万国管窺)』라는 책에 남아 있다. 그는 이 책을 통해 "네덜란드 사람들이 항상 복용하고 있는 커피라는 것은 그 모양이 콩처럼 생겼으며 맛이 있다고 한다."고 기록하여 그들의 음식문화 중 하나로 커피를 소개하고 있다.[3] 더불어 1795년 히로카와 카이(廣川 獬)가 쓴 『나가사키 견문록(長崎聞見錄)』에도 "커피는 만인(蠻人;서양인)이 전음(煎飮;끓여 마시는)하는 콩으로...일본이 차를 마시듯이, 항상 복용한다."라고 기록되어 있다.[4]

---

(2) 邱月(キュウ ゲツ)(구월), 『近代日本の新聞からみるコヒ 文化の普及過程について』(근대 일본의 신문에서 보는 커피문화의 보급과정에 대하여), 上智大学文化交渉学研究(상지대학문화교섭학 연구) (2), 2014. p23
(3) 坂井素思(사카이 모토시), 『放送大學研究 報(방송대학연구연보)』 「コヒ 消費と日本人の嗜好趣味」(커피 소비와 일본인의 기호 취미)第25号.2007.p34
(4) 奧山儀八郎(오쿠야마 지하치로:1907~1981), 『가배편록(珈琲遍歷)』 「かうひい異名熟字一覽」(카우히 이명숙자일람)(1957)

이를 통해 당대 일본인들은 네덜란드인의 커피를 마시는 문화가 곧 그들이 차를 마시는 것과 같은 것으로 이해하였음을 알 수 있다. 한편, 일본인 최초로 커피를 마시고 그 맛을 기록한 사람은 단가(短歌)작가로 유명한 '오오타 난포(大田南畝:1749~1823)'이다. 그는 미식가로도 이름이 널리 알려졌는데 1794년 막부가 실시한 인재등용시험에 수석으로 합격한 후 관직을 부여 받았으며 1804년에는 나가사키 봉행소(長崎奉行所)에 부임하여 일하며 커피를 시음할 기회를 얻게 된다.

홍모선(紅毛船:에도시대 네덜란드 배의 속칭)에서 '카휘(カウヒィ)'라고 불리는 것을 대접받았다. 콩을 까맣게 볶아서 가루를 내고 백당(白糖:백설탕)을 함께 섞어서 만든 것인데 탄내가 났을 뿐만 아니라 그 맛을 도저히 견딜 수 없었다.

- 『경포우철(瓊浦又綴)』(1804)[5]

'오오타 난포'가 남긴 위 기록 중 '까맣게 볶아서'와 '탄내'라는 인상을 통해 당시 일본에 수입된 커피의 특징을 추측해 볼 수 있다. 독일의 의사이자 생물학자로 일본에서 서양 의학을 처음으로 가르친 유럽인인 '시볼트(Philipp Franz Balthasar von Siebold:1796~1866)'는 1826년 저술한 『일본(日本)』 제4편 「1826년의 에도참부기행(1)(一八二六年の江戶參府紀行)」을 통해 그 이유를 밝히고 있다.

어느 국민이 200년 이상, 세계의 최초의 커피 상인과 교역하면서 그 따뜻한 음료를 사용하여 함께 사교적인 공동생활을 하는 걸 좋아하면서도 정작 그들 사이에는 그 음료가 유행하지 않는 것은 불가사의함이 있다. 게다가 일본인은 우리들과 함께 있으면 커피를 마시는 것을 좋아해서 수(數) 피쿨(1피쿨-60kg)으로도, 나가사키에 있는 우리의 지인이 필요해서 볶은 커피콩의 수요로 어림잡아 보건대 충분치 않았다. 사실 일본인 대다수가

---

(5) 坂井素思(사카이 모토시), 위의 글. p34

커피를 마시지 않는 것은 어떤 악습 때문인데 우리에겐 이를 올바른 방향으로 인도할 수고가 필요하다. 동시에 우리는 계획적으로 손을 쓰지 않으면 이는 불가능한 사안이 될지도 모른다.

가장 좋은 것은 커피는 "장수(長壽)'의 길이다." 라고 하는 것이다. 일본 같은 국가에서는 커피는 실제로 보건약(保健藥)으로도 추장(推獎:추천하여 권장하다)할만한 것이다. 그러나 동시대에 커피 수입을 곤란하게 만드는 두 가지 사안에 대해 생각해 보아야 할 것이다.

첫째는 본래부터 우유를 혐오하고 있는 것이다. 또 하나는 커피콩을 볶는 것에 있다. 이들에게 우유를 마시는 것은 불교의 계율을 어기는 것이다. 왜냐하면 일본인은 우유를 하얀 피라고 생각하고 있다. 또한 피를 흘리게 하는 것은 물론이고 피를 마시는 것은 가장 깊은 죄를 짓는 것으로 여겨져 왔다. 더욱이 지식을 가지고 있지 않은 상태로 커피콩을 볶아서인지 너무 과하게 볶아서 선전(宣傳)하고 있는 커피들은 모두 음료의 맛이 형편없다. 그리하여 이는 커피에 대한 평판을 떨어뜨리고 있는 요인이 된다. 그렇지만 이것에 대하여 방법이나 조언이 없는 것은 아니다. 우리들은 요즘에도 커피를 추천하고 있는데 우리의 추천에 대해 일본국은 이를 다소 중히 여기고 있다. 때문에 바야흐로 난인정청(蘭印政廳:인도네시아에 설치했던 네덜란드의 관청)은 매년 수천 파운드의 커피를 볶아서, 가루를 내어 거른 깨끗하게 확인된 콩을 들여와서 적정한 설명을 적은 라벨을 붙여서 보내야 한다는 것이 내가 진심으로 바라는 바이다.[6]

이처럼 좋은 인상을 주지 못한 커피였으나 일본에서 커피에 대한 관심은 꾸준히 이어져 왔다.

1816년『가비을설(哥非乙說)』을 통해 커피를 소개하였던 '우타카와 요안

---

(6) 小林章夫(고바야시 아키오), 위의 글, 「日本におけるコヒ」(일본에 있어서의 커피)

(宇田川榕庵:1798~1846)'은 같은 해 저술한 『난화대역사전(蘭花對譯辭典)』에서 현재 일본에서 커피를 지칭할 때 쓰이고 있는 '가배(珈琲)'라는 용어를 처음 만들어 기재하기도 하였고, 일본 물리학의 시조로 불리는 '아오치 린소(青地林宗:1775~1833)'는 저서 『여지지략(輿地志略)』(1826)을 커피를 가희(哥喜)로 기록하면서 일본어로 코-히-(コ-ヒ-)라고 기술하였는데 이는 현재 일본에서 커피의 정식 용어로 사용되고 있다. 이밖에도 커피는 카와힌(カウヒン), 카휘(カウヒィ), 카와헤이(カウヘイ) 과희(過稀), 가혜(哥兮), 향탕(香湯), 흑초두(黑炒豆), 다두탕(茶豆湯) 등 다양한 명칭으로 기술되었다.[7]

이후 1858년 일본에서의 커피는 새로운 전기를 맞이하게 되는데 미국과의 통상조약이 체결되며 정식으로 커피콩이 수입될 수 있게 된 것이다. 이와 발맞춰 일본에는 커피를 마실 수 있는 커피점이 등장하게 되는데 1864년 요코하마 거류지에 생긴 '빅토리아 커피하우스(ビクトリア コーヒーハウス)'가 그 최초였다. 그리고 1877년 요코하마에서의 통관 통계에 따르면 일본 전체의 커피 생두 수입은 약 18톤 정도에 이르게 된다.

1886년에는 도쿄(東京)인 '니혼바시(日本橋)'에 '세수정(洗愁亭)'이라는 커피점이 생겼다. 1888년에는 하곡흑문정(下谷黑門町)[8]에 '가부다관(可否茶館)'이 문을 열었는데 이는 일본인이 최초로 개점한 커피점이었다.[9] 그러나 일본에서 커피의 보급으로 말하자면 이러한 커피점의 개점(開店)보다도 더 큰 사건이 1906년 08월 21일 '사시신보(時事新報)'에 보도된다.

---

(7) 奧山儀八郎(오쿠야마 지하치로:1907~1981), 『가배편록(珈琲遍歷)』「かうひい異名熟字一覽」(카우히 이명숙자일람)(1957)
(8) 도쿄 태동구(台東区)로 흑문정(黑門町)은 현재 우에노1정목, 2정목, 3정목의 지역이다.
(9) '경시청 통계서(警視廳統計書)'통계를 통해 1898년 이후의 커피점 점포수를 알 수 있는데 이에 따르면 1898년에 도쿄시부(東京市部)에 69곳이 영업하고 있었다. 坂井素思(사카이 모토시), 위의 글. p35

양 폐하(왕과 왕후)는 '금의 다솥(茶釜)'에서 아침의 커피를 드시는 것을 정례화하고 있다. 한번 펄펄 끓인 물을 금의 다솥(茶釜)에 넣은 후 다시 끓여 올린다. 다솥의 크기는 직경 40cm로 두 개의 은고리를 매달고 있다. 옛날 도요토미 히데요시(豊臣秀吉)가 관백(関白:섭정)시절에 차를 끓일 때 사용하던 물건이라고 한다.

일본의 임금이 커피를 좋아하고 이를 즐겨 마시고 있다는 이 기사는 엄청난 선전 효과를 불러일으키며 당시 상류계급, 외국인 등이 주로 마셨던 커피 소비현황에 커다란 전환점을 가져다준다.[10]

이후 '미즈노 류(水野龍)'가 일본인의 브라질 이민에 기여함에 따라 상파울루 주정부에서 커피콩을 무상으로 제공받게 된다. 그는 이 무상의 커피콩을 바탕으로 1912년 요코하마의 합자 회사를 발족하여 '카페 파울리스타'를 설립한다. 파울리스타(Paulista)는 상파울루 사람이란 뜻으로 일본 전역에 걸쳐 약 20여개의 커피점을 개설되었는데 도넛과 1잔에 5푼이라는 매우 값싼 가격에 커피를 제공하였다. 이를 통해 일본에서 본격적인 커피 대중화의 길이 열리게 된 것이다.[11]

한편, 중국의 관점에서 커피는 외래품이었다. 즉 그것은 외국인의 음식 습관이 중국으로 유입되었음을 의미한다. 기실 언제 어디로 중국에 커피가 들어왔는지는 정확하게 알 수 없다. 단 청나라 중엽 이후, 서양 각국이 제각각 청나라와 교역을 시작함에 따라 서양의 음식문화가 점차 중국에 전파되었고, 커피 역시 그중 하나였을 것으로 추측될 뿐이다.

청나라 순치제(順治帝:1638~1661) 재위 시절인 1660년 네덜란드의 대

---

(10) 野口孝志(노구치 타카시).『倉敷珈琲物語』(구라시키커피이야기)「第31話 明治時代の珈琲物語」(메이지시대의 커피이야기).
(11) 坂井素思(사카이 모토시), 위의 글. p36

1장 커피, 문헌자료의 유입과 기록   023

사로 중국을 방문했던 요한 니외호프(Johan Nieuhof:1618~1672)가 중국인들이 차에 우유를 넣어 마시는 것을 보고 커피에도 우유를 넣어 마셔보았다(12)고 하니 유럽인들에게 생활 속의 음료였던 커피가 이 무렵 중국으로 유입되었을 가능성도 생각해 볼 수 있다. 그러나 중국에서 커피에 관한 의미 있는 기록은 아편전쟁 이전에 발행된 『광동통지(廣東通)』(1822)(13)에 등장한다.

외국인들은 포도주를 마시는데...또한 흑주(黑酒)가 있는데 밥을 먹은 후에 마신다. 이 술은 음식 소화를 가능케 한다고 한다.(外洋有葡萄酒……又有黑酒, 番鬼飯後飲之, 云此酒可消食也。)

이 내용 중 흑주(黑酒)는 커피를 가리킨다. 그리고 이는 중국인이 쓴 최초의 커피에 대한 기록이라는 점에서 의의를 지닌다. 또한, 1839년에 마카오 출판된 '중영문사전(中英文辭典)'은 서양인 가정에서 일하던 중국인들이 지식을 위해 구비 했을 것으로 추측되는데 이 책에서 서양식 찬구(餐具)들을 다음과 같이 열거하고 있다.

如 吉時杯(Custard Cup)、 三鞭酒杯(Champagne glass)、 紅酒杯(Claret glass); 食品如咖啡(coffee)等(14)

이때 '커피'라는 단어가 현재 커피의 중국어 표준 표기인 "咖啡"라는 글자로 등장한다. 그리고 1844년 3~8월까지의 상해 공정소(公正所)가 기록한

---

(12) W.H 우커스. 노윤기 옮김. 『커피의 모든 것』. 바른번역. 2015. p188
(13) 『광동통지(廣東通志)』는 광동성 내의 사적, 기후, 풍속, 수리, 인물, 예술문화등을 기록하며 발행된 책으로 1535년 초판이 발행되었으며 그 후 몇 차례 증보 수정을 거친다. 위 기록이 등장한 책은 1818년 착수되어 1822년 완성된 제 6차 수정본이다.
(14) E.C, Bridgman, 『Chiness Chrestomathy in the Canton Dialect』 (Macau, 1839), p.138, 139, 162, 164.

『상해화상외무행출구화물정황표(上海華商外貿行出口貨物情況表)』를 보면 출구화품(出口貨品) 중 「가비두(枷榧豆) 5包共(자루) 350斤(근)」이란 기록이 있다. 여기서 '가비두(枷榧豆)'는 커피콩을 말하며 이 자료를 통해 그 이전에 커피가 중국에 들어온 것은 외국인 스스로 그것을 들여왔거나 아니면 상인들을 통해 들어왔을 것으로 추측해 볼 수 있다. 이후 1863년 『중국구해관사료(中國舊海關史料)』에는 영파(寧波)와 하문(廈門)을 통해서 각각 89.5담(擔)과 63.51담(擔)[15]이 들어왔다는 기록이 보이는데 이는 중국 내 공식적인 최초 수입기록이다.[16]

1869년 적어도 이 시기 중국에서 커피점이 출현한다. 당시 프랑스 조계지에는 모임이나 클럽활동을 위해 많은 식당이 세워졌는데 『상해시당안관 법조계공동국당안(上海市檔案館 法租界公董局檔案)』에 의하면 그해 프랑스 조차지 관할 당국에서의 '커피점 및 술집에 관한 규정(咖啡館及酒館章程)(세금 규칙과 규정영업시간 등(稅則及規定營業時間等))'을 정정하였다. 이 기록에 따르면 1869년 즈음에 이미 커피점이 존재했었음을 알 수 있다. 그리고 1876년 12월 5일 『신보(申報)』를 보면 "양경교(洋涇橋)에 커피(架啡)와 외국음식을 파는 가게가 개업했는데 각색의 면 요리를 맛볼 수 있다. 아침, 저녁 언제든지 편리하게 이용할 수 있으니 귀한 손님이 있거든 우리 가게로 오세요."라는 광고가 실렸는데 이 시기에 이르면 외국 음식점을 통해 커피가 다양한 계층에게 향유되었음을 짐작해 볼 수 있다. 나아가 1887년 진교(辰橋)의 『신강백영(申江百詠)』이라는 글 중 "붉은 문으로 뒤덮인 몇 개의 집과 가게에선 비둘기(칠면조) 고기를 굽고, 스테이크를 먹는다. 또한 손님들이 들어오면 많은 음식을 내놓고 그 후 '고비(高馡)'를 부족하지 않게 대접한다."라는 문장을 통해 커피를 향유하는 계층이 점점 확대되고 있음을 엿볼 수 있다.[17]

---

(15) 1담(picul)=100근(斤)(catty)=133.331(pound)
(16) 柯伶秦(가검진), 위의 글, p25~26
(17) 柯伶秦(가검진), 위의 글, p79

이에 반해 19세기 조선의 사람들은 당대 커피를 즐기고 있던 서양 문화와 접할 수 있던 기회조차 많지 않았다. 그나마 서양 문화를 접할 수 있었던 기회는 공식적인 사행(使行)을 통해 주어졌다. 그들은 성절사(聖節使:황제나 황후의 생일을 축하하기 위해 보내던 사절), 천추사(千秋使:황태자의 탄생일을 축하하기 위해 보내던 사절), 정조사(正祖使: 새해를 축하하기 위하여 보내던 사절), 동지사(冬至使:동지에 보내던 사절) 등 정기적인 사행(使行) 및 필요에 따라 보내는 임시 사절을 통해 중국으로 향했으며 당시 중국에 머물러 있던 서양인 및 서양 문화와 접촉하며 이를 기록으로 남겼다.

동지 겸 사은사(冬至兼謝恩使)의 기록관인 서장관(書狀官)으로 사행을 떠났던 김경선(金景善)이 남긴 『연원직지(燕轅直指)』[18]를 보면 이에 대한 흥미로운 기록이 전해진다.

차의 질도 한 가지가 아니다. 일상에 쓰는 것은 황차(黃茶)·청차(靑茶)이고, 다음은 묘편차(杳片茶)요, 가장 진귀한 것으로는 보이(普洱)인데, 가짜도 많다. 절강(浙江)에서 나는 국차(菊茶)는 맑은 향기가 매우 좋고, 악라관(鄂羅館), 회자관(回子館)에서 대접받은 차는 향미(香味)가 특이했다. 이는 서양(西洋)에서 나는 것인데 그것은 마치 회향(茴香)[19]과 같다.

- 『연원직지』 권 6 「유관별록」 <음식(飮食)>

위 기록 <음식>편에 등장하는 '악라관(鄂羅館)'은 당시 북경에 있던 러시아 공관이며, '회자관(回子館)'은 이슬람 교당이었다. 이때 김경선이 대접받은 차가 '커피'라고 단정 지을 순 없다. 다만 이를 통해 서양을 비롯한 이슬람

---

(18) 김경선의 『연원직지』는 1832년(순조32) 6월부터 1883년 4월까지 9개월간의 여정을 기록하고 있는데 특히 권 6 「유관별록(留館別錄)」은 저자의 주에 "한 곳에다 기록할 수 없는 견문을 분류해 기록하였다."라고 했듯이 한 항목에 들어갈 수 없는 것만을 별도로 작성한 것으로 중국의 지리, 문물, 음식, 풍속 등에서 그 기본이 되는 것만을 골라 간략하게 서술하고 있다.

(19) 회향은 미나리과 식물로 8~9월 열매가 익어 누른 밤색으로 될 때 전초를 베어 햇볕에서 말린 다음 두드려서 열매를 털어 말려 사용하는데 특유한 냄새가 있고 맛은 처음에 달고 후에 쓴 특징을 가지고 있다.

세력과의 소통이 이루어졌었음을 알 수 있다.

다음으로는 조선 연안에 출몰한 이양선(異樣船)과의 접촉을 통해서였다.
해안측량, 통상요구, 표류 등 여러 가지 이유로 조선에 머물게 된 이양선을 타고 온 서양인들에 대해 조선 정부는 초기 우호적인 태도를 취하였다. 조선은 우선 관원을 보내 물어본 뒤, 식량(곡식·채소·육류 등)을 넉넉하게 무료로 제공했고, 또 선박이 난파되었을 때에는 희망자에 따라 관리를 붙여서 육로로 의주를 거쳐 중국 베이징으로 송환하거나 선박을 제공하여 해로로 귀환시키기도 하였다.

충청 수사(忠淸水使) 이재홍(李載弘)의 장계에,
"마량진(馬梁鎭) 갈곶(葛串) 밑에 이양선(異樣船) 두 척이 표류해 이르렀습니다.
...(중략)
사람의 수는 칸칸마다 가득히 실어서 자세히 계산하기 어려웠으나, 8, 90명에 가까울 듯하였습니다. 또 큰 배에 가서 실정을 물어보았는데, 사람의 복색, 패물, 소지품이 모두 작은 배와 같았고, 한문이나 언문을 막론하고 모두 모른다고 머리를 저었습니다. 사람의 숫자는 작은 배에 비하여 몇갑절이나 될 것 같은데, 배 위와 방 사이에 앉아 있기도 하고 서 있기도 하였으며, 가기도 하고 오기도 하는 등 매우 어수선하여, 하나 둘 세어 계산하기 어려웠습니다. 서책과 기물(器物)은 작은 배보다 갑절이나 더 되었습니다. 큰 배나 작은 배를 물론하고 그 제도가 기기괴괴하며, 층이나 칸마다 보배로운 그릇과 이상한 물건이 있었고, 기타 이름을 알 수 없는 쇠와 나무 등의 물건이 이루 다 셀 수 없을 정도로 많았습니다. ...(하략)...

- 『조선왕조실록』 순조(純祖) 권 19. 1816년 07월 19일

1816년 2월 영국 정부는 청나라와의 통상확대를 위해 '제프리 윌리엄 피트애머스트 (Lord Jeffrey William Pitt Amherst)'를 특사로 파견했다. 그는 맥스웰(Murry Maxwell)이 이끄는 '알세스트(Alceste)호'와 홀(Basil

Hall)대령이 지휘하는 '라이라(Lyra)호'와 더불어 그해 8월 중국에 도착했으며 9월 1일부터 10일까지 조선의 서남해안을 탐사하였다. 이런 일정 속에서 4일 그들은 지금의 장항만(張項灣) 일대인 마량진(馬梁鎭) 갈곶(葛串)에 정박하였다. 이에 마량진(馬梁鎭) 첨사 조대복(趙大福)과 비인 현감(庇仁縣監) 이승렬(李升烈)은 배에 올라 맥스웰 일행과 만남을 가졌다. 이후 그들은 당시 충청수사(忠淸水使)였던 이재홍(李載弘)에게 이러한 사안들을 보고하였고 그는 이를 다시 조정에 장계로 올렸다. 이때 그들은 이승렬에게 '체리 브랜디(Cherry Brandy)' 몇 병과 성경, 그 부하들에게 럼주(rum)를 선물하기도 하였으며 그는 홀에게 갓과 장죽을 선물하였다고 한다. 한편 이승렬과 조대복은 이양선을 살펴보며 그것에 대해 상세히 기록하고 있는데 층층, 칸칸마다 가득했다는 그릇들과 물건들 중엔 당대 외국인들의 생활특성으로 미루어 짐작건대 커피잔이나 커피콩이 있었을 것이다. 물론 기록의 부재로 그 이상은 확인할 수 없다. 여담으로 이후 귀국길에 오른 홀은 세인트 헬레나 섬에 머물고 있던 나폴레옹을 찾아가 면담하기도 하였는데 이때 조선이라는 나라를 탐사하고 오는 길이라고 설명하며 선물들을 보여주었다고 한다.[20]

마지막은 여러 요인으로 일본 등에 표류하게 된 사람들이 서양인들과 만나게 된 경우이다.

그 대표적인 예가 바로 문순득(文順得:1777-1847)이다. 그는 전라도의 우이도 섬사람으로 1801년 12월 흑산도에서 홍어를 사기 위해 태사도(太砂島)에 갔다가 태풍을 만나 표류하게 되었다. 이후 유구(琉球;오늘날의 오키나와)와 여송(呂宋;오늘날의 필리핀), 마카오로 이동한 후 난징과 베이징을 거쳐 1804년 12월 조선 한양에 도착하고, 마침내 집을 떠난 지 3년 2개월 만인 1805년 1월에 고향인 우이도로 돌아온다. 그렇게 고향에 돌아온 문순득은 어느 날 다시 홍어를 거래하기 위해 흑산도에 들렀는데, 이때 흑산도

---

(20) 이윤섭, 『한불전쟁과 한미전쟁』, 2013, 이북스펍,

에 유배 온 정약전(丁若銓:1758~1816)을 만나게 된다. 그리고 문순득은 정약전에게 풍랑을 만나 표류하며 보고 들은 바를 전해주었다. 이에 정약전은 문순득의 체험담을 정리해『표해시말(漂海始末)』이라는 글을 썼고, 이는 다시 정약전의 제자인 이강회(李綱會)의 문집『유암총서(柳菴叢書)』에 수록되어 오늘날까지 전해지게 되었다. 그리고 한편 그가 표류하여 필리핀을 거쳐 소환되기까지의 일화는 조선 정부의 공식 기록 중 하나인『일성록(日省錄)』1809년 6월 26일에도 기록되어 있다.

문순득의 표류가 특별한 이유는 조선인으로서는 최초로 서양 문화를 체험했기 때문이다. 그가 표류한 지역은 영역상 동남아시아를 벗어나지 못했다. 그런데 당시 필리핀은 스페인의 식민지였고, 마카오는 포르투갈이 만든 국제항이었다. 서양 문화가 진출해 있는 특수지역에 머물면서, 조선 사회에서는 상상할 수 없었던 새로운 문화를 목격하고 경험하였다.[21]

(여송:필리핀)의 귀인은 시저(匙箸;숟가락, 젓가락)을 쓰고 일간삼지(一幹三枝:포크)로 꿰서 먹는다. ...(중략)...
신묘(神廟:천주교 성당)[22]는 30~40칸의 긴 집으로 비할 곳 없이 크고 아름다웠으며 신상을 모셔놓았다. 신묘 한쪽 꼭대기 앞에 탑을 세우고, 탑 꼭대기에 금계(金鷄)를 세워 바람에 따라 머리가 바람이 오는 방향으로 스스로 돌게 하였다. 탑 꼭대기 아래 벽의 밖으로 크기가 같지 않은 종 4~5개를 걸어 제사와 기도 등 일에 따라서 다른 종을 친다. 한 사람이 종을 치면 듣는 사람이 각자 소리에 따라 와서 예배를 드린다.[23]

- 『표해시말(漂海始末)』 中 -

문순득이 한동안 머물렀던 필리핀의 일로미(현 일로코스 수르 미간)는 지금까지 천주교 문화가 마을의 중심일 정도로 서양의 풍습이 강하게 배어있던

---

(21) .기록의 발견 Vol.22. 최성환 홍어장수 문순득의 표류기,『표해시말』. p91
(22) 이 글에 묘사된 성당은 현 필피린 일로코스 수르 지방 비간시티에 현존하고 있는 성바오르 성당이다.
(23) 최성환,『문순득 표류연구-조선후기 문순득의 표류와 세계인식』.민속원.2012.p297,300

곳이다. 그는 그곳에서 수도사의 도움을 받아 한동안 생활했는데[24] 그 과정에서 포크를 쓰는 그들의 음식문화와 성당, 수도사의 의복 등을 자세히 관찰하고 체험할 수 있었다.

한편, 일본에서는 어느 지역에서 표착을 하던 일단 모든 표류민은 나가사키에서 심문을 받은 뒤 일정한 절차에 따라 귀국할 수 있었다.[25] 그런데 앞서 언급했듯 그 나가사키에는 네덜란드 사람들이 교역을 위해 머무르고 있었다.

이러한 배경 속에서 몇몇 조선인들은 서양인들과 만나게 된다. 시볼트(Siebold:1796~1866)는 자신의 책 『일본(日本)』(1826) 중 제5편 「조선(朝鮮)」에서 조선인의 체형과 풍속, 언어와 문화, 제도와 역사 등 다양한 방면에 걸쳐 조선에 대해 소개하고 있는데 특히 주목할 점은 조선인과의 만남을 서술한 부분이다.

1828년 당시 시볼트를 만난 사람들은 김치윤(金致潤)과 허사첨(許士瞻)등이며, 나머지는 상인, 선장, 선원, 견습 선원 등이었다. 그는 이들이 3척의 배에 타고 조선의 남서해안인 강진을 출발해 일본의 규슈(九州)의 서쪽 해안이나 로토렛토(五島列島)에 표류해 온 사람들이라고 소개하고 있다.

그들이 수용된 집은 허술하고 보잘것없었지만, 그 대신 일본의 일등품 쌀, 신선한 야채, 생선 등의 식료품이 충분히 배급되었다. 게다가 그들은 아무에게도 구속당하지 않고 시내를 자유롭게 다니며, 표류민을 친절하게 대접하는 일본인 집에도 갈 수 있고, 쾌적한 생활과 유럽식으로 화려함을 누리며 지내므로 죄인과 다를 바 없는 이 가엾은 난파자들이 부럽기조차도 하다.

…(중략)…내가 조선인에게 몇(數)엘레(elle:1에레=55~80cm)의 염색된 천, 사라사(Sarasa:비단의 일종), 몇 병의 아라크(네덜란드의 대표적인 음료), 게네버(genever:노간주 나무의 열매로 향료를 넣어 증류시킨 술) 등을 선물로 내어놓자 그들은 무척 기뻐했

---

(24) 한 수도인이 있었는데 본디 중국인으로 이 땅에 들어온 3세이다. 자못 넉넉하게 살았는데 채선생이 말해주어 쌀 50루(1루는 1말)를 보내고, 또 20루를 보냈으며 또 적지 않은 은을 보냈다. - 최성환, 위의 글. p261(『표해시말』.p74)
(25) 하우봉, 『사학연구』, 「19세기 초 조선과 유럽의 만남」, 한국사학회,2008. p231

다.[26]

시볼트의 위 기록에 따르면 조선 표류민들이 비교적 자유로운 환경 속에서 생활한다는 사실과 함께 서양인들과 만나 선물을 주고받기도 하고 유럽식의 생활을 접했음을 알 수 있다. 물론 그들이 유럽식 생활을 누렸다는 사실이 곧 커피를 마시는 서양인들을 목격했거나 커피를 보거나 마셨음을 의미하는 것은 아니다.

하지만 조선 땅에 커피가 적힌 기록이 들어오게 된 것은 이와 같은 국제적인 변화와 새로운 학문과 문명에 대한 체험과 요구로부터 비롯되었다. 청나라의 학자 위원(魏源)은 1844년 자국의 방위(防衛)와 세계 각국의 지리와 역사를 기록한 '해국도지(海國圖志)'란 책을 저술하였는데 그는 이 책을 통해 아프리카, 중동, 브라질 등의 생산품으로 커피를 기록하였다. 그리고 바로 그 다음 해인 1845년 이 '해국도지(海國圖志)'가 사신을 통해 들어와 당시 임금이었던 '헌종(憲宗:1834~1849)'에게 전해지기도 하였다. 이후 국제정세를 기록한 여러 중국의 서적들이 대거 유입되면서 세계정세를 인지하게 된 조선 지식인들은 그 서적들을 인용하며 커피를 기록해 나갔다.

개화의 시대, 바야흐로 커피와의 만남이 시작된 것이다.

---

(26) 박상희, 『시볼트의 조선견문기』, 1987, p2, p21

조선, 문헌을 통해 커피를 알다.

해국도지(海國圖志)

1839년 영국은 청나라의 아편 단속을 빌미 삼아 '무역항을 확대한다.'는 명분을 내세워 소위 '아편전쟁'을 일으켰다. 당시 청나라와의 무역에서 막대한 적자를 면치 못하고 있었던 영국은 중국에 아편을 수출하여 그러한 불균형을 해소하려 하였다.

이에 청나라는 임칙서(林則徐:1785~1850)를 파견해 강력한 아편 단속을 펼치며 이를 압수하고 마카오에서 영국인들을 추방하였다. 그러자 영국 정부는 전쟁을 일으켜 마침내 두 세력은 충돌한다. 그렇게 3년간의 공방 끝에 1842년 전쟁은 영국의 승리로 끝나면서 난징조약(南京條約)이 체결되었다.

난징조약으로 영국은 홍콩을 할양받고, 광저우(廣州), 샤먼(廈門), 푸저우(福州), 닝보(寧波), 상하이(上海) 등 다섯 개 항구를 강제적으로 개항하게 된다. 아편전쟁의 패배는 곧 중국이 천하의 중심이라는 자부심을 지니고 있던 중국인들에게 커다란 충격을 안겼으며 지식인들을 중심으로 서양과 그들의 문화를 이해하고 이를 자강(自强)의 시금석으로 삼으려는 시도들이 생겨난다. 이와 같은 결과물이 바로 위원(魏源;1794~1857)의 『해국도지(海國圖志)』(1844)이다.

[그림1] 해국도지의 저자 위원(魏源;1794~1857)과 해국도지 표지

『해국도지』를 쓴 위원은 호남성(湖南省) 소양(邵陽) 출신으로 스물한 살 때 관리였던 부친을 따라 북경에서 임칙서와 만난 이후 그 인연을 이어가고 있었다. 그러던 중 1841년 7월 임칙서가 아편전쟁을 야기했다는 죄명으로 신장(新疆) 이리(伊犁) 지역으로 귀양을 가게 된다. 그때 임칙서는 장쑤성 전장(鎭江)에 살고 있던 위원을 만나 『사주지(四洲志)』를 비롯한 번역 자료를 건네주었다.

『사주지』는 임칙서가 장쑤성 순무(巡撫)로 부임한 이후 영국인 휴 머리(Hugh Murry: 1779~1846)의 『세계지리대전(世界地理大全: The Encyclopaedia of Geography)』(1836)을 번역한 책으로 『해국도지』는 바로 이 『사주지』를 바탕으로 역대 역사서 및 다방면으로 수집한 외국 자료들을 보충한 것이다.

1844년 마침내 그가 이 책에서 밝혔듯 "오랑캐의 뛰어난 기술을 본받아 오랑캐를 제압하기(師夷之長技以制夷) 위한" 목적을 가지고 『해국도지』 50권을 완성하였다.

이렇게 완성된 『해국도지』는 세계 각 대륙 주요 국가의 지리, 역사, 정치체제, 종교, 문화, 상공업 등을 비롯하여 함선, 화약, 망원경, 지뢰, 해양 방어전략, 병사 선발과 훈련 방법과 같은 군사적인 내용 등 19세기 중반 서구 사회에 대한 거의 모든 지식과 정보를 총망라하고 있다.[27]

이렇듯 각 나라에 대한 정보를 기술하는 항목에서 위원은 여러 국가의 생산품 및 생활양식으로서 아래와 같이 커피를 소개하고 있다.

출처	명칭	내용	기타
해국도지 13권 갈류파국 (葛留巴國)	珈琲	만국지리전도집에서 말하길(萬國地理全圖集 曰)...(중략)...과실이 풍부한데, 커피(珈琲), 미곡(米穀), 백당(白糖)...	현재 인도네시아
해국도지 23권 서인도 파사국 (西印度巴社國)	咖啡	무역통지에서 말하길(貿易通志 曰)...(중략)...산물로는 백당(白糖), 커피(咖啡), 면화(棉花)...	현재 이란인근지역
해국도지 24권 아단국 (阿丹國)	珈琲	외국사략에서 말하길(外國史略 曰)...(중략)...물산으로는 향복수(香馥樹),...(중략)...커피(珈琲)...나온다.	현재 아라비아 아덴만 연안

---

(27) 최형섭, 『낯선 문학 가깝게 보기:중국문학』「해국도지」,2003

출처	명칭	내용	기타
해국도지 33권 리미아주총설 (利未亞州總說)	架非	...(상략)...토산물은 커피(架非), 포도주(葡萄酒), 오곡(五穀)...	아프리카
해국도지 39권 대여송국 (大呂宋國)	加非	외국사략에서 말하길(外國史略 曰)...(중략)... 토산물이 풍부하게 나오는데 담배(烟), 커피(加非), ...	현재 필리핀
	加非	지리비고에서 말하길(地理備考 曰) ...(중략)...백당(白糖), 면화(棉花), 마(麻) 커피(加非),...	
해국도지 51권 영길리국 (英吉利國)	加非	영국론략이 말하길(英國論略 曰) ...(중략)... 백성들은 하루에 세끼를 먹고, 차나 커피(加非)를 마신다. ...(하략)..	영국
	炒豆	영길리국리정기략에서 말하길 (英吉利國夷情記略 曰) ...(중략)...부자는 차(茶)를 마시고 가난한 자는 이를 대신해 초두(炒豆:커피)를 마신다.	
해국도지 65권 남묵리가주국 (南墨利加智國)	加非	...(상략)...토산은 동철(銅鐵), 침향(沉香), 담배(烟), ...(중략)...커피(加非)	남아메리카
해국도지 68권 백서이국 (伯西爾國)	珈琲	만국지리전도집에서 말하길(萬國地理全圖集 曰) ...(중략)...이 나라에서는 홍목(紅木), 커피(珈琲), 면화(棉花)....나온다.	현재 브라질
	加非	지리비고에서 말하길(地理備考 曰)...(중략)...물산이 풍부하여 백당(白糖), 커피(加非)....가 나온다.	

그런데 바로 그 해인 1844년 10월 26일 조선은 언제나처럼 주청 겸 사은동지사(奏請兼謝恩冬至使)를 북경으로 보낸다. 정사(正使) 흥완군(興完君) 이시응(李是應), 부사(副使) 권대긍(權大肯), 서장관(書狀官) 윤찬(尹穳) 등

으로 구성된 사신단은 사행(使行)의 임무를 무사히 마치고 1845년 3월 28일 귀국길에 오른다. 그리고 바로 이때 이제 막 출간된 위원의 『해국도지』 50권을 지니고 온 것이다.

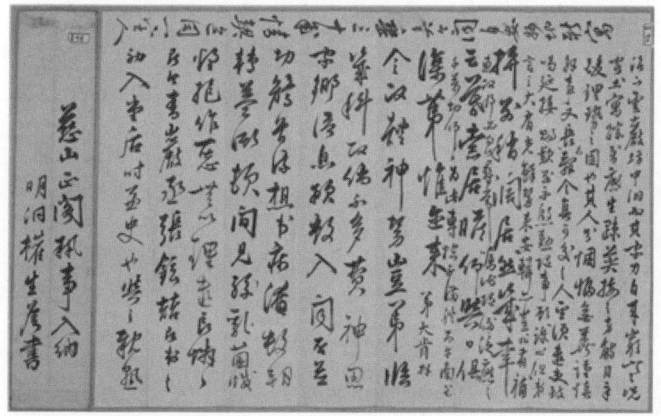

[그림 2] 1846년 권대긍(權大肯) 서간(書簡) 출처-한국학자료센터

조선 후기의 문신으로 이조판서(吏曹判書)를 지내기도 했던 허전(許傳:1797~1886)의 성재집(性齋集)(1891)에는 이러한 정황이 자세히 설명하고 있다.[28]

『해국도지』 50편은 청(淸) 내각(內閣)의 책으로 위원이 지었다. ...(중략)...대긍이 사신으로 연경(燕京:지금의 북경)에 이르러 책을 얻어 돌아와 헌종(憲宗)에게 바치니 임금이 그것을 직접 보시고, 어필(御筆)로 제(題)한 후 다시 돌려주었다.

- 『성재집(性齋集)』 16권 「해국도지발(海國圖誌跋)」

이후 추사(秋史) 김정희(1786~1856)는 위원의 노력을 '실사구시(實事求是)'를 새롭게 개척한 학문으로 평가하며 그의 책 『해국도지』를 필수적인 책

---

(28) 진명숭, 『해국도지의 조선 개화운동에 끼친 영향』, 성균관대학교, 1977년, p16~17

이라고 하면서 이것에 관심을 두는 이가 없음을 한탄하기도 하였다.(김정희, 『완당전집(阮堂全集)』 권3 「서독(書牘)」) 김정희의 이와 같은 한탄처럼 1850년대에 『해국도지』에 관심을 가진 사람은 별로 없었던 것 같다.

하지만 1860년대에 이르러 두 차례의 양요(洋擾)가 발생하면서 많은 지식인들이 『해국도지』의 사상에 관심을 갖기 시작했다. 이에 따라 『해국도지』는 조선 후기의 학자인 남병철(南秉哲:1817~1863)의 『규재유고(圭齋遺藁)』[29], 신좌모(申佐模:1799~1877)의 담인집(澹人集)[30] 등에도 언급되며 세계정세에 관심을 두었던 조선의 지식인들에게 해방 사상과 해외 지식을 전하는 통로로써 크게 공헌하였다.[31]

기실 『해국도지』는 중국인이 저술하여 중국에서 편찬한 서적으로 저자 위원이 커피를 접했거나 마셨다는 기록 역시 기술되어 있지 않다. 또한, 이 책은 커피만을 위한 책도 아니었고, 커피의 제조법이 등장하는 것도 아니었다. 그렇다고 『해국도지』를 통한 커피와의 이 만남이 위와 같은 이유만으로 폄훼되어야 하는 것은 아니다. 이는 한반도가 처음으로 커피라는 존재에 대해 알게 된 첫 번째 사건이라는 측면에서 커다란 의의를 지니고 있기 때문이다.

---

(29) 자명종은 서양에서 만들어진 시간을 알려주는 기기다. 명 만력 연간에 중국에 들어왔을 때 모든 사람들이 기이하게 여겼다. ...(중략)...영환지략, 해국도지 등에도 기록되어 있는바 서양각국 모두에서 만들어지면 특히 프랑스 도성에는 자명종을 만드는 장인이 2천 명에 달하며 매년 4만여개가 만들어진다고 한다. - 『규재유고(圭齋遺藁)』 권 5
(30) 아국의 힘이 빈약해 짐에 따라 사악한 책들을 통해 종교에 오염되기에 이르렀으니...(중략)...중국인들이 편찬한 해국도지와 영환지략에 기재된 바에 따르면 일남각국, 천축과 서양의 모든 제국이 이에 따른 족적을 따르고 있습니다. ...(하략)...-『담인집(澹人集)』 권 9 소(疏)
(31) 노혜정, 『최한기의 지리사상 연구 - 지구전요(地球典要)를 중심으로』, 서울대학교국토문제연구소, 2003, p31~32

[그림 3] 허전 초상 출처-문화재청(보물1728호)

청나라의 지리서 영환지략에 등장한 커피

조선 커피 기록의 참고문헌, 영환지략(瀛環志略)

서계여(徐繼畬:1795~1873)는 청나라 때 관리로서 복건성(福建省)에 순무(巡撫)로 있을 때 많은 서양인과 사귀면서 지도를 수집하여 그것을 기초로 한 『영환지략(瀛環志略)』(1850)을 저술하였다.

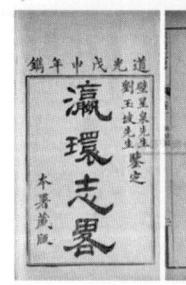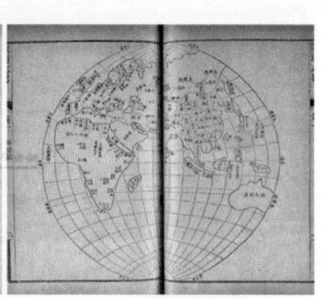

[그림 4] 영환지략의 저자 서계여와 영환지략 표지

『해국도지』가 서양의 문물을 이해하여 서양을 물리치자는 주장을 담고 있음에 반하여 『영환지략』은 순수한 목적의 지리서로서 아편전쟁 끝난 다음 해인 1843년에 저술을 시작한 이래로 1848년 10권 6책으로 완성하여 1850년 간행하였다.

이 책은 새로 나온 지도를 채택하였고, 지명과 국명은 당시 신문잡지에 발표된 것을 인용하였으며 연혁과 지도의 변화도 반영하고 있다.[32] 그런데 이처럼 『영환지략』 역시 세계 여러 나라의 정보를 담고 있었기 때문에 생산품이나 문화 풍습 중에 하나로 커피를 소개하고 있다.

<『영환지략』에 등장하는 커피 관련 내용>

출처	명칭	내용	기타
영환지략 권 2 남양각도(南洋各島) 여송국(呂宋國)	加非 (가비)	…(상략)…백당(白糖), 면화(棉花), 마(麻), 담배(煙草), 커피(加非)- 커피는 편두(扁豆)와 비슷하며 청흑색(靑黑色)으로 볶고 끓이는데 맛은 쓰고 향은 차와 비슷하다. 서양인들은 차 대신 음용하며 설탕이나 연유를 첨가하여 마시는 것(加非似扁豆靑黑色炒而煮之 味苦香似茶 西洋人用以代茶或添糖酥飮之)-…등이 생산된다.	현재 필리핀
영환지략 권 2 남양각도(南洋各島) 갈류파국(葛留巴國)	加非 (가비)	…(상략)…커피(加非), 백당(白糖)…등이 생산된다.	현재 인도네시아
영환지략 권 3 인도이서회부사국 (印度以西回部四國) 아자백(阿刺伯)	加非 (가비)	커피콩(加非豆), 류두(柳豆), 파이마(巴爾馬), 향유(香乳)…등이 생산된다.	현재 아라비아

---

(32) 노혜정, 위의 글, p31

출처	명칭	내용	기타
영환지략 권3 인도이서회부사국 (印度以西回部四國) 아자백(阿剌伯)	加非 (가비)	모카는 산 계곡 가운데 건설되었는데…(중략)…커피는 유럽의 각국 주요 판매처이다.(麥加建於山谷之中…(중략)…加非爲主販行歐羅巴各國…)	
영환지략 권4 구라파(歐羅巴)	加非 (가비)	…(상략)…탕처럼 끓인 커피를 마시는데 연유나 설탕을 넣는다.(加非煮湯和以酥糖)…	현재 유럽
영환지략 권7 영길리국 (英吉利國)	加非 (가비)	아침은 모두 버터로 만든 떡, 경단, 만두를 먹고, 우유와 백당을 첨가한 차와 커피를 마신다. (早餐皆餠餌饅頭沃以牛油 飮茶與加非牛乳白糖)	현재 영국
영환지략 권9 아묵리가 (亞墨利加)	加非 (가비)	〈물산〉…(상략)…포도(葡萄), 오렌지(橙柑), 커피(加非)…등이 생산된다.	현재 아메리카
영환지략 권10 남아묵리가(南亞墨利加) 가론비아(可論比亞)	加非 (가비)	〈물산〉…(상략)…커피(加非), 백당(白糖), 담배(煙葉)…등이 생산된다.	현재 -콜롬비아
영환지략 권10 남아묵리가(南亞墨利加) 파서(巴西)	加非 (가비)	〈물산〉…(상략)…면화(棉花), 담배(煙葉), 백당(白糖),커피(加非), 코코아(可可)…등이 생산된다.	현재 브라질
영환지략 권10 남아묵리가 (南亞墨利加) 파서북경빈해지명왜아나(巴西北境濱海地名歪阿哪)	加非 (가비)	〈강역〉 브라질 북경에 세 나라가 있는데…(중략)…중앙에 있는 건 네델란드령의 수리남이라는 곳으로 물이 많으며 백당(白糖),커피(加非)가 생산된다. …(중략)…서쪽은 영국령으로 콜롬비아와 인접해 있는데…(중략)…백당(白糖),커피(加非)가 생산된다.	*(중앙) 수리남 *(서쪽) 영국령 가이아나
영환지략 권10 남아묵리가해만군도 (南亞墨利加海灣群島)	加非 (가비)	북아메리카와 남쪽, 남아메리카의 북쪽 좁은 해협에 서로 인접해 있는 곳으로…(중략)…면화(棉花), 술(酒), 백당(白糖),커피(加非), 코코아(可可)가 생산된다.	현재 중앙 아메리카 인근

『해국도지』는 생산국가와 생활양식으로서 커피를 소개하는데 그쳤던 반면 위에서 알 수 있듯 『영환지략』은 이에 더하여 커피 모양에 대한 묘사, 커피 음용 방법 등 조금 더 상세히 서술하고 있다.

[그림 5] 영환지략 권 3 아자백(아라비아)편 2- 모카(麥加)가 유럽의 커피 주 판매처라는 내용, 출처 - 국립중앙도서관

이러한 『영환지략』은 1850년 간행되자마자 조선에 유입된 것으로 보인다.

요즈음 중국에는 새로 나온 기서(奇書)가 매우 많으며 그중 우리나라로 온 것 역시 많다. …(중략)… 『영환지략(瀛圜志略)』 10여 책, 『수산각총서(守山閣叢書)』 1백 20책 전 희조(錢熙祚)가 지었다. 『휘각서목(彙刻書目)』 10책이 있다. 『해국도지

(海國圖志)』는 5대주(大洲) 여러 나라의 사실을 적은 것으로 영상(領相) 조인영(趙寅永)과 상사(上舍) 최한기(崔漢綺)의 집에 소장되어 있다.

- 이규경(李圭景), 『오주연문장전산고(五洲衍文長箋散稿)』
「전적잡설(典籍雜說)」

『오주연문장전산고』는 정조 때의 관리였던 이덕무(李德懋:1741~1793)의 손자인 이규경(李圭景:1788년~1863년)이 여러 나라의 고금(古今)의 사물에 대하여 고증(考證)하고 해설(解說)한 책(冊)으로 천문(天文), 시령(時令), 지리(地理), 풍속(風俗) 등을 수록하고 있는 백과사전식 책이다.

위 기록에서 주목할 점은 영의정 조인영(趙寅永:1782~1850)이 언급된 부분이다. 조인영은 헌종(憲宗)의 외할아버지였던 조만영(趙萬永)의 형으로 당시 세도가인 풍양 조씨의 실세였다. 기록을 살펴보면 그가 영의정으로 있던 시기는 1842년~1844년과 1850년 두 차례이다. 『해국도지』가 조선에 유입된 시기가 1845년, 『영환지략』이 출판된 시기가 1850년임을 볼 때 위 기록은 1850년의 일임을 알 수 있다.

이 기록을 통해서 우리는 새로운 문명과 문화를 담고 있던 중국에서 발행된 새로운 저서들이 일부 지식인들뿐만 아니라 조선의 고위 관료들에게도 전해져 커피가 알려졌음을 알 수 있다.

조선의 선비 커피를 기록하다.

벽위신편(闢衛新編)

앞서 살펴보았듯 19세기에 이르러 조선은 새로운 변화와 위기에 직면하게 된다. 그 위협의 실체는 양이(洋夷) 즉 서양이었다. 빈번한 이양선의 출현, 천주교의 급속한 전파, 중국의 아편전쟁 패배(1839) 등의 소식은 조선 내 그들에 대한 위기의식을 높이기에 충분한 것이었다.

이러한 위기 상황 속에서 조선 지식인들은 조선이 나아가야 할 방향을 모색하게 된다. 이는 크게 두 방향으로 전개되는데 그 하나는 척사(斥邪) 즉 이들 세력과 문물의 침투를 경계하고 배척하여 전통을 지키자는 것이었고, 다른 하나는 문호(門戶) 개방을 통해 서양문명을 수용하고 이를 바탕으로 기술개발과 사회제도의 변화를 추구하자는 개화(開化)가 그것이었다.

조선 후기 문신이자 훗날 호조참판을 지낸 윤종의(尹宗儀:1805~1886) 역시 그러한 시대 속에서 조선의 앞날을 고뇌하던 선비였고, 그러한 그의 생각이 담긴 책이 바로 『벽위신편(闢衛新編)』이다.

여기서 '벽위(闢衛)'란 벽사위정(闢邪衛正)의 줄임말로 사학(邪學) 즉 서양문물을 배척하고 전통을 수호한다는 뜻이다. 제목에서 드러나듯 이 책은 기존의 질서를 최대한 유지하고 강화하는 동시에 변해가는 바깥 상황에 효과적으로 대처하기 위한 목적을 가지고 서술되었다. 그러나 그의 주장은 기존의 척사론과는 그 방법 면에서 다소 차이가 났다.

기존의 척사론이 유학자들의 인식범위와 사고의 틀에서만 서양인의 문화를 바라보았다면 윤종의는 다양한 자료의 수집을 통해서 그들에 대한 이해를 넓히려고 시도하였다. 서양에 대한 명확한 분별이 우선되어야만 그에 대한 대처 또한 할 수 있다는 판단에서였다. 그리하여 『벽위신편』에서 그는 여러 학자의 다양한 글과 세계 지리에 대한 자료를 인용하고 있다.[33]

이 책은 총 7권으로 구성되어 있는데 제1권은 「제가변론(諸家辯論)」으로 다양한 척사론(斥邪論)을 수록하고 있으며 제2권 「이국전기(異國傳記)」는 서양에 대한 관심과 지리에 관한 내용을 담았다. 그리고 제3권과 4권 「연해형승(沿海形勝)」은 세계지도와 우리나라 연안지방의 지도를 제시하면서 방비(防備)에 대한 논리를 기술하였고, 제5권 「정리전도(程里躔度)」는 신구대륙에 대하여 인문지리학 내지는 역사지리학적으로 이를 설명하고 있다. 제6권 「비어초략(備禦鈔略)」에서는 서양세력의 침략을 물리치기 위한 군사조직과 무기 및 병선의 제작 등에 대해 중국의 자료를 인용하여 기술하고 있으며 제7권 「사비시말(査匪始末)」은 서양과 조선이 접촉한 사건을 간략히 연대순

---

(33) 최보윤, 『벽위신편(闢衛新編)의 편찬과 윤종의(尹宗儀)의 서양인식』, 서강대학교, 2007. p I ~ II

으로 기록하고 있다.[34]

한편 『벽위신편』은 1848년에 완성되었으나 한 번으로 저술을 마치지 않고 1879년 이후까지 내용을 추가하고 수정하기를 계속하였다. 그리하여 『벽위신편』의 본문에는 저자가 새로운 정보를 얻을 때마다 자필로 써넣은 주석들이 많이 남아 있다.

1차 개정이 이루어진 시기는 1852년이었다. 그해 그는 『영환지략』을 접하게 되었는데 (『벽위신편』 제1권 「제가논변(諸家論辯)」) 『해국도지』와 함께 이를 살펴본 후 이국(異國)에 대한 『벽위신편』의 서술이 부족했음을 깨닫고 두 책에서 채록할 수 있는 것을 간략하게 더하고 보완해 넣었다.(『벽위신편』 「자서(自序)」)

바로 이러한 과정을 거쳐서 그는 마침내 이 책 제2권 「이국전기(異國傳記)」 중 여송(呂宋) 즉 현재의 필리핀 지방을 설명하는 과정에서 『영환지략』을 인용하여 '커피'에 대해 기술하게 된다.

『영환지략』에 따르면 스페인이 습격해 빼앗아 주인이 되었기에 그 나라를 소여송(小呂宋)이라 하고 본국은 대여송(大呂宋)이라고 한다. 명사(明史)에 따르면 스페인은 프랑스에 인접한 땅으로 그들과 문화가 비슷하다. 필리핀에서는 담배와 커피- 커피는 편두(扁豆)와 비슷하며 청흑색(靑黑色)으로 볶고 끓이는데 맛은 쓰고 향은 차와 비슷하다. 서양인들은 차 대신 음용하며 혹은 연유를 첨가하여 마시는 것이다. - 카카오- 과일 이름으로 즉 약료 중 가자(訶子)이다. 서양인들은 또한 차 대신 마신다.- 가 생산된다. 또한 땅이 비옥하여 벼가 잘 자라고, 오곡이 풍부하다.

- 『벽위신편(闢衛新編)』 제2권 「이국전기(異國傳記)
여송(呂宋) 머리주석(頭註)

---

(34) 한국학중앙연구원, 『한국민족문화대백과』 「벽위신편(闢衛新編)」

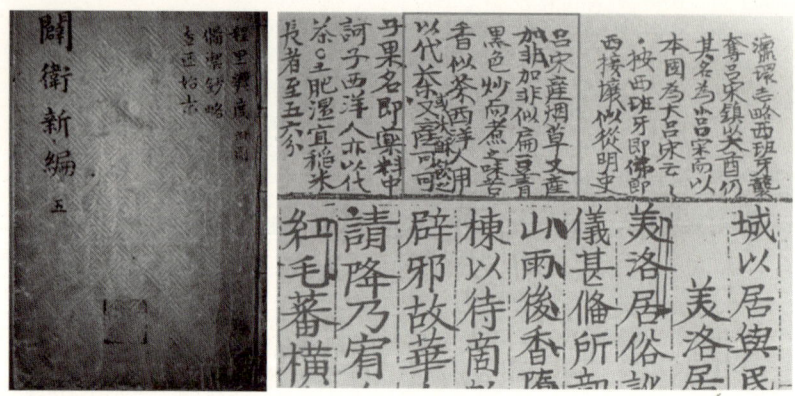

[그림 6] 윤종의. 벽위신편 표지와 여송편 (1852년 경)

이렇듯 『벽위신편』은 『영환지략』을 인용해 서술하였기 때문에 그 내용 또한 『영환지략』과 다르지 않다. 그러나 지금까지와는 다른 세계질서를 알아보고자 하는 의지 속에 기술된 위 문장엔 분명 커피의 모양, 색깔, 맛, 제조방법, 마시는 방법 등이 기록되어 있다는 것은 분명한 사실이다.

이를 좀 더 분석해 보면 편두(扁豆), 청흑색(靑黑色)은 곧 커피 생두의 모양과 색깔을 기술한 것이다. 그리고 '볶고 끓인다.'는 내용은 곧 현재의 '로스팅(Roasting)' 과정과 제조방법을 짤막한 문장으로 기술하고 있다.

사실 커피의 과육 대신 원두를 볶아서 마시기 시작한 건 13세기경의 일이었다. 이전 9세기경에는 커피를 과육이 포함된 열매 전체를 절구에 빻은 후 기름을 섞어서 동그랗게 빚었으며 10세기경에는 커피의 생두를 발효시켜 와인처럼 마셨다고 한다.

11세기경에는 끓이는 방식이 등장했는데 이때는 생두를 통째로 돌솥이나 진흙 속에 넣어 끓인 후 그 즙을 마셨다. 그리고 13세기에 이르러선 커피 열매의 과육만을 끓여서 마시는 방법이 일반화되었다. 이즈음 아랍에서는 커피

과육에 껍질 부분의 은빛 표피(Silver skin)를 약4:1로 섞어 흙 주전자에 넣어 숯불로 가볍게 볶은 후 끓는 물에 30분 정도 끓였다고 한다. 이후 과육이 아닌 원두를 볶아 이를 물에 끓여 마셨으며 그 원두를 빻아 가루를 내어 마시는 방법은 다음 단계의 일이었다.(35)

이렇듯 『벽위신편』에 기술된 커피에 대한 첫 문장은 커피의 긴 역사가 담겨 있기도 한 것이다.

이어진 문장은 커피의 특징인 쓰고 다양한 향미를 기술하고 있다. 참고로 1715년 『행복한 아라비아 여행(Voyage de l'Arabie Heureuse)』를 출간한 장 라 로크의 따르면 '볶은 원두'가 사용되기 전 커피는 향미를 방해하는 쓴 부분이 전혀 없기에 설탕을 첨가할 필요가 없었다고 한다.(36)

한편 연유(煉乳)를 넣는다는 것은 곧 우유를 섞어 마시는 음용방법을 의미한다.

호흡기를 열어주고 소변을 배출하는 효능을 지니고 있는, 지금은 '코와(Kohwa)'라 불리는 '분(Bunn)'이라는 이 열매를 말려 충분히 끓여주면 지혈과 염증 피고름 등에 효과적이라고 한다. ...(중략)...하지만 원기를 회복하고 열심히 일하기 위해 '코와'를 마셨다. '코와'를 마실 때 육즙이 풍부한 고기나 파스타치오, 버터 등을 곁들이면 좋다. 우유를 섞는 경우도 있는데 이는 '코와'가 부패할 수 있기 때문에 바람직한 방법은 아니다.
- 『아라비아 의사가 설명하는 음료 카우히(Kauhi:커피)와 원두의 특질』(37)

동양학의 권위자이자 철학자인 에드워드 포코크(Edward Pocoke : 1604

---

(35)   W.H 우커스. 위의 글. p184~186
(36)   W.H 우커스. 위의 글. p185
(37)   W.H 우커스. 위의 글. p19~20

~ 1691)가 번역한 위 기록에서 드러나듯 우유를 곁들이는 방법은 이미 커피 역사 초기부터 전해지던 음용방법 중 하나[38]로 『영환지략』이나 『벽위신편』이 저술된 19세기 무렵엔 널리 애용되고 있었다.

『영환지략』을 인용해 『벽위신편』에 남겨진 이 커피에 대한 기록은 이렇듯 당시 지식인들이 중국에서 들어온 서적을 통해 커피에 대해 알게 되었다는 사실을 증명해주고 있다. 그리고 무엇보다도 우리나라 사람이 커피에 대해 써 내려간, 현재까지 밝혀진 첫 기록이라는 점에서 매우 중요한 의미를 지니고 있다 할 수 있을 것이다.

---

(38) W.H 우커스. 위의 글. p134

조선의 인문, 지리서에 등장한 커피

지구전요(地球典要)

　우리나라 커피 역사에 있어서 놓치지 말아야 할 중요한 서적은 최한기(崔漢綺:1803~1877)가 1857년 저술한 『지구전요(地球典要)』이다.
　근대사상의 가교자로 평가받고 있는 최한기는 19세기를 대표하는 학자로 동서양의 학문적 조우를 통해 조선의 현실을 개혁하고 난국의 해결책을 모색하고자 하였다. 그는 우리가 살아가고 있는 세계를 더 나은 세상으로 만드는 것을 학문의 목표로 삼았다. 이에 따라 최한기는 "실용에 도움이 되면 비록 나무하는 초부의 말이라도 취해 쓰는 것이요. 후세에 말한 것이라는 이유로 모두 버려서는 안 된다.(『기측체의』(1836))"라며 실용주의적 사상을 취했다.[39]

---

(39)　노혜정. 위의 글. p50

이렇듯 실용의 철학을 기반으로 최한기는 천문(天文), 지리(地理), 농학(農學), 의학(醫學) 등 약 천여 권의 저서를 남겼다고 한다. 그중 현재는 15종 80여 권만이 남아 있는데 『지구전요』는 그 하나로 『직방외기(職方外紀)』(1623), 『지구도설(地球圖說)』(1767), 『해국도지(海國圖志)』(1844~1852), 『영환지략(瀛環志略)』(1850), 『해유록(海遊錄)』(1720) 등 국내외 서적들을 참고해 우주계의 천체와 기상, 지구상의 자연 및 인문지리를 내용으로 담고 있다.[40]

특히 『지구전요』는 각국의 지리와 강역(疆域), 물산(物産), 생활, 음식, 문자 등에 대해 비교적 자세히 소개하였다. 그리고 '커피' 역시 한 번밖에 등장하지 않는 『벽위신편』 비해 더욱 폭넓게 기록하고 있다.

< 『지구전요』에 등장하는 커피관련 내용 >

출처	명칭	내용	기타
지구전요 권 3 남양각도(南洋各島) 여송국(呂宋國)	加非 (가비)	〈물산〉 …(상략)…백당(白糖), 면화(棉花), 마(麻), 담배(煙草), 커피(加非)- 커피는 편두(扁豆)와 비슷하며 청흑색(靑黑色)으로 볶고 끓이는데, 맛은 쓰고 향은 차와 비슷하다. 서양인들은 차 대신 음용하며 설탕이나 연유를 첨가하여 마시는 것(加非似扁豆靑黑色炒而煮之味苦香似茶西洋人用以代茶或添糖酥飮之)-…등이 생산된다.	현재 필리핀
지구전요 권 3 남양각도(南洋各島) 갈류파국(葛留巴國)	加非 (가비)	〈물산〉 …(상략)…커피(加非), 백당(白糖)…등이 생산된다.	현재 인도네시아
지구전요 권4 인도이서회부사국 (印度以西回部四國) 아자백(阿剌伯)	加非 (가비)	〈물산〉 커피콩(加非豆), 류두(柳豆), 파이마(巴爾馬), 향유(香乳)…등이 생산된다.	현재 아라비아

---

(40) 『실크로드 사전』,「지구전요(地球典要)」, 창비. 2013.

출처	명칭	내용	기타
지구전요 권4 인도이서회부사국 (印度以西回部四國) 구라파(歐羅巴)	加非 (가비)	〈식(食)〉...(상략)...탕처럼 끓인 커피를 마시는데 연유나 설탕을 넣는다.(加非煮湯和以酥糖)...	현재 유럽
지구전요 권8 영길리국 (英吉利國)	加非 (가비)	〈식(食)〉 국민들은 하루에 세끼를 먹고, 차나 커피(加非)를 마신다. ...(하략)..	
지구전요 권8 아묵리가(亞墨利加)	加非 (가비)	〈물산〉...(상략)...포도(葡萄), 오렌지(橙柑), 커피(加非)...등이 생산된다.	현재 아메리카
지구전요 권10 북아묵리가(北亞墨利加) 미리견합중국 (米利堅合衆國)	架非 (가비)	〈식(食)〉 국민들은 하루에 세끼를 먹는데 아침 반찬으로 경단(빵) 혹은 면과 함께 우유, 계란, 버터, 차, 커피(架非)를 먹는다.- 커피는 청색 콩을 볶아서 간 후 물에 넣고 끓이거나 깨끗한 끓는 물을 넣어 찌꺼기를 제거하여 마신다.(架非者將青豆炒焦研末水煎惑白滾水沖隔査)	현재 미국
지구전요 권10 남아묵리가(南亞墨利加) 가론비아(可論比亞)	加非 (가비)	〈물산〉...(상략)...커피(加非), 백당(白糖), 담배(煙葉)...등이 생산된다.	현재 콜롬비아
지구전요 권10 남아묵리가(南亞墨利加) 파서(巴西)	加非 (가비)	〈물산〉...(상략)...면화(棉花), 담배(煙葉), 백당(白糖), 커피(加非), 코코아(可可)...등이 생산된다.	현재 브라질
지구전요 권10 남아묵리가(南亞墨利加) 파서북경빈해지명왜아나(巴西北境濱海地名歪阿哪)	加非 (가비)	〈강역〉 브라질 북경에 세 나라가 있는데...(중략)...중앙에 있는 건 네덜란드령의 수리남이라는 곳으로 물이 많으며 백당(白糖), 커피(加非)가 생산된다. ...(중략)...서쪽은 영국령으로 콜롬비아와 인접해 있는데...(중략)...백당(白糖), 커피(加非)가 생산된다.	*(중앙)수리남 *(서쪽) 영국령 가이아나

출처	명칭	내용	기타
지구전요 권10 남아묵리가해만군도 (南亞墨利加海灣群島)	加非 (가비)	북아메리카와 남쪽, 남아메리카의 북쪽 좁은 해협에 서로 인접해 있는 곳으로…(중략)…면화(棉花), 술(酒), 백당(白糖),커피(加非), 코코아(可可)가 생산된다.	*중앙 아메리카인근

『해국도지』와 『영환지략』에서 등장하는 커피 내용과 비교하여 살펴보면 알 수 있듯 두 책을 참고도서로 활용하고 있는 『지구전요』는 커피 관련 내용에 있어서 그 책들의 서술과 거의 일치하고 있음을 알 수 있다. 하지만 그 두 참고서적에는 등장하지 않는 항목도 보인다. 북아묵리가(北亞墨利加:현재의 북아메리카) 미리견합중국(米利堅合衆國:현재의 미국)에 서술된 내용으로 추출법에 관한 내용이 바로 그것이다.

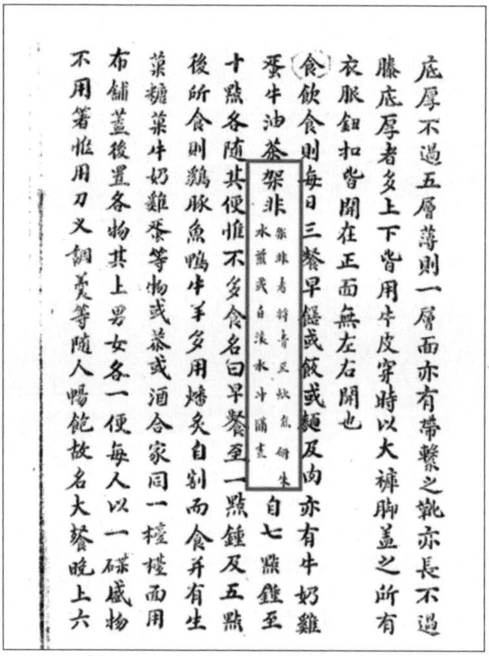
底厚不過五層薄則一層而亦有帶繫之靴亦長不過
膝底厚者多上下皆用牛皮穿時以大褲脚蓋之所有
衣服鈕扣皆開在正面無左右開也
食飲食則每日三餐早饍或飯或麵及肉亦有牛奶雞
蛋牛油茶架非(架非者將青豆炒焦研末水煎或白沫水斗滿盅)自七點鍾至
十點各隨其便惟不多食名曰早餐至一點鍾及五點
後所食則雞豚魚鴨牛羊多用燔炙自割而食并有生
菜糖菓牛奶雞蛋等物或茶或酒合家同一棹樓而用
布舖蓋後置各物其上男女各一便每人以一碟盛物
不用箸惟用刀叉銅叉等隨人暢飽故名大餐晚上六

[그림 7] 지구전요 북아메리카 미리견합중국 식 편 출처-국립중앙도서관

이 글이 쓰일 당시인 19세기 중반엔 다양한 커피 추출 방식이 존재했다. 앞서 언급했듯 원두를 넣고 끓이는 방식은 13세기 이후 일반화된 추출법이었다. 특히 16세기 이후 '이브릭(Ibrik)'은 커피 역사에서 있어서 획기적인 전환점이 되었다. 이브릭의 방식은 원두를 빻아 끓는 물에 넣고 끓어 넘치기 전에 이를 내리는데 이 과정을 여러 차례 반복하며 커피를 만드는 것이다. 이로써 커피의 즉석제조가 가능하게 된 것이다.

한편 우려내기 방식으로 커피를 제조한 것은 18세기 초 프랑스에서였다. 이는 커피 주전자에 부착된 천 주머니에 원두 가루를 담고 그 위에 뜨거운 물을 붓는 방식이었다.

프랑스의 과학자이자 과테말라에서 커피 농장을 소유하기도 했던 쥘 로시뇽(Jules Rossignon: ?~1883)은 19세기 중반 커피 제조법 중 여과망을 통해 커피를 걸러 내리는 방식을 소개하였는데 이 무렵 프랑스에서는 천과 구멍이 뚫린 깔때기로 만든 여과장치를 이용해 커피를 추출하기도 하였다.

이렇듯 『지구전요』는 당대 커피 생산국, 문화로서의 커피, 향미에 대한 묘사, 음용 방법 및 제조법등 보다 구체적이고 다양한 커피 정보를 담고 있다는 점에서 『벽위신편』과는 또 다른 중요성을 지니고 있다고 할 것이다.

고종과 조선의 문인,
해국도지와 영환지략으로 커피를 만나다.

김정희, 『완당전집(阮堂全集)』 권3 「서독(書牘)」

『해국도지(海國圖志)』는 바로 필수적인 책으로서 나에게는 마치 다른 집의 여러 가지 보배와 같습니다. 홍박(紅舶)이 혹 국경을 넘어오는 때가 있을 경우에는 중문격탁(重門擊柝)의 뜻에 있어 또 어찌 작게 여길 수 있겠습니까. 나라의 형세를 살피는 자들은 이를 모방하여 시행할 수도 있는 것입니다. 나 같은 사람은 매양 마음이 거칠어서 자세하게 보지 못하니, 매우 한탄스럽습니다. 비록 그 선제(船制)를 다 알 수는 없다 하더라도 이 돛을 다루는 한 가지 기술은 충분히 모방하여 시행할 만한 것인데, 그토록 하나도 여기에 마음을 두는 사람이 없단 말입니까.

『고종실록』 고종 4년(1867년) 9월 11일

전교하기를,
"수뢰포(水雷砲)의 규격이 비록 『해국도지(海國圖誌)』에서 나와서 우리나라의 군사 일에는 익숙하지 못하지만 이번에 이것을 모방하여 만들었고 어제 또 시방(試放)해 본 결과 큰 배를 능히 격파할 수 있었으니, 외구(外寇)에 대하여 무엇을 근심할 것이 있겠는가? 은정(恩情)을 보이지 않을 수 없으니 훈련대장(訓練大將) 신관호(申觀浩)에게 특별히 가자(加資)하도록 하라."
하였다.

『승정원일기』 고종 12년(1875) 11월 29일

상이 수정전(修政殿)에 나아갔다. 돌아온 세 사신이 입시하였다.
이때 입시한 동부승지 김영목, 가주서 오광수, 기사관 이명재·김우균, 정사 이승응(李昇應), 부사 이순익(李淳翼), 서장관 심동헌(沈東獻)이 차례로 나와 엎드렸다.

상이 이르기를,

"사관은 좌우로 나누어 앉으라."

하고, 이어서 세 사신에게 앞으로 나오라고 명하였다. 이승응 등이 앞으로 나왔다. 상이 이르기를,

"먼길에 무사히 다녀왔는가?"

하니, 이승응이 아뢰기를,

"전하께서 염려하신 덕분에 무사히 다녀왔습니다."

하였다.

...(상략)...

상이 이르기를,

"안남과 유구는 나라의 크기가 어느 정도인가?"

하니, 이순익이 아뢰기를,

"『해국도지(海國圖志)』와 『영환지략(瀛環志略)』에 상세히 나와 있습니다."

하였다.

...(하략)...

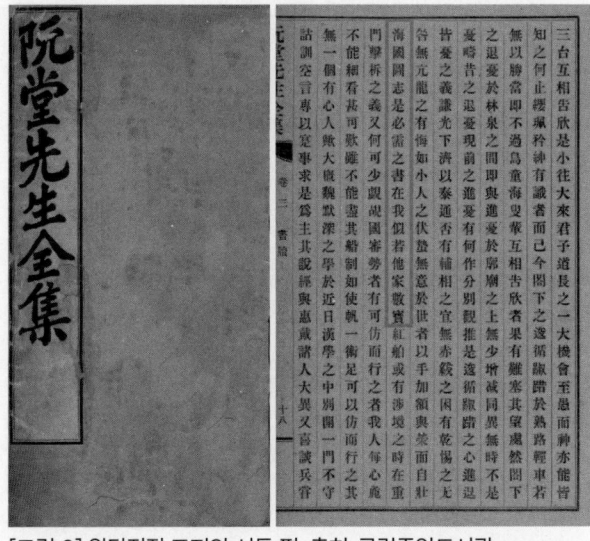

[그림 8] 완당전집 표지와 서독 편, 출처-국립중앙도서관

02
커피, 조선에 들어오다.

조선에 온 커피
개항의 시대와 커피(1)
개항의 시대와 커피(2)
한국에 들어 온 커피

조선에 온 커피

커피, 선교사를 통해 조선에 들어오다.

18세기 후반 이벽(李蘗:1754~1786), 이승훈(李承薰:1756~1801), 권철신(權哲身:1736~1801) 등은 서학(西學)이 단순히 지식으로만 이해할 수 있는 것이 아님을 깨닫고 이를 신앙체계로 받아들이게 된다. 그러나 교황청과 중국의 선교부에서 조상 제사와 같은 동양의 예식을 우상 숭배로 배격하면서 이들의 신앙은 조선 정부로부터 '임금을 배격하며 부친을 멸시하고 세상의 변혁을 바라는 믿음'이라는 이유로 신해박해(1791), 신유박해(1801), 기해박해(1839)와 같은 극심한 탄압을 받게 된다.

그런데 이러한 와중인 1831년 조선인 신자들의 청원을 받은 로마 교황청에서는 조선에 교구를 설정하고자 했고, 파리외방전교회에 소속된 브뤼기에르(Brugière:1792~1835) 주교가 조선 선교를 자원하면서 마침내 교황 그레고리오 16세는 그해 9월 9일 천주교 조선대목구를 설정, 독립된 교구가 탄생하게 된다.

이후 1836년 피에르 모방(Pierre Maubant:1803~1839), 자크 오노레 샤스탕(Jacques Honor Chastan:1803~1839), 1837년 로랑 조제프 마리위스 앵베르(Laurent-Joseph-Marius Imbert:1797~1839) 등이 조선에 들어오며 조선의 신앙은 새로운 전기를 맞이하게 된다.

1836년 서양 선교사로서는 최초로 조선에 입국한 모방 신부는 사제 양성을 위해 최양업을 첫 신학생으로 선발해 가르쳤고, 이후 최방제와 김대건 두 명의 학생을 더 뽑아 라틴어 등을 가르쳤다. 그리고 이내 본격적 신학 수업을 위해 이들을 멀리 파리외방전교회의 극동대표부가 있던 마카오로 보낸다.

1836년 12월 3일 마침내 긴 유학길에 오른 세 신학생은 중국을 횡단하는 대장정을 거쳐 1837년 6월 7일 목적지인 마카오에 도착했다. 당시 포르투갈령이었던 마카오는 동서양 무역의 전초기지일 뿐 아니라 유럽 선교사들의 극동 선교 거점 도시이기도 하였다.

파리외방전교회는 이후 대표부 내에 조선 신학교를 개설하기로 하였고, 세 명의 유학생들을 직접 가르쳤다.

당시 조선 신학교의 교장이었던 칼르리(Callery) 신부는 파리 신학교의 트송(Tesson) 신부에게 보낸 1837년 10월 4일 편지를 전하며 조선 신학생을 위한 필수품을 청하였는데 '잡지, 수준기(水準器), 기압계, 염색성의 잔, 산성의 유리병, 연필 3타스, 한자가 새겨진 기적의 메달, 속기계, 자명종' 등이 그것이었다. 또 바늘, 성냥, 화학물, 부싯돌, 나이프, 그 밖의 살림살이에 필요한 물품들을 청구하기도 하였다.[41]

---

(41) 한국교회사연구소, 『성 김대건 신부의 활동과 업적』, 한국교회사연구소, 1996. p59

또 신학생들을 가르쳤던 매스트르(Maistre:1808~1857)가 1842년 3월 8일 리브와 신부에게 보낸 서한을 보면 당시 그와 김대건 신부가 함께 탑승하고 있던 프랑스 함대 에리곤호의 함장 세실에게 감사의 표시로 초콜릿을 주었다고 한다.[42]

이를 통해 신학생들의 마카오 생활이 서양식이었음을 추정해볼 수 있다. 더구나 매스트르 신부가 파리 신학교 교장 알블랑에게 보낸 1841년 11월 17일자 서한을 통해서 당시 신학생들이 경비에 대한 장부를 작성하고, 각 포교지에 필요한 돈을 계산하고 보낼 물건 등을 준비하는 일 이외에도 지하실 물품 관리와 주방일까지 했음[43]을 알 수 있다.

그들이 유학할 당시 서양인들의 필수 음식 중 하나인 커피는 이미 마카오, 홍콩 등 광저우(廣州) 일대에 들어와 있었기 때문에[44] 이 과정에서 조선의 신학생들이 커피를 접하거나 마셨을 가능성은 농후하다. 그러나 이에 대한 더 분명한 기록은 아직 찾지 못했다.

한편 선교사들이 입국하기 시작하면서 조선에도 다양한 서양식 물건들이 유입되었다. 이 물건들은 단지 제구나 제복 성본 성물과 같은 신앙 관련 용품만은 아니었다. 기록에 따르면 그들이 필요했던 일상생활용품 또한 적지 않게 들어온 것으로 보인다. 프랑스 천주교 선교사들이 조선에 들어와 살면서 조선인 교우들과 궁핍한 생활을 하였다고 할지라도 그들이 본국과 완전히 단절되어 조선인의 생활방식으로만 살았다고는 보기는 어렵다. 왜냐하면, 선교사들은 파리외방전교회 극동대표부, 그리고 조선과 마찬가지로 파리외방전교회가 담당하고 있던 만주교구의 선교사들과 정기적으로 연락을 주고받으

---

(42) 한국교회사연구소, 위의 글. p173
(43) 한국교회사연구소, 위의 글. p153
(44) 柯伶秦(가검진),『咖啡與近代上海』(커피와 근대 상해), 國立大灣師範大學(국립대만사범대학), 2012, p25 "외국인들은 포도주가 있는데...(중략)...또한 흑주(黑酒:커피)가 있는데 밥을 먹은 후에 마신다. 이 술은 음식소화를 가능케 한다고 한다."-『광동통지(廣東通志)』(1822)

면서 유럽의 사정을 들었고, 이 경로를 통해 그들이 필요한 용품들을 조선으로 반입하였기 때문이다.

이러한 용품들이 무엇이었는지는 제4대 조선교구장으로 1856년 조선에 입국한 시메옹 프랑수아 베르뇌(Siméon-François Berneux:1814~1866, 한국명:장경일(張敬一))가 파리외방전교회 소속 신부들에게 보낸 편지에서 파악해 볼 수 있다. 여기서 주목해 볼 것이 바로 그의 요청 물품 중에 커피가 들어있다는 사실이다.

[그림 9] 1854년 중국인 복장을 한 베르뇌 주교 출처-chateau du loir

1860년 3월 6일 베르뇌는 극동대표부 리부아(Libois)신부에게 다음과 같은 편지를 보냈다.[45]

---

(45) 조현범, 『19세기 중엽 프랑스 선교사들의 조선 인식과 문명관』, 한국정신문화연구원, 2002, p79

...(상략)...

장 랑드르(Jean Landre:1828~1863)와 조안느(Joanno:1832~1863) 그 동료들이 내년(1861년) 조선으로 들어올 때 레드, 화이트 와인 각 50병씩 2통, 코냑 4다스 커피 40리브르(livre:약20kg), 흑설탕 100리브르를 함께 보내주십시오.
- 1860년 3월 6일 파리외방전교회 극동대표부 리부아에게 보낸 서한

커피가 포함된 이러한 물품들을 반입해 달라는 위 요청에 대한 답은 파리 신학교 장상인 루세이(Rouseille)에게 보낸 1861년 9월 7일자 서한에 등장한다. 베르뇌는 이 서한에서 이들의 짐과 요청한 짐들을 반입하는 문제 때문에 걱정이 많았으나 그의 집에 무사히 도착하였다고 적고 있다. 이는 지금까지 밝혀진 한반도에 커피가 들어온 최초의 기록인 셈이다.

이후 베르뇌는 1861년 9월 30일 서한에서는 50리브르(약25kg), 1863년 11월 24일과 1865년 12월 4일자 서한에서는 각각 50카티스(Catis:약30kg)와 100리브(약50kg)의 커피를 요청한다.

그럼 이러한 커피는 어떠한 경로로 유입되었을까?

그 하나는 제5대 조선교구장을 지낸 마리 다블뤼(Marie Daveluy : 1818~1866)의 1853년 10월 25일자 서한에서 확인할 수 있다. 이 서한에선 요동 길을 따라 북경을 왕래하는 사신 행렬에 따라간 신자들을 통로가 등장한다. 사실 이즈음 만주교구에서는 이미 커피가 음용되고 있었다. 훗날 제6대 조선교구장이 되는 펠릭스 클레르 리델(Félix-Clair Ridel:1830~1884)이 남긴 서한에서 이와 관련된 기록이 찾아볼 수 있다.

1860년 11월 30일
...(중략)...이 고장에는 우유가 없으므로 우유 대신 물을 조금 넣고 4개의 달걀노른자와 설탕을 넣어 초콜릿을 만들었는데 만약 조카 아이가 이곳에 있었다면 "정말 맛있어. 나는 만주 지방에 계신 나의 삼촌 크림을 좋아해요!"라고 말했을 것입니다. 더욱이 식사 후에

는 식당이나 거실, 연구실 등으로 사용되고 있는 나의 방 옆 대기실에서 벽난로 주위에 모여 커피를 마셨으니 우리는 오늘 큰 향연을 즐긴 것입니다. 오늘은 조선의 주보성인 축일입니다. 그래서 우리들은 비용을 들이고 애를 쓴 것입니다. 꿩은 선물이었지만 이곳에서는 13프랑에 토끼들을 살 수도 있습니다!(46)

- 『리델문서』 -

실제 1863년 11월 24일 서한에는 커피 외 목록 중 요동에 보관되어있는 1,200피아스터(piaster:화폐단위)를 함께 요청하였는데 때문에 적어도 이때의 물품은 육로를 통해 반입된 것으로 보인다. 또 다른 경로는 1865년 2월 20일 베르뇌의 서한에서 그 단서를 찾을 수 있다. 이 편지에서 그는 백령도 부근의 메린도로 갈 배를 통해 보내려고 생각하는 편지들을 준비하고 있다고 밝히고 있다. 이를 통해 서해안의 뱃길이 바로 그 경로였음을 짐작해 볼 수 있다. 1861년에 반입된 커피는 바로 이 길을 통해 들어온 것으로 보이는데 이는 1861년 9월 7일 서한에 커피를 가지고 온 랑드르 외 3명의 신부가 해로(海路)를 통해 입국했다고 쓰여 있기 때문이다.

한편 베르뇌 주교는 입국 후 한양 '전동'(典洞, 현재 종로구 견지동)에 있던 이군심(李君心)의 집에 머물면서 조선어를 배운 뒤 한양과 경기도 일대의 교우촌을 순방하며 포교 활동을 전개해 나간다. 1857년에는 한국 천주교회 최초의 성직자 회의를 열고 여기에서 결의한 사항을 '장주교윤시제우서(張主敎輪示諸友書)'라는 이름으로 신자들에게 반포하였으며, 1859년에는 한양에 목판 인쇄소를 세워 성경 보급에도 힘썼다.(47)

이렇듯 교세가 확장되자 앞서 살펴보았듯 베르뇌 주교는 선교사 파견을 요청하였고, 이에 따라 새로운 거처를 마련할 필요가 있었다.

---

(46) 『리델문서』 한국교회사연구소 1994 p 369~371
(47) 차기진, 사목 239호(1998년 12월), 베르뇌, 다블뤼 주교 관련 사적지, p.98-106

수도에 집 한 채를 매입해서 혈통상 진짜 양반인 교우를 저와 함께 살게 했지요. 저는 그 교우에게 바깥채 혹은 응접실을 사용하게 하고 그의 처와 자녀들에게는 안채에 있는 방 하나를 쓰게 했습니다. 그리고 저는 안채의 다른 방에서 묵고 있습니다. 주민들의 눈에는 그 가족이 집주인으로 보이기 때문에 아무도 이 집 안에 서양인이, 주교가 있다는 사실을 의심하지 않습니다.

…(중략)…

신부님은 제게 이렇게 말씀하셨지요. '자네의 선교지에 있는 성당들과 주교좌 대성당에 대해서 얘기 좀 해 주게나.'라고 말입니다. 그거야 쉽습니다. 몇 마디면 족하니까요. 저의 주교좌성당은, 조금 아까 말씀드렸듯이 이 작은 방입니다. 집무실, 응접실, 식당, 그리고 침실까지 이 작은 방이 그 모든 용도로 사용됩니다.

- 1963년 2월 20일, 베르뇌 주교가 누아르 신부에게 보낸 서한 -

위 서한에도 등장하는 진짜 양반인 교우는 자신을 조선으로 데려온 홍봉주(洪鳳周)였다. 그는 충청남도 예산 출신으로 신유박해(辛酉迫害:1801)때 순교한 홍낙민(洪樂民)의 손자이자 기해박해(己亥迫害:1839)때 순교한 홍재영(洪梓榮)의 아들이었다. 어머니는 정약용의 형인 정약현(丁若鉉)의 딸로 역시 기해박해 때 순교하였다. 이렇듯 대대로 이어진 견실한 믿음을 가지고 있었던 홍봉주는 1861년 3월 태평동(太平洞 : 현재 서울 서대문구 서소문동)에 집 한 채를 마련해 베르뇌 신부를 모시고 적극적인 포교 활동을 지원하였다.

좌변포도청(左邊捕盜廳)과 우변포도청(右邊捕盜廳)에서,
이달 9일 유시(酉時)에 수상한 놈을 체포하였는데 키는 7, 8척(尺)쯤 되었고 나이는 50여 세 정도 되었으며 눈은 우묵하게 들어가고 콧마루는 덩실하게 높았는데, 우리나라 말도 잘하였습니다. 입은 옷들을 보면 모포천으로 만든 두루마기를 걸쳤는데 그 안에는 양가죽을 댔으며 무명 저고리에 무명 바지를 입었고 우단(羽緞)으로 만든 쌍코신을 신었습니다.

엄하게 조사하여 공초(供招)를 받으니, 그의 공초에, "저는 프랑스(佛浪國) 사람으로서 병진년(1856)에 조선(朝鮮)에 와서 홍봉주(洪鳳周)의 집에 거주해 있었습니다. 그리고 천주교를 전파하기 위하여 서울과 지방을 자주 왕래하였습니다." 라고 하였습니다.
홍봉주의 공초에, "양인(洋人) 장경일(張敬一)과 5, 6년간 함께 살았는데 교우(敎友)가 얼마나 되는지는 모두 기억할 수 없습니다." 라고 하였습니다.
함께 체포된 이선이(李先伊)의 공초에, "대평동(大平洞)에 있는 장 주교(張主敎)의 집 사랑채에서 3, 4년 동안 살았는데, 왕래한 사람들에 대해서 비록 일일이 다 기억해낼 수는 없지만 이름은 알 수 없는 남 승지(南承旨)라는 사람과 종종 서로 만나며 친하게 지냈습니다." 라고 하였습니다.
기해년(1839)과 경자년(1840)에 얼마나 엄하게 처단하고 징계하였습니까? 그런데 또 이렇게 사교(邪敎)를 다시 제멋대로 퍼뜨리고 있으니 진실로 몹시 통탄할 노릇입니다. 세 놈을 신의 포도청에 엄하게 가두어 놓고 다시 더 엄히 조사하겠습니다.

- 『고종실록』 3권, 고종 3년(1866년) 1월 11일 -

위 기록과 커피를 비롯해 베르뇌 주교가 요청했던 물품들을 들고 새로운 신부들이 들어온 시기가 1861년 4월임을 감안해 볼 때, 한반도에 들어온 커피를 최초로 마셨던 장소는 홍봉주의 집이었을 가능성이 크다.

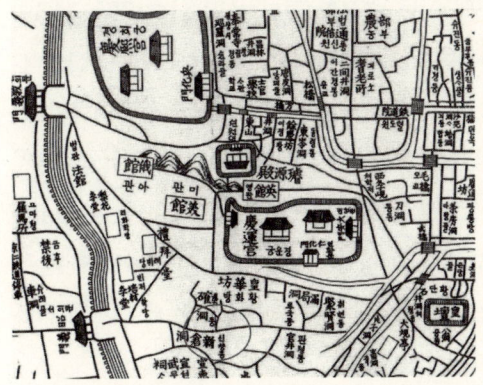

[그림 10] 한성부지도(1901~1902), 황화방의 황화는 '중국 사신'이란 뜻으로 그 안에 중국 사신이 머물던 태평관이 있었기 때문이다. 이러한 이유로 그 일대를 태평동이라 하였다.

그렇다면 정황상 주방에서 음식을 도맡았던 인물은 그의 아내였을 것이고, 이 과정에서 자연스럽게 커피를 접했을 것으로 보인다.

홍봉주의 아내에 관한 기록은 『승정원일기』에서 찾아볼 수 있다.

> 대역무도죄인 홍봉주는 모두 조사에 따라 다음과 같이 처리한다. 그 아들 창대(昌大)는 올해 열 네 살이라 법률에 따라 교살을 면하고 평안도 숙천부에 노비로 보내고 처 김조이(金召史)[48]는 함경도 홍원현에 노비로 보낸다.
>
> - 『승정원일기』 고종 15년(1878) 6월 16일 -

그러나 『풍산홍씨대동보』(1985)년 홍봉주의 처가 심조이(金召史:1813~1839)로 기록되어 있는데 세례명은 바르바라 (Barbara)로 이미 기해박해 때 순교하였으며 2014년 순교자 123위에 시복되었다. 그러므로 『승정원일기』에 등장하는 처 김조이(金召史)는 재혼한 부인이었을 것이다. 그리고 이 시기 선교사 주변에는 '복사(服事)'라고 불리는 사람들도 있었다.

오늘날 '복사'는 미사전례 때에 사제를 돕는 이를 말하나 이 시대의 복사는 선교사를 가까운 거리에서 보호하고 도움을 주던 사람이었다. 예컨대 정약용의 조카이자 기해박해(1839년) 때 순교한 정하상(丁夏祥:1795~1839)은 제2대 조선교구장 앵베르의 복사였으며, 김대건(金大建:1821~1846) 신부와 함께 순교했던 현석문(玄錫文:1797~1846)은 샤스탕 신부의 복사였다. 그런데 이와 같은 복사들 중에는 음식 관련 업무를 돕는 '식복사(食服事)'가 따로 존재했는데 제3대 조선교구장이었던 페레올(Jean-Joseph-Jean-Baptiste Ferréol:1808~1853) 신부의 식복사였던 강 도미칠라, 다블뤼 주교의 식복사를 3년간이나 한 충청도 사람 손조이 그리고 베르뇌 주교의 식복사였던 박 마르타(?~1868)가 그들이었다.[49]

---

(48) 조이는 일반집 부인을 일컫는 말로 소사, 소이라고도 한다. 쓸 때는 소사라 하며 읽을 때는 조이라고 했다.

(49) 굿뉴스. 주호식. 「한국 교회사 열두 장면: 선교사와 함께 산 사람들-복사와 신부 주인, 마부 그리

여기서 커피와 관련해 주목해 볼 인물은 박 마르타이다. 그녀는 훗날 흥선대원군(興宣大院君:1820~1898)의 부인인 부대부인(閔府大夫人) 민씨(閔氏)의 눈에 띄어 어린 고종(高宗:1852~1919)의 유모[50]가 된다. 베르뇌 주교의 식복사로서 박마르타가 커피를 보았다든가 혹은 볶거나 내렸는가에 대해선 자세한 기록이 없지만 훗날 커피와 고종의 각별한 관계를 생각해 볼 때 매우 이채로운 인연이라고 말할 수 있을 것이다.

고 가마꾼」2008.10.21
(50) 『가톨릭대사전』「박마르타」

개항의 시대와 커피(1)
서양인의 문헌에 등장하는 커피

'미지의 나라'로 알려져 있던 조선이 문호를 개방한 것은 1876년 일본과 통상조약을 맺으면서부터였다. '병자수호조약(丙子修好條約)' 일명 '강화도조약'이라 불리는 이 통상조약 제5항을 통해 제물포(현재의 인천)와 원산을 개항하며 본격적인 개항의 시대를 알린 조선은 이후 서양의 각국과 통상조약을 체결하게 된다. 특히 미국과 수호통상조약을 맺은 1882년부터는 더욱 많은 외국인이 자유롭게 오가게 되었다.

당시 조선을 방문한 외국인의 국적은 미국, 영국, 캐나다, 독일, 러시아, 네덜란드, 프랑스, 오스트리아, 스웨덴, 헝가리 등이며, 이들은 각국을 대표하는 외교사절과 공관원, 군인, 직업 여행가, 탐험가, 선교사, 상인, 기자, 작가

등 여러 직업을 가진 사람들이었다.[51]

이들의 방문은 곧 그들의 의식주와 교육, 문화 그리고 의료 등 여러 방면에 걸친 서양의 문화가 우리 안으로 자연스럽게 스며들기 시작했음을 의미했다.[52] 서양을 대표하는 음료였던 커피 역시 그 과정에서 우리 사회에 자연스레 파고들게 되었다.

이는 1884년 인천주재 영국부영사로 부임하여 1885년까지 직무를 수행한 '윌리엄 칼스(William Richard Carles:1848~1929)'가 쓴 『조선풍물지(Life in Corea)』에 잘 나타나 있다.

묄렌도르프가 거주하는 집은 국왕에게서 하사받은 것이었으며, 지체 높은 사람들이 쓰는 여러 채의 건물로 구성되어 있었는데, 다만 지금까지 우리가 묵었던 집들과 그 형태가 크게 다르진 않았다. 이 도시와 길거리에서 목격한 것들이 있었던지라 우리가 안내되어 들어간 구역은 매우 매력적이게 다가왔고, 조선에 있는 한 독일인(묄렌도르프) 집의 청결함과 안락함이 주는 감사는 최고조에 달했다. 우리들의 안락함은 이내 훌륭한 목욕과 따뜻한 커피(hot coffee)라는 사치스러움에 이르게 되고, 이것들도 역시 당연히 고마운 일이었다.[53]

- 『조선풍물지(Life in Corea)』 (1888) -

먼저 이 글에서 언급된 '묄렌도르프(Paul Georg von Möllendorff: 1848~1901)'에 대해 알아보자.

---

(51) 이규진, 『한국 식생활문화학회지』 「근대시기 서양인 시각에서 본 조선음식과 음식문화」, 2013. p356
(52) 강찬호, 『관광연구제28권』 「문헌을 통해 본 우리나라 커피의 역사」, 2013. p208
(53) Carles, W. R. 『Life in Corea』. London New York, Macmillan and Co. 1888. Princeton Theological Seminary Library. p31~32

부국강병(富國强兵)을 꿈꾸며 독립 국가로서 도약을 준비하던 고종과 조선 정부는 이를 실현하기 위해 개화정책과 조약 질서의 확대, 공법(公法)의 활용, 조공사절의 폐지 등을 선언하였다. 그러나 구체적으로 무엇을 어떻게 개혁할 것인가에 관한 세부내용을 만들거나 백성들을 설득하기 위한 근대적 지식이 부족했다. 이에 고종은 장기적으로 해외에 유학생을 파견하여 선진 지식과 문물을 배우게 했고 단기적으로는 정치, 외교, 군사, 경제 등 각 분야에 필요한 서양인들을 영입했다.[54]

이때 맨 처음으로 영입된 사람이 바로 '묄렌도르프'이다. 그는 1882년 청나라의 북양대신(北洋大臣) 이홍장(李鴻章:1823~1901)의 추천으로 조선에 파견되었으며 그해 가을 개혁기구인 통리아문(統理衙門)의 협판(協辦:현재의 차관직급)에 임명되어 조선의 외교와 세관 업무에 깊숙이 관여했다가 1885년 12월 해임되어 중국으로 돌아간 인물이다.

[그림 11] 묄렌도르프 사진

(54) 이성복.『19세기말 서양인의 고종 인식』, 명지대학교 교육대학원.2012.p7~8

칼스는 1883년 11월 '해리 파크스(Harry Smith Parkes:1828~1885)' 영국 공사 일행에 합류하여 서울에 당도했을 때 묄렌도르프 집에서 잠시 머물게 되었다. 바로 이때 그로부터 '따뜻한 커피'를 대접받게 된다.

당시 커피를 접한 묄렌도르프의 집은 박동(薄洞:지금의 종로구 수송동 일대)으로, 원래는 선혜청(宣惠廳) 당상관(堂上官)이자 왕후의 인척이었던 '민겸호(閔謙鎬:1838~1882)'의 집이었으나 그가 임오군란(壬午軍亂)(1882)의 와중에 피살된 이후로는 흉가로 여겨져 빈집이었다가 그에게 하사되었다. 훗날 이 집은 그가 떠난 후 독일영사관을 거쳐 육영공원과 관립법어학교 등으로 변하여 사용되기도 하였다.[55]

[그림 12] 1884년 묄렌도르프 저택 출처-한국사데이터베이스

이외에도 해군 군의관이었던 '조지 우즈(George.W.Woods:1838~

---

(55) 문화콘텐츠닷컴, 구한말 외국인 공간 : 정동 / 커피

1902)'의 기록에도 커피에 관한 이야기를 찾아볼 수 있다. 해군 장교로서 남북전쟁에 참전한 공로를 인정받아 1866년 훈장을 받기도 한 그는 1882년부터 1885년까지 군함 '주니아타(Juniata)'호를 타고 세계 여러 지역을 여행하였는데 그 방문지 중 하나가 바로 조선이었다. 1884년 3월 서울에 당도한 그는 약 3개월 동안 자신의 일기를 통해 조선의 모습들을 기록하였다.[56] 그런 그의 일기 1884년 3월 28일 기록을 보면 "오늘 아침도 일찍 일어났다. 그리고 커피 한 잔을 마신 후 어제와 똑같은 곳으로 산책을 하였다."[57]라는 문장이 등장한다. 이때 그가 머물렀던 곳은 정동(貞洞)에 있던 미국공사관이었다. 이를 통해 당시 미국공사관에는 공사와 그 일행들을 위한 커피가 갖추어져 있었음을 알 수 있다.

이렇듯 조선에 스며든 커피는 이후 빠른 속도로 퍼져나간 듯 보인다. 조미수호통상조약의 체결 이후 1883년 답례사절단인 보빙사(報聘使) 일행이 미국에 방문할 당시 안내자가 되어준 보답으로 고종의 초청을 받아 1883년 12월 조선을 방문하여 3개월간 체류했던 '퍼시벌 로런스 로웰(Percival Lawrence Lowell:1855~1916)'은 그러한 상황을 아래와 같이 묘사하고 있다.

(1884년 1월의 추운 어느 날, 조선 고위관리의 초대를 받아 한강 변 별장으로 유람을 가게 되었는데 꽁꽁 얼어붙은 겨울 한강의 정취를 즐기던 중) 우리는 다시 누대 위로 올라 당시 조선의 최신 유행품(that latest nouveauté)이었던 커피를 마셨다.[58]
- 『고요한 아침의 나라 조선(Chosön, the Land of the Morning Calm)』(1888)-

---

(56) 김학준, 『한국정치연구』「서양인들이 관찰한 조선의 모습들(제2회)-개항으로부터 청일전쟁 발발 직전까지」 2009. p284~285
(57) George Worth Woods, Fred C. Bohm, Robert R. Swartout. 『Naval surgeon in Yi Korea: the journal of George W. Woods』. 1984. p57
(58) Lowell Percival, 『Chosön, the land of the morning calm』, Boston, Ticknor and company, 1888, New York Public Library, p179~180

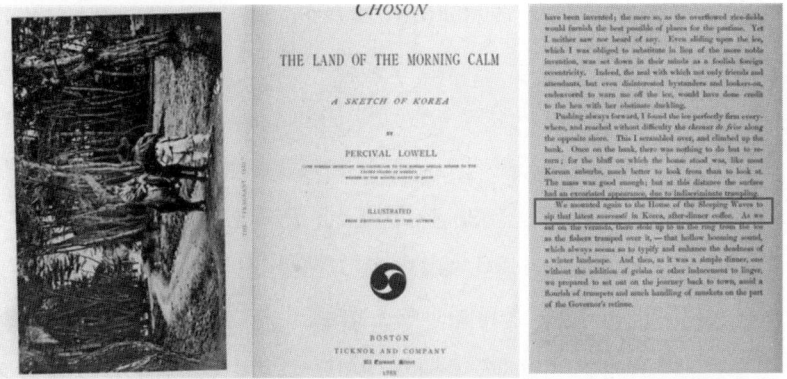

[그림 13] 퍼시벌 로웰, 『고요한 아침의 나라 조선』 출처-하버드대학교 도서관 전자자료

커피에 관해 흥미로운 이야기를 전한 또 한 명의 외국인은 '릴리아스 호톤 언더우드(Lillias Horton Underwood:1851~1921)'이다. 1851년 뉴욕주에서 태어난 그녀는 시카고 여자 의과대학을 졸업한 뒤 1888년 의료선교단의 일원으로 조선에 왔다. 그리고 이듬해인 1889년, 3년 전에 선교사로 입국해 고아원을 열어 활동 중이었던 '호레이스 그랜트 언더우드(Hornce Grnnt Underwood:1859~1916)'와 결혼하게 된다. 이때 그들은 신혼여행으로 조선의 여러 지역을 탐방한다.

위원(渭原)을 떠나기 전에 우리는 담당관(magistrate)과 그 친구들의 호기심을 만족시키기 위해 그들에게 저녁식사를 마련했다. 우리는 어떻게 해서든 그의 친절과 호의에 대한 감사를 표시하고 싶었는데...(중략)...
수프, 생선, 화관과 딸기로 장식하고 사과소스를 얹은 다음 감자, 밤, 양파로 속을 채운 매혹적인 작은 구이돼지 등을 포함하여 여섯 개 가량의 코스가 잘 준비된 것에 대해 스스로 대견스러웠다. 크래커에 마멀레이드를 바른 우리들의 디저트는 최고의 미각을 즐기도록 하기에 충분했으며, 우리는 담당관에게 설탕이 떨어졌다는 소리를 하지 않은 채 벌꿀로 탄 커피를 소개했다.[59]

(59) Underwood, Lillias Horton, 『Fifteen years among the top-knots; or, Life in Korea』,

- 『상투잡이와 더불어 15년(Fifteen Years among the Top-Knots)』 (1904)

당시 위원(渭原:현재 자강도 위원군)의 군수(郡守)는 훗날 중추원의관(中樞院議官)을 지내기도 했던 정건식(鄭健植)이란 인물이다. 『승정원일기』에 따르면 그는 고종 25년인 1888년 8월에 위원군의 군수로 임명되었다. 언더우드 부부는 자신에게 호의를 베풀어 준 그에게 저녁 식사를 대접하였는데 여러 매력적인 음식들과 함께 커피를 소개하였다. 그런데 그녀는 이 글을 통해 우리에게 독특한 이야기를 전하고 있는데 설탕이 떨어지자 커피에 꿀을 넣었다는 사실이다.

[그림 14] 릴리아스 호톤 언더우드, 상투잡이와 더불어 15년 표지와 커피가 등장하는 부분, 출처-하버드대학교 도서관 전자자료

American Tract society, 1904, Cornell University Library, p77~78

당대 서양인들이 음식 특히 양념에 관해 차이점으로 꼽은 것이 바로 설탕의 존재였다. 그 시절 '조선에는 설탕이 거의 알려지지 않았기'에 (George. W. Gilmore. 1894.『Corea of Today』) 이를 대신해 모든 단 음식을 사용할 때에는 꿀을 사용하였다. 그러나 꿀의 가격은 매우 비쌌기 때문에 부유한 사람들만이 이를 이용할 수 있었다.[60]

사실 한반도에 설탕이 들어온 건 꽤 오래전의 일이었다. 고려 명종 때 문인이었던 이인로(李仁老:1152~1220)의『파한집』(破閑集)(1260)에 따르면 '혜소(惠素)'라는 스님이 임금께 화엄경을 강론하고 백금(百金)을 하사받았는데 이를 사용해 설탕 백 항아리를 구매했다고 한다.[61] 즉 이미 고려 시대에 설탕이 들어와 있던 것이다. 또『중종실록』엔 중종 25년(1530) 대궐의 행사 때 설탕 1백 근이 사용되었다는 기록이 남아 있다. 그리고 이긍익(李肯翊:1736~1806)의『연려실기술(練藜室記述)』에 따르면 임진왜란 당시 피난길에 오른 선조 임금에게 내의원(內醫院)의 용운(龍雲)이 상투 속에 끼워 두었던 사탕 반 덩어리를 물에 타서 올리기도 하였다.『승정원일기』에도 인조 7년(1629) 설탕 4봉(封)이 진봉(進封) 되었다는 기록이 남아있다.

하지만 설탕은 널리 사랑받지 못했던 것으로 보인다.

정원이 아뢰기를,
"이번에 표류해 온 중국 사람들이 가지고 온 설탕과 흑설탕은 모두 쓸모없는 물품이어서 시장에서 사가는 사람이 없습니다. 이 때문에 지체하고 있으면서 비단 헛되이 날짜를 보낼 뿐만 아니라, 세 곳에 있는 허다한 중국 사람을 먹여주는 비용이 적지 않으며, 사은사의 행차가 중도에서 지체하고 있는 것도 몹시 온당치 않습니다. 그러니 그 짐바리를 운반함에 연로에 사소한 폐단을 끼치기는 하겠으나, 이곳에 있으면 일이 끝날 기약이 없으니,

---

(60) 이규진, 위의 글, p363
(61) 이인로(李仁老),『파한집(破閑集)』권중(卷中)「西湖僧惠素, 該內外典, 尤工於詩, 筆跡亦妙」

예조로 하여금 편리한 대로 개유해서 속히 독촉해 출발하게 하소서."

- 『광해군일기』 광해군 2년(1610) 8월 30일 -

    이렇듯 설탕이 '쓸모없는 물품'으로 시장에서조차 외면받았던 이유에는 우리에게는 단맛을 내는 재료가 비싼 꿀 이외에도 엿기름(보리를 싹 틔운 후 말린 것)을 이용해 만든 감주, 식혜, 조청 등이 있었기 때문이다. 이 중 특히 쌀과 수수, 옥수수 등으로 만든 천연 조미료라 할 수 있는 조청은 일반 백성들이 널리 사용하는 단맛의 재료였다.

    그러나 1883년 영국과 통상조약을 맺으며 그 관세 항목에 설탕이 포함되며 본격적으로 유입되기 시작한다. 1896년 지규식(池圭植:1851~?)의 『하재일기』(荷齋日記)에 따르면 이 당시 설탕은 1봉지에 2냥 5전[62]에 유통되었으며 1897년 4월 20일 『독립신문』 영문판에는 최초로 설탕에 관한 신문광고가 실린다.

    한편 커피와 관련해 의미 있는 장소로서 종종 '대불(大佛)호텔'이 거론되곤 한다. 선교사로 1885년 입국해 후에 배재학당을 설립한 '헨리 거하드 아펜젤러(Henry Gerhard Appenzeller:1858~1902)'가 남긴 「한국에서 우리의 사명(Our Mission in Korea)」이라는 글에는 이에 관한 이야기가 나온다.

미국인이나 유럽인이 운영하는 호텔은 없지만, 일본인이 운영하는 호텔이 있다고 들었다. 짐을 들게 하기 위해 손짓으로 막노동꾼을 불렀고, 그곳으로 출발했다. 호텔 방은 편안할 정도로 넓었다. 테이블에 앉자 잘 요리되어 먹기 좋은 서양 음식이 나왔다.

- 1885년 4월 5일 미국으로 보낸 첫 편지 -

---

(62)   지규식, 『하재일기(荷齋日記)』 4 1896년 7월 16일 "맑음. 김응환이 그릇 값 1,200냥을 봉상하였다. 설탕 1봉에 2냥 5전이다."

당시 항구에서 내린 외국인들은 서울까지 가는 차편이 마땅치 않았기 때문에 제물포에서 하루를 묵어야만 했다. 이때 그들은 현재의 인천광역시 중구 중앙동 1가 18번지 일대에 문을 연 '대불호텔(大佛, Daibutsu)'을 숙소로 삼았다.

[그림 15] 대불호텔 초기 모습

1884년 4월에 문을 연 이곳은 선박을 상대로 식료품 등의 물자를 공급하던 '호리 리키타로(掘力太郞)'가 세우고 운영하던 호텔로 서양식으로 운영함에 따라 음식 역시 서양식으로 내놓았다.[63]

1894년 8월 『일루트리테 차이퉁(Illustrirte Zeitung)』에 실린 삽화에는 '호텔 대불 (大佛) 1. 미트 & 브래드(HOTEL DAUBUTS 1. MEAT &

---

(63) 김정동. 『문화재조사연구』, 「인천대불호텔다시보기」. 한국문화재재단(https://www.chf.or.kr). 2014.07

BREAD)'라는 간판이 그려져 있지만 애석하게도 커피를 찾아볼 순 없다. 서양식 요리를 제공하였다는 기록을 참고해 볼 때 커피가 제공되었을 것은 분명해 보인다.

개항의 시대와 커피(2)
조선인의 문헌에 등장하는 커피

1876년 일본과 체결된 강화도 조약에는 무역에서 있어서의 무관세와 일본 화폐 통용 등에 대한 불평등한 내용이 포함되었다. 조선은 뒤늦게 무관세의 문제점을 인식하고 통상조약의 개정을 시도하였다. 그리하여 1880년 김홍집(金弘集), 1881년 조병호(趙秉鎬) 등을 중심으로 두 차례의 수신사(修信使)를 일본에 파견하여 개정을 요구하였다. 그러나 일본은 수신사에게 전권대사의 자격이 없다는 이유로 이를 거부하였다.

이후 일본은 1883년 5월 다케조에 신이치로(竹添進一郎)를 조선에 파견하여 다시 협상에 나섰다. 이에 조선은 관세 자주권, 수입 관세율 10%, 개항장 간 무역의 5년간 보장, 방곡령(防穀令) 규정의 삭제 등을 조건으로 협상에 임했다. 1883년 7월 27일 결국 협상이 타결되어 조일통상장정(朝日通商

章程)이 체결된다.(64)

도화서 화원이었던 안중식(安中植:1866~1919)이 남긴 「한일통상조약 기념연회도(韓日通商條約記念宴會圖)」(1883)는 바로 이를 기념하기 위해 궁중에서 열린 연회를 그린 그림이다. 이 그림이 흥미로운 이유는 서양의 음식문화가 고스란히 드러난 연회의 모습을 보여주기 때문이다.

이날 연회에 참석한 한국의 인사는 식탁 왼쪽 모퉁이에 앉은 이가 홍영식(洪英植), 오른쪽 모퉁이에 앉은 이가 민영익(閔泳翊), 건너편 중앙에 흰옷 입은 이가 김옥균(金玉均)이다. 건너편 왼쪽 끝에 마고자를 입고 통영 삿갓을 쓴 이가 당시 외교고문으로 통상조약 체결의 중요 역할을 하였던 독일인 묄렌도르프이고 오른쪽 끝에 족두리를 쓴 이가 묄렌도르프 부인이다. 앞편 왼쪽 끝은 일본공사 다케조에(竹添進一郎)이다.(65)

둥근 테이블 위에 화려하게 놓인 꽃병과 12명이 앉은 각자의 앞에는 서양요리를 먹기 위한 식기들이 세팅되어 있는데 민영목 앞에 놓인 것을 중심으로 보면 왼편에 나이프와 포크가 오른편에는 숟가락 2개가 놓여있다. 주요 요리는 생선요리인데 그 약간 위쪽 왼편에는 식탁에 불을 밝혀주는 호롱불이 있다.

---

(64) 우리역사넷(contents.history.go.kr). 『교과서 역사용어해설』 「조일통상장정(朝日通商章程)」
(65) 한명근. 『숭대시보』 969호. 숭실대학교 한국기독교박물관 소장 유물 소개 <5>-개화기 도화서 화원 안중식이 그린 <한일통상조약기념연회도>(1883). 숭실대학교. 2008.

[그림 16] 한일통상조약 기념연회도(韓日通商條約記念宴會圖),
출처-숭실대학교 한국기독교박물관

그런데 주목할 것은 그 옆 오른쪽 작은 그릇에 놓인 것이다. 흰색과 각진 형태 그리고 그 크기로 보아 각설탕이 분명해 보인다. 이는 식사가 끝난 다음 나오는 커피를 위한 것으로 추측(66)된다. 다만 이 그림만으로는 커피가 확인되지는 않는다.

개화기 이후 커피가 그 모습을 드러낸 곳은 『한성순보(漢城旬報)』였다.

태서(泰西:서양)의 운수론(運輸論)
영국 격물박사(格物博士) 루토례루(婁土例婁)가 말하기를, 크도다. 운수술(運輸術)의 사회에 공헌함이여. 국내외 물산(物産)의 교환이 이것으로 인하여 성행하며, 피차간의 인간친목이 이것을 연유하여 더욱 독실하며, 부국강병(富國强兵)의 책(策)이 이것으로 인해 점점 성취되므로 문명개화의 근원이 이것을 인하여 점점 발전된다. 만일 사회에 운

---
(66) 한식재단. 『한식문화총서』 4권 「화폭에 담긴 한식」.2015. p238~239

수(運輸)의 편리함이 없다고 한다면 재권(財權)과 이원(利源)이 모두 일어날 수 없을 것이며 만풍융속(蠻風戎俗)도 변경할 수 없을 것이다. ...(중략)...마치 남객이근나(南喀爾勤那:사우스캐롤라이나)와 약이치(若耳治:조지아)의 면화와 서인도제도(西印度諸島)의 가배(珈琲:Coffee) 및 연초(烟草)와 노서안납(魯西安納:루이지애나)의 사탕(砂糖)과 밀사실비(密士失秘:미시시피)연안 여러 주(州)의 곡물 및 축산과 프랑스의 견백(絹帛)과 영국의 면포, 도기, 철기는 이 모두가 혼자만 부유하고 혼자만 모자라는 것이다.

- 『한성순보』 1884년 02월 17일 16면

『한성순보』는 1883년 10월 31일 발행되어 1884년 12월 6일까지 이어진 신문으로 우리나라 사람이 발행한 한국 최초의 근대적 신문이자 일종의 관보(官報)이다. 열흘(旬)에 한 번 발행하는 '순보(旬報)'로 전체 지면 수는 18쪽이었으며, 잡지 형태로 1부에 30전이었다고 한다.

본래 국한문으로 펴내려고 하였으나 활자 준비 등의 이유로 한문으로만 펴냈으며 신문 제1면은 언제나 조보의 내용을 실었고, '시직탐보(市直探報)'라는 물가 동향을 적었다. 사회면에 해당하는 국내 홍보면과 외국 신문을 번역 소개하거나 당시의 강대국과 약소국 간에 벌어지는 전쟁, 군사 장비, 서양의 사상 등을 알려주는 각국근사(各國近事)가 있었고, 문명개화면에는 지구도해(地球圖解)를 비롯하여 서양 등지의 각종 생물이나 풍물을 소개[67]하였는데 1884년 2월 17일 커피가 등장한 기사는 15면~17면에 걸쳐 서양의 운수에 관한 논설을 게재한 부분이었다.

---

(67) 『글로벌 세계 대백과사전』, 『한성순보(漢城旬報)』

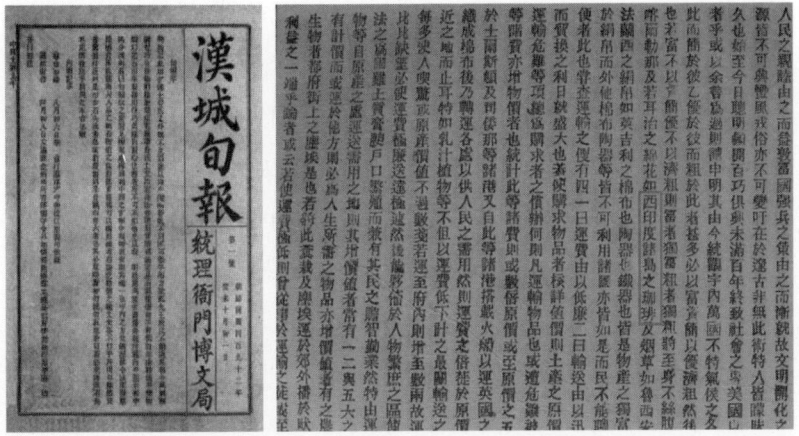

[그림 17] 『한성순보(漢城旬報)』「태서의 운수론」 1884년 2월 17일

또한, 1884년 3월 27일 12면에도 '이탈리아 정부가 시칠리아섬에 시험 재배한 커피가 잘 번식하자 국민들에게 재배케 하여 국산의 증식을 도모하고 있다'는 기사와 1884년 5월 2일 21면 미국의 외국무역현황을 소개하며 커피 수입액이 4205만 513달러에 이른다는 기사가 등장한다.

이후 『한성순보』를 계승하여 1886년부터 국한문으로 일주일마다 간행된 『한성주보(漢城周報)』에도 커피와 관련해서 두 차례 기사가 게재된다. 그 하나는 1886년 02월 22일 12면에 영국의 소비세 관련 사안들을 소개하며 코코아와 함께 커피에 관한 소비세는 해관세국(海關稅局)이 관장하고 있다는 기사이고 다른 하나는 1886년 05월 31일 12면 기사로 런던 신문을 인용하여 서양인을 죽이라고 명령한 에티오피아의 상황을 전하며 그 나라의 주요생산품으로 커피를 게재하고 있다.

기실 커피에 대한 의미 있는 기록을 남긴 사람은 유길준(兪吉濬:1856~1914)이다. 유길준은 일찍이 1871년 박규수(朴珪壽:1807~1876)의 문하에서 수학하며 그에게 받은 『해국도지』를 통해 커피에 대해 알았을 것으로 추

측된다.⁽⁶⁸⁾

유길준은 1883년 7월 미국에 파견된 보빙사(報聘使)의 정사 민영익(閔泳翊:1860~1914)의 수행원으로 동행해 조선인 최초로 미국 유학생이 되었다. 1884년 일어난 갑신정변이 실패로 돌아가자 그는 원래 계획했던 대학진학을 포기한 채 1885년 6월 귀국길에 오르는데 이때 유럽을 경유해 오며 여러 나라를 견문하게 된다. 귀국하자마자 유폐된 그는 이때 『서유견문(西遊見聞)』을 저술하게 된다.

1899년 완성되어 1895년에야 비로소 출간된 이 책은 유길준, 그가 보았던 서양의 모습들을 바탕으로 우리의 근대를 어떻게 건설할 것인가를 정치 경제 법률 교육 문화 등 각 부문의 구체적인 내용과 그 방법론을 체계적으로 제시하고 있다. 총 20편으로 이루어져 있으며 1~2편은 세계의 지리를, 3~14편은 국제관계와 정치체제, 법률, 교육, 조세, 화폐, 종교 등 각 분야의 근대적 개혁의 내용을 상술하고 있다. 14편은 「개화의 등급」편으로 여기에서는 개화의 개념과 그 방법론을 논하고 있으며 15편~20편까지는 서양의 풍물을 소개하는 자신의 기행문으로 혼례, 장례, 의복과 음식, 병원, 박람회, 증기차 등 서양 대도시의 모습을 묘사하고 있다.⁽⁶⁹⁾

---

(68) 김윤식(金允植:1835~1922년),『운양집(雲養集)』제10권 「구당시초」서문
유구당(兪榘堂:유길준) 이부(吏部)는 젊을 때 재주가 뛰어나, 머리를 땋고 다니고 젖니를 갈 때부터 하는 말이 범속하지 않았다. 박환재(朴瓛齋:박규수) 선생이 그의 시를 본 적이 있는데 그가 나라를 위한 인재가 될 것을 알아보고 크게 칭찬하고 감탄하며 위묵심(魏默心:위원)의 『해국도지(海國圖志)』를 주면서 "이 시대는 외국 서양의 일을 몰라서는 안 되네."라고 하니, 군이 이를 계기로 더욱 분발하였다....(하략)...
(69) 한국학중앙연구원,『한국민족문화대백과』,「서유견문」

[그림 18] 유길준과 그의 저서 서유견문 표지

그중 제2편 세계 지리의 세부항목 중 물산(物産)편에서 커피 생산 및 수출국으로 인도, 멕시코, 과테말라, 엘살바도르, 온두라스, 코스타리카, 온두라스, 에콰도르, 브라질, 파라과이, 베네수엘라와 수입국으로는 영국, 프랑스, 독일, 스웨덴, 노르웨이, 러시아, 모로코, 오만, 미국, 멕시코 등을 기록하고 있다. 또한, 제16편은 세계 각국의 의식주와 관습, 농사짓는 법과 목축업 등을 소개하고 오락의 필요성을 말하고 있다. 바로 그편에서 식기를 소개할 때, 숟가락과 주전자 등이 커피를 만들 때 사용된다고 언급하고 있으며 서양인의 음식을 소개하는 대목에서도 커피가 등장한다.

태서인(泰西人)의 식물(食物)이 면포(麵包)유유(乳油)어육(魚肉)으로 주장(主張)하고, 차급가비(茶及茄菲)는 아방(我邦)의 열냉수(熱冷水)같이 음(飮)한다.
(서양 사람들의 음식물은 빵, 버터, 생선, 고기류가 주식이고, 차와 커피는 우리나라에서 숭늉을 마시는 것처럼 마신다.)

-『서유견문』제16편

우리나라는 일본과 중국에서 성행한 차 문화 대신 밥을 먹고 숭늉을 마시거나 숭늉에 밥을 말아 먹으면 식사의 순서가 끝나는 식문화를 형성하게 되었다.[70] 그러한 측면에서 유길준이 차와 함께 커피를 우리나라의 숭늉에 비유하고 있음은 매우 흥미로운 대목이 아닐 수 없다. 그리고 제20편은 세계 여러 주요 도시의 풍경을 설명하고 있는데 프랑스의 마르세유 항구를 통해 커피가 수입된다는 사실과 네덜란드 암스테르담 수정관(Crystal palace) 양쪽으로 작은 커피점들이 있음을 기록하고 있다.

다음으로 살펴볼 기록은 『윤치호 일기』이다.

윤치호(尹致昊:1865~1945)는 일본과 미국 등에 유학하여 교육을 받고 의정부 참의(參議), 학부협판 등을 역임하였으며, 대한제국(大韓帝國)기에는 독립협회(獨立協會) 회장을 지냈다. 그러나 일제강점기에 남작 작위를 받아 중추원 고문으로 활동하며 친일행적을 남긴 인물이다.[71] 1883년부터 1943년까지 60년 동안 남긴 그의 일기는 당대의 시대상을 알 수 있는 중요한 자료로 평가받고 있다.

---

(70) 한국학중앙연구원, 『한국민족문화대백과』, 「숭늉」
(71) 『디지털천안문화대전』, 「윤치호」

[그림 19] 1930년대 윤치호와 그의 일기

그는 1884년 12월에 일어난 갑신정변에는 가담하지 않았으나 정변의 주역인 김옥균이나 박영효 등과 친밀했기 때문에 정변이 실패하자 신변의 위협을 느껴 1885년 1월 상하이로 급히 유학을 떠나게 된다. 그가 남긴 커피에 관한 기록은 바로 이 시기에 쓰인 일기에 등장한다.

오후에 나가미와 같이 가서 커피, 우유과자, 빵 등을 사가지고 오다.(往購茄菲糖乳乳餠 等物而歸)

- 『윤치호 일기』 1권 1885년 06월 06일 -

돌아오는 길에 커피점에서 따뜻하게 두 잔을 마시고 (중서)서원(당시 윤치호가 공부를 하던 곳)으로 돌아왔다.(歸路, 往咖琲茶館, 溫飮兩盃而歸院)

- 『윤치호 일기』 1권 1886년 03월 14일 -

일기에 기록된 그의 행보는 사실 오늘날의 시각으로 보면 평범한 일상에 불과할 것이다. 하지만 우리에게는 매우 중요한 의미를 지닌다.

윤치호는 일찍이 16세 되던 1881년 신사유람단(紳士遊覽團) 조사(朝士)였던 어윤중의 수행원의 한사람으로 일본으로 건너가 조선의 첫 공식적인 도쿄 유학생의 한 사람이 되어 개화사상을 받아들였다. 또한, 1883년 1월부터 4월까지 일본의 요코하마에 있는 주일본 네덜란드 영사관의 서기관 레온 폴데르 씨에게 영어를 배웠으며 이후 미국에 건너가 신학문을 접한 뒤, 직접 배우기도 하였다. 일기에서도 알 수 있듯 커피를 사고, 마시는 일은 그래서 그에겐 자연스러운 일이었을 것이다. 한편 『윤치호 일기』의 이 기록은 우리나라 사람으로 '커피를 구매'하고 '커피를 마신' 최초의 기록이다. 결국, 공식적인 기록으로 확인된 우리나라 사람 최초로 커피를 사고, 마신 이는 '윤치호'라고 말할 수 있을 것이다.

한국에 소개된 커피

1880년대 이후 한반도에 커피가 본격적으로 유입되기 시작하였으나 여전히 희귀품이었기에 종류 또한 제한적이었다. 그러나 갑오개혁(甲午改革)(1894) 이후 개혁의 바람이 본격적으로 불어오면서 다양한 커피들이 들어온다.

맨 처음 모습을 드러낸 커피는 『독립신문(獨立新聞)』 광고에서 확인해 볼 수 있다. 우리 사회의 발전과 민중계몽에 큰 역할을 담당한 신문으로 평가받고 있는 『독립신문』은 미국에서 귀국한 서재필(徐載弼:1864~1951)의 주도 아래 1896년 4월 7일 창간되었으며 3면은 한글전용으로 마지막 1면은 영문판으로 제작되었다.[72]

---

[72] 『두산백과』,『독립신문』.

그 『독립신문』에 1896년 9월 15일 A. Gorschalki(골스차키) 상점은 우리 나라 최초로 커피가 실린 광고를 게재한다.

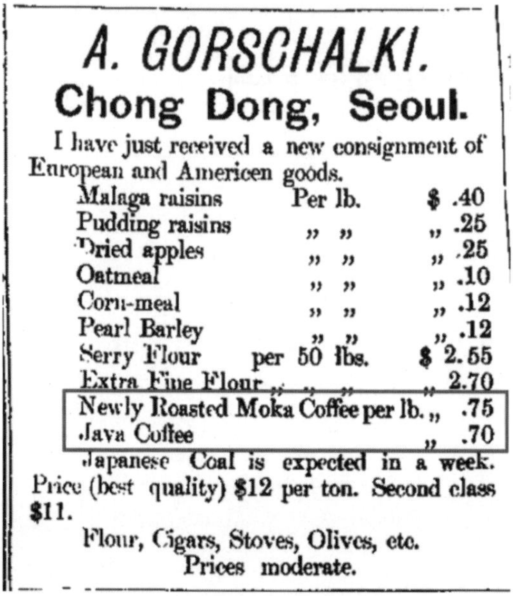

```
A. GORSCHALKI.
Chong Dong, Seoul.
I have just received a new consignment of
European and Americen goods.
   Malaga raisins      Per lb.       $ .40
   Pudding raisins       " "          " .25
   Dried apples          " "          " .25
   Oatmeal               " "          " .10
   Corn-meal             " "          " .12
   Pearl Barley          " "          " .12
   Serry Flour        per 50 lbs.    $ 2.55
   Extra Fine Flour      " "          " 2.70
   Newly Roasted Moka Coffee per lb. " .75
   Java Coffee                        " .70
   Japanese Coal is expected in a week.
Price (best quality) $12 per ton. Second class
$11.
   Flour, Cigars, Stoves, Olives, etc.
             Prices moderate.
```

[그림 20] 자바. 모카 - 독립신문 1896년 09월 15일

1857년부터 홍콩에서 발행된 영자지 『데일리 프레스(Daily Press)』가 당시 각 나라에 체류하고 있는 서양인들의 이름, 직업, 거주지, 상점 등을 총망라하여 매년 발행한 『Chronicle & Directory』에 의하면 독일 상인이었던 골스찰키(A. Gorschalki)는 1884년부터 제물포에서 영업을 시작한 것으로 보인다.[73]

이후 사업을 확장하여 서울의 정동에 진출한 '골스찰키'는 건포도, 푸딩, 오트밀 등 식료품 이외에 다양한 물품을 취급하였는데 광고에 따르면 갓 볶

---

(73) 한상복,『한반도 개화기 약사』「1884년 하반기의 인천부 제물포 개화 Directory」 (http://blog.naver.com/hahnsudang)

은 모카(Moka)커피와 자바(Java) 커피를 각각 75센트와 70센트에 판매한 것으로 보인다.

당시 일본 은화 1엔은 대한제국 5냥 은화와 동등하였고, 일본의 20전 은화는 대한제국 1냥 은화와 같게 평가되었다. 또한, 이 일본 20전 은화는 40센트와 동등하였는데 결국 이는 대한제국의 1냥 은화와 동등한 가치를 지녔다. 한편 대한제국 은화 1냥은 엽전 4냥의 가치를 가졌다. 쌀 상품 1되 가격이 엽전 3냥 2돈, 중품이 엽전 3냥, 하품이 엽전 2냥 7돈이었는데 1파운드 무게의 75센트짜리 커피는 엽전 5.2냥쯤 되니 쌀 하품 두 되를 팔면 살 수 있는 가격이었다. 덧붙이자면 독립신문 1년 구독료는 1달러 30센트였다.[74] 이후 독립신문 영문판 1897년 3월 20일에서 1897년 5월 11일까지 같은 상점의 광고가 계속되는데 이때는 자바(Java) 커피만 게재되어 있다.

참고로 『대조선독립협회회보(大朝鮮獨立協會會報)』에도 커피와 관련한 자료가 실려 있다. 『대조선독립협회회보』는 1896년 11월 30일에 창간되어 1897년 8월 폐간될 때까지 매월 15일과 말일에 통권 제18호까지 발행된 국내에서 발행된 최초의 잡지이다. 독립협회의 공식의견이 반영된 잡지로 근대 문명과 과학지식이 폭넓게 소개되었고, 계몽적 성격이 강하며 이후 발행된 잡지의 모델이 되었다. 이 회보의 1897년 3월 31일 제9호에는 세계 각국의 기후와 특산품들이 자세히 조사되어 실려 있는데, 터키(土耳其), 멕시코(墨西哥), 하와이(布哇), 인도(印度)의 특산물로 커피콩(珈琲豆)이 소개되어 있다.(『대조선독립협회회보』(1897))

다음으로는 『신한국보(新韓國報)』에서 그 단서를 찾을 수 있다. 『신한국보』는 당시 하와이의 교민단체가 통합되어 결성된 한인합성협회(韓人合成協會)가 1909년 2월 2일 미국 본토 캘리포니아지역의 공립협회(共立協會)

---

(74) 커피와 한국 최초의 다방에 얽힌 이야기(http://blog.daum.net/new-taoism/24)

와 연합단체를 구성하여 국민회로 되면서 1907년 10월 17일 창간한 그 기관지인 『한인합성신보(韓人合成新報)』를 1909년 2월 15일 이름을 바꾸어 발행한 신문이었다.(75)

이『신한국보』1909년 3월 9일「식산흥업회개업(殖産興業會開業)」광고를 보면 매년 소출금 수백만원가량을 발생시키는 '하와이 코나'의 커피 사업을 소개하고 있는 이를 주요 진행 사업으로 소개하면서 모든 나라에서 이 커피를 수입하고 있다고 기록하고 있다.

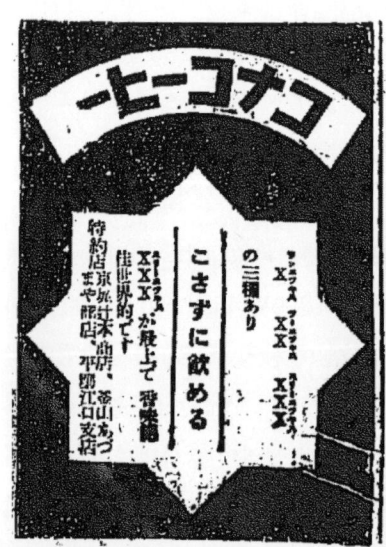

[그림 21] 1920년대 경성일보에 실린 코나 커피 광고

『개벽』제36호(1923)에 따르면 '하와이'에 이민을 개시하기 시작한 건 1904년으로 이 중 일부는 커피 재배에 종사했다.(76) 하와이 커피가 국내에

---
(75) 한국학중앙연구원,『한국민족문화대백과』,「국민보(國民報)」.
(76) 개벽 제36호 1923년 06월01일「하와이」에 사는 육천동포(六千同胞)의 실황(實況) 하와이(布哇)에 재류(在留)하는 우리동포(我同胞)의 도양(渡洋)은 1904년 이민시(移民時)로 개시(爲始)하야 해년(該年)에 이주(移住)한 동포수(同胞數)가 2,435인이였고...(중략)...근로동포(勞働

유입되었다는 사실은 1935년 10월 04일 『매일신보(每日新報)』의 다음 기사에서도 확인해 볼 수 있다.

커피차 이야기
커피차의 생명은 그 향기에 잇습니다. 그런고로 빨리끄려서 빨리 먹는 것이 그 비결입니다만은 그러케 간단하게 안 되는 곳에 커피차 끄리기가 어려운 점이 잇는 것입니다.
가튼 커피차라도 원산지에 따라 각각 맛이 다릅니다.
조선에는 '뿌라질(브라질)', '자바'를 위시하여 '맥시코(멕시코)', 하와이, 까떼마라(과테말라), '살바돌(엘살바도르)' 등지에서 나는 커피가 수입됩니다만은 다 각각 대단히 데리키트한 특질을 가지고 있습니다.

- 『매일신보(每日新報)』 1935년 10월 04일 -

이 기사를 통해서는 하와이 커피뿐만 아니라 우리나라에 브라질, 자바, 멕시코, 하와이, 과테말라, 엘살바도르 커피가 들어와 있음을 확인해 볼 수 있다. 이외에도 『동아일보』 1934년 10월 26일자 「일본무역전도에 암영」이라는 기사에서는 '이탈리아' 커피를, 같은 신문 1934년 12월 21일 「크리스마스 식단표와 요리법 몇 가지」 중 커피 항목에서는 '에티오피아 예가체프'를 확인해 볼 수 있다. 또한, 같은 신문 1934년 12월 17일 「커피, 코코아, 홍차 사는 법과 택하는 법」 기사에서는 "커피는 남미, 모카라는 것이 제일품이지만 다음으로는 짜바 뿌라질입니다."라는 내용이 등장하는데 1934년 10월 27일자 「일본무역전도에 암영」에 따르면 당시 브라질, 아르헨티나, 칠레, 멕시코, 우루과이, 칠레, 콜롬비아, 베네수엘라, 에콰도르. 페루, 엘살바도르, 쿠바, 코스타리카 등과 교역하고 있었다.

同胞)의 다수(多數)는 사탕경작(砂糖耕作)에 종사(從事)하는데 재작년(再昨年) 6월말 조사에 의하면 1,208인이고 그 외에도 봉리경작(鳳梨耕作), 커피재배(珈琲栽培), 미인가정봉공(米人家庭奉公)(Yard boy, Weeder, Book) 부두인부(埠頭人夫) 및 기타 잡역(雜役)에 취동(就働)하는 자 약 1,500인이 된다.

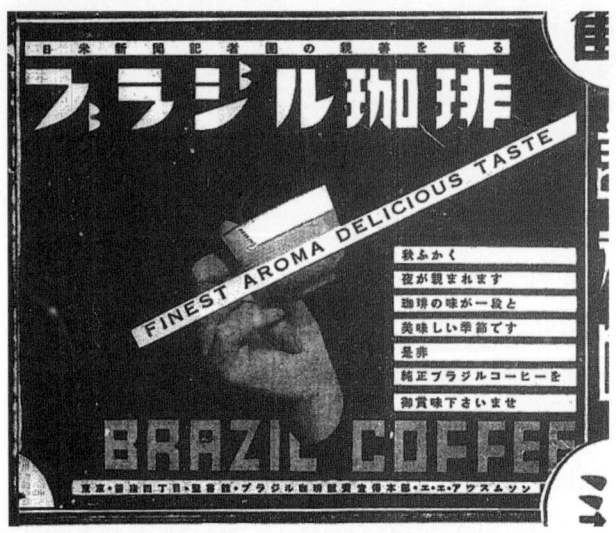

[그림 22] 경성일보, 1934년 10월 04일, 브라질 커피 광고

    1937년 9월 7일 『경성일보』에는 상용 커피였던 '브라질 커피'와 함께 상등 커피로 '블루마운틴' 고가 커피로 '앙골라 커피'를 소개하고 있다. 그리고 『동아일보』 1939년 4월 22일 「대만산 커피」라는 기사에서 전쟁으로 커피 공급이 원활치 않은 상황에서 그 대안으로 수입된 대만산 커피가 주목받고 있다고 하였다. 같은 신문 1940년 5월 19일 「대전(對戰)과 대외무역정책」에서는 콜롬비아와는 아직 정식으로 수교를 하지 않았으나 구상제, 석유, 피혁과 함께 커피가 수입되고 있다는 기사가 등장한다. 마지막으로 『매일신보』 1942년 07월 29일 「남방(南方)의 향기놉흔 홍차(紅茶)와 가배(珈琲)를 배급(配給)」 기사에 따르면 남방(南方)을 점령하고 있던 일본군[77]은 '일본커피사상조합연합회(大日本커피私商組合聯合會)'를 통해 커피를 보급 판매하였다고 한다.

---

[77] 일본 남방군은 1941년 결성되어 동남아시아와 남태평양 지역을 점령하고 주둔 베트남에 본영을 두고, 미얀마, 필리핀, 인도네시아, 싱가포르, 필리핀, 타이완, 뉴기니아 솔로몬 제도 등을 점령 진출하였다가 1945년 09월 02일 일본의 항복으로 해체되었다. - 『위키백과』「남방군」

위 내용을 정리해 보면 다음과 같다.

나라별 커피	출처	내용
모카, 자바	『독립신문』 1896년 09월 15일	A. Gorschalki(골스차키) (상점) 광고 - 모카 75센트, 자바 70센트
하와이 코나	『신한국보』 1909년 03월 09일	식산흥업회개업(殖產興業會開業) 광고 - '하와이 코나'의 커피사업 소개
이탈리아	『동아일보』 1934년 10월 26일	동년 4월 양모등과 함께 이탈리아에서 커피 수입허가
남미, 브라질	『동아일보』 1934년 12월 17일	커피, 코코아, 홍차 사는 법과 택하는 법 -커피는 남미, 모카가 제일품이고, 다음으로는 자바, 브라질이다.
(에티오피아) 예가체프 자바	『동아일보』 1934년 12월 21일	커피 만드는 법- 맛이 좋은 것은 '옙제삐(예가체프)'가 있으나 그것은 너무 비싸므로 경제적 여건 상 '자바'가 좋다.
브라질, 자바, 멕시코, 하와이, 과테말라, 엘살바도르	『매일신보』 1935년 10월 04일	커피차 이야기 - 조선에는 '브라질', '자바'를 위시하여 '멕시코', 하와이, 과테말라, '엘살바도르 등지에서 나는 커피가 수입되며 다 각각의 특징을 가지고 있다.
브라질, 앙골라, (자메이카) 블루마운틴	『경성일보』 1937년 09월 07일	상등은 블루마운틴, 특별하지 않지만 고가인 커피는 앙골라 커피, 일반적 상용커피로는 브라질 커피가 활용되고 있다.
대만	『동아일보』 1939년 04월 22일	전쟁으로 인해 커피공급이 원활치 않은 상황에서 대만산 커피가 주목받고 있다.

나라별 커피	출처	내용
콜롬비아	『동아일보』 1940년 05월 19일	콜롬비아와는 아직 정식으로 수교가 성립되지 않았으나 구상제, 석유, 커피, 피혁을 수입하고 면직물을 수출한다.
남방	『매일신보』 1942년 07월 29일	남방의 향기 좋은 홍차와 커피 배급

<그 밖의 커피 광고>

1

2

[그림 23] <각종 커피 광고>

1 신창양행 맥스웰 커피 광고(1930년) 출처- 한국광고협회광고정보센터

2. 소테츠(ソテツ)커피 광고, 경성일보, 1924년 7월 12일

3. 아나운서-쌩큐커피 광고, 경성일보, 1931년 7월 9일

4. 메이슨 커피 광고, 경성일보, 1934년 4월 15일

조선인의
세계 일주 속 커피

    1896년 고종은 러시아 황제 니콜라이 2세의 대관식에 참여하기 위한 특사를 파견했다. 특사 민영환, 학부협판 윤치호(영어 통역), 참서관(參書官) 김득련(金得鍊, 중국어 통역), 김도일(金道一, 러시아 통역)로 구성된 일행은 태평양을 건너 미국을 둘러보고 다시 대서양을 건너 유럽 각국과 러시아를 거쳐 돌아왔다.

    김득련은 1896년 4월 1일 출발할 때부터 그해 10월 21일 돌아올 때까지 긴 여정을 일기와 시로 남겼는데 그것이 바로 『환구일록(環璆日錄)』과 『환구음초(環璆唫艸)』이다. 『환구일록』은 특사인 민영환의 지시로 여행의 견문을 매일 기록한 것으로 후에 민영환은 이를 일부 수정하고 가필하여 『해천추범』을 집필하였다. 그리고 『환구음초』에는 여행에 대한 김득련의 시 120여 수가 실려 있는데 서양 각지를 여행한 만큼 이들 책에는 커피에 대한 기록이 수록되어 있다.

    동방예의지국의 나라 조선을 떠나서 난생 처음으로 거대한 서양 여객선에 몸을 싣고 보니 진기한 것 일색이었다. …(중략)…점잖게 식사를 하는데 쇠스랑과 장도는 왜 나오는지. 입술이 찢기지 않게 조심히 접시의 물건을 입에 넣는다는 것이 참으로 고역이었다. …(중략)… 희고 눈 같은 가루(설탕)가 참으로 달기에 이번에도 눈 같은 것(소금)을 듬뿍 떠서 찻종자에 넣었더니 그 갈색의 물(커피)은 너무나 짜서 삼킬 수도 뱉을 수도 없었다. 그리고 노르스름한 절편(치즈)은 맛뿐 아니라 향기도 고약했다.

- 민영환의 『해천추범』 中

양식을 먹으면서 장난삼아 짓다.(喫洋餐戲題)

상보 깔린 긴 식탁엔 메뉴판 펼쳐있고
우유와 빵이 눈앞에 있네.
스프, 고기, 생선, 샐러드 차례로 나오고
나이프, 포크, 스푼, 접시 번갈아 사용하네.
때아닌 진귀한 과일 유리그릇에 올라오고
각종 향기로운 술이 유리잔에 가득하네.
디저트로 커피 나와 마신 다음에
긴 회랑을 산보하며 담배 피우네.

- 김득련의 『환구음초』 中 -

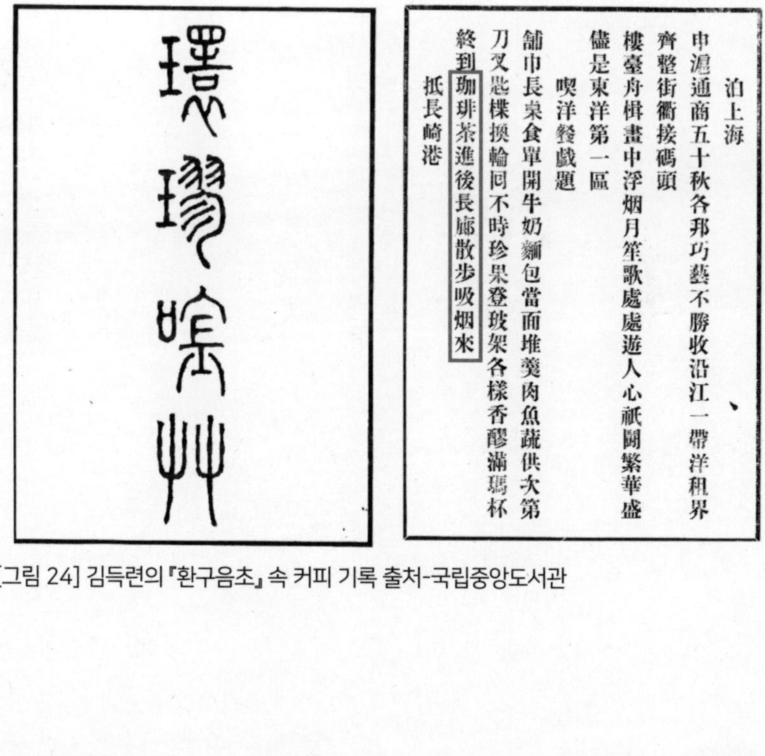
泊上海
申滬通商五十秋各邦巧藝不勝收沿江一帶洋租界
齊整街衢接碼頭
樓臺舟楫畫中浮烟月笙歌處處遊人心祇鬪繁華盛
儘是東洋第一區
喫洋餐戲題
舖巾長桌食單開牛奶麵包當面堆羹肉魚蔬供次第
刀叉匙楪換輪回不時珍果登玻架各樣香醪滿瑪杯
終到珈琲茶進後長廊散步吸烟來
抵長崎港

[그림 24] 김득련의 『환구음초』 속 커피 기록 출처-국립중앙도서관

03
황제의 가배

고종의 가배
고종과 손탁여사
경복궁 집옥재
대한제국의 연회장 돈덕전
고종의 연유처 정관헌
커피접대 관련 공문
대한제국 외빈절차

고종의 가배
서양인의 문헌에 등장하는 커피

1897년(광무 원년) 2월 20일 경운궁(훗날의 덕수궁)으로 환궁한 고종은 8월 17일 광무(光武)란 연호를 쓰기 시작했고 10월 3일 마침내 황제 칭호 건의를 수락하였다. 당시 고종은 땅에 떨어진 국가의 위신을 세우고 중흥을 위해선 먼저 나라의 자주가 이루어져야 한다고 생각했다.

일찍이 1887년 청나라와 맺은 '영약삼단(另約三端)'은 당시 조선의 슬픈 처지를 잘 보여주고 있다. 그 내용은 다음과 같은데 한국의 외교사절은 첫째, 주재국에 도착하면 먼저 청국공사를 찾아와 그의 안내로 주재국 외무성에 갈 것 둘째, 대한제국 공사는 회의나 연회석상에서 청국공사의 밑에 자리를 잡을 것 그리고 마지막은 대한제국 공사는 중대 사건이 발생했을 때 반드시 청국공사와 미리 협의할 것이었다.

이는 국제적으로 조선이 아직 청나라의 속국임을 보여주는 약정이었다.

그 후 10년이 흐른 1897년 10월 12일, 고종은 원구단(圜丘壇)에서 천제를 올리고 국호를 대한제국이라 고친 후 황제를 칭하며 즉위한다. 이로써 우리나라는 지난 수천 년간 중국과 이어져 왔던 조공-책봉 관계를 끝냈으며 비로소 거대한 역사의 한 페이지가 넘어간 것이다.

[그림 25] 대한제국 동가도(大韓帝國動駕圖), 1868년 3월 23일에서 7월 2일 사이의 군대열무 장면으로 석지 채용신(石芝 蔡龍臣:1850-1941)이 그린 궁중기록화이다. 소장-이화여자대학교박물관

'대한제국'이라는 명칭에도 고종의 자주적 근대화를 위한 치열한 의지를 엿볼 수 있다.

『고종실록』에 따르면 의정(議政)대신이었던 심순택(沈舜澤)이 아뢰기를 "우리나라는 기자(箕子)의 옛날에 봉(封)해진 조선(朝鮮)이란 이름을 그대로 칭호로 삼았는데 애당초 합당한 것이 아니었습니다. 지금 나라는 오래되었으나 천명이 새로워졌으니 국호를 정하되 응당 전칙(典則)에 부합해야 합니다."라고 하니 고종이 말하길 "우리나라는 곧 삼한(三韓)의 땅인데, 국초(國初)에 천명을 받고 하나의 나라로 통합되었다. 지금 국호를 '대한(大韓)'이라고 정한다고 해서 안 될 것이 없다."(『고종실록』 36권 고종 34년(1897) 10월 11일)라 하여 국호를 정하였다.

『후한서(後漢書)』 동이열전에서 "한(韓)은 세 종족이 있으니, 하나는 마한(馬韓) 둘째는 진한(辰韓) 셋째는 변한(弁辰)이다."라 하였고, 『삼국사기(三國史記)』 잡지 제3에는 "신라의 최치원(崔致遠)은 '마한(馬韓)은 즉 고려(高麗:고구려) 변한(卞韓)은 즉 백제(百濟), 진한(辰韓)은 즉 신라(新羅)'라고 말하였다. 이와 같은 여러 설들이 사실에 가깝다고 할 만하다."라고 하였다. 또한 『삼국유사(三國遺事)』에도 역시 "무열왕은 유신과 함께 신비스러운 계책과 큰 힘으로 삼한(三韓)을 통일하여 사직에 큰 공을 이룩하였다. 그렇기에 묘호를 태종(太宗)이라 하였다."라고 기록되어 있다.

이를 통해 보면 삼국시대 삼한은 고구려, 백제, 신라를 가리키는 용어로 확립되어 있었고, 고려, 조선 역시 스스로 삼한을 칭하며 계승하였음을 알 수 있다. 즉 삼한이란 용어에는 중국과 연관되지 않는 우리의 자주성이 담겨 있는 셈이었다. 한편 『삼국지(三國志)』 위서(魏書) 동이전(東夷傳) 한(韓)조에는 "준왕(準王)은 그의 신하들과 궁인(宮人)들을 거느리고 도망하여 바다를 경유하여 한(韓)의 지역에 거주하면서 스스로 한왕(韓王)이라 칭하였다."라 하였으니 조선의 다음 나라가 바로 한(韓)이 되는 셈이다. 즉 고종은 '대한제국'이라는 국호를 통하여 조선의 역사적 전통을 계승하면서도 새로운 나라로 발돋움하고자 하는 중흥의 의미를 내보인 것이다.

대한제국을 선포한 후 황제가 된 고종은 열강의 틈바구니에서 자력으로 근대국가의 모습을 갖추고자 다각도의 노력을 기울인다. 대외적으로는 '자주적 중립외교'를 추진하였고, 대내적으로 '광무개혁(光武改革)'을 통해 공장과 회사를 설립하였으며 은행을 설립해 경제적 자주를 위해 노력하였고, 교육 진흥책을 추진하여 기술학교와 사범학교 등을 세웠다. 그리고 교통, 통신,

전기, 의료를 비롯한 근대적 시설기반을 마련하였다.

[그림26] 고종황제 어진 출처-국립고궁박물관

　이러한 고종의 근대 개혁 과정에서 빠질 수 없는 흥미로운 것이 바로 가배(珈琲, 咖啡)라고 불리었던 커피였다.
　고종이 언제 커피를 맨 처음 마시게 되었는지는 기록이 남아 있지 않아 명확히 알 수 없다. 다만 커피를 접한 후 고종은 커피를 즐겨 마셨다는 사실은 1898년 9월 12일 덕수궁에서 일어났던 소위 '고종독차사건'을 통해 알 수 있다.

『고종실록』에 따르면 아관파천 이후 환궁 여론이 거세지자 고종은 1896년 2월 16일 대궐에 돌아갈 뜻을 전하며 경운궁(慶運宮:오늘날의 덕수궁)과 경복궁(景福宮)을 수리하도록 한다. 이후 경복궁에 있던 진전(進展)과 명성왕후의 빈전(殯殿)을 옮길 것을 명하며(『고종실록』 고종 33년(1896) 8월 23일) 장차 환궁할 곳이 경운궁임을 밝힌다. 이는 이곳을 중심으로 새로운 정치를 펼쳐나가리라는 것을 예고하는 조치였다. 고종이 조선의 정궁(正宮)인 경복궁이 아닌 경운궁을 택한 이유는 서방 각국의 공사관이 몰려 있는 정동(貞洞)이 경복궁보다 안전한 곳이라고 여겼기 때문일 것이다.[78]

황제가 된 고종은 곧 인사를 단행하는데 이때 비서원승(祕書院丞) 김홍륙(金鴻陸)을 귀족원(貴族院)의 담당자인 경(卿)으로 칙임관(勅任官) 3등에 서임(敍任)(『고종실록』 고종34년(1897) 12월 13일) 하는 칙서를 내린다.

김홍륙(金鴻陸:?~1898)은 함경도에서 태어난 천민 출신이었으나 러시아와 가까웠던 지리적 특성을 잘 활용해 블라디보스토크를 내왕하며 러시아어를 익혔고 곧 역관으로 특채되었다. 1894년부터 그는 당시 좌부승지(左部承旨)였던 이범진(李範晋:1852~1911)과 러시아공사 카를 베베르(Karl Ivanovich Weber:1841~1910) 사이의 통역을 담당하며 점차 중요한 인물로 부각 되기 시작했다.

1895년에는 아관파천을 주도하며 비서원승(秘書院丞)으로 봉직하게 되는데 고종과 러시아공사인 베베르 사이의 중계자 역할을 담당하며 그 위상이 점차 높아져 학부협판(學部協辦)에 이어 정2품 한성판윤에 제수되기도 하였다.

---

(78) 김문식,『조선시대사학보』「고종 황제 등극의식의 함의」, 조선시대사학회, 2006, p76

비서원경(祕書院卿) 이완용(李完用)을 전라북도관찰사(全羅北道觀察使)에, 특진관(特進官) 김덕규(金德圭)를 비서원 경에, 정2품 김홍륙(金鴻陸)을 한성부 판윤(漢城府判尹)에 임용하고, 모두 칙임관(勅任官) 3등에 서임(敍任)하였다.

-『고종실록 37권』 고종 35년(1898) 3월 11일

[그림 27] 알레베크(Charles Aleveque)가 배포한 사진엽서(김홍륙 사진)

그 무렵, 베베르의 후임으로 부임한 스페이에르(Alexis deSpeyer:1854~1916) 공사는 러시아의 이권 확보를 위해 러시아 군사교관 파견을 추진하고 있었다. 이에 김홍륙은 러시아가 군대와 고문들을 한국에서 철수해 일본의 진출을 방조할 것이라며 고종을 협박해 이에 호응하였으며 결국 일을 성사시켰다. 그 결과 러시아군이 고종의 시위대나 별기군 훈련을 담당하게 된다. 그런데 이는 곧 대한제국의 재정과 해관(海關)을 러시아 출신 고문의 통제하에 놓으려는 시도[79]였기에 김홍륙은 사람들에게 지탄의 대상이 되었다.

때문에, 1898년 2월 22일 이봉학(李鳳學)외 3명이 귀가하는 김홍륙을 등

---

(79) 이윤섭, 『다시 쓰는 한국근대사』, 평단, 2009

뒤에서 칼로 찔러 살해하려고 했으며(『고종실록』 고종 35년(1898) 2월 22일) 그의 방자함을 규탄하는 방서가 거리에 나붙기도 하였다. (『독립신문』 1898년 3월 8일) 이러한 반발이 계속되자 결국 러시아 정부는 스페이에르 공사를 마튜닌(N.Matunine) 공사로 교체하였으며 교체된 신임 공사는 비난 여론을 잠재우기 위해 김홍륙을 러시아 공사관의 통역관 직에서 해고한다. 그 직후 고종은 권력을 남용하고 의도적으로 통역을 오역했다는 죄목을 들어 김홍륙을 흑산도 유배형에 처한다.(『고종실록』 고종35년(1898) 8월 23일, 25일)

일이 이렇게 되자 김홍륙은 고종에 대한 복수를 계획했다.

궁내부 대신(宮內府大臣) 이재순(李載純)이 아뢰기를,
"방금 삼가 듣건대, 전하(殿下)와 태자(太子)가 동시에 건강을 상하였다고 하는데 수라(水剌)를 진공(進供)할 때 애당초 신중히 살피지 못하여 몸이 편치 않게 되었으니, 너무나 놀랍고 송구합니다. 거행한 사람들을 모두 법부(法部)로 하여금 철저히 구핵(鉤覈)하게 하고 근본 원인을 조사하여 나라의 형률을 바로잡게 하는 것이 어떻겠습니까?"
하니, 비답하기를,
"경무청(警務廳)으로 하여금 근본 원인을 엄히 밝혀내게 하겠다." 하였다.
음력으로 올해 07월 10일 김홍륙(金鴻陸)이 유배 가는 것에 대한 조칙(詔勅)을 받고 그날로 배소(配所)로 떠나는 길에 잠시 김광식(金光植)의 집에 머물렀는데, 가지고 가던 손 주머니에서 한 냥의 아편을 찾아내어 갑자기 흉역(凶逆)의 심보를 드러내어 친한 사람인 공홍식(孔洪植)에게 주면서 어선(御膳)에 섞어서 올릴 것을 은밀히 사주하였다. 음력 07월 26일 공홍식이 김종화(金鍾和)를 만나서 김홍륙에게 사주받은 내용을 자세히 말하고 이 약물(藥物)을 어공(御供)하는 차에 섞어서 올리면 마땅히 1,000원(元)의 은(銀)으로 수고에 보답하겠다고 하였다. 김종화는 일찍이 보현당(寶賢堂)의 고지기(庫直)로서 어공하는 서양 요리를 거행하였었는데, 잘 거행하지 못한 탓으로 태거(汰去)된 자였다. 그는 즉시 그 약을 소매 속에 넣고 주방에 들어가 커피다관(咖啡茶罐)에 넣어 끝내 진어(進御)하게 되었던 것이다.

- 『고종실록』 고종 35년(1898) 9월 12일 -

　　김홍륙은 유배를 떠나기 전 잠시 탁지부 대신(度支部大臣)이었던 김광식의 집에 머물렀는데 그때 가지고 가던 아편을 공홍식(孔洪植)에게 주면서 어선(御膳)에 섞어서 올릴 것을 은밀히 사주한다. 궁중 내의 음식 및 잔치와 그 기구를 보관하는 일을 관장하던 궁내부 산하 관서인 전선사(典膳司)의 주사(主事)[80]였던 공홍식은 보현당(普賢堂)의 창고지기이자 서양 요리를 만드는 요리사이기도 했던 김종화(金鍾和)를 꾀어 그에게 아편을 건넸는데 이를 받아 든 김종화는 주방으로 들어간다. 그리고 소매에 감추어 두었던 아편을 때마침 끓고 있던 커피에 넣었다.[81]

　　하지만 김홍륙의 이러한 독살시도는 실패하고 만다. 이후 사건 조사에 들어간 경무청에서 그 배후에 김홍륙이 있음을 밝혀내고 흑산도로 귀양 갔던 김홍륙을 불러올려(『독립신문』 1898년 9월 17일) 심문을 진행한 끝에 자백을 받아낸 후 곧 사형에 처했다.(『고종실록』 고종 35년(1898) 10월 10일)

---

(80)　한국학중앙연구원, 『한국민족문화대백과』 「김홍륙독다사건」
(81)　황현(黃玹:1855~1910), 『매천야록(梅泉野錄)』 2권 광무 2년 「41. 김홍륙(金鴻陸)의 처형」

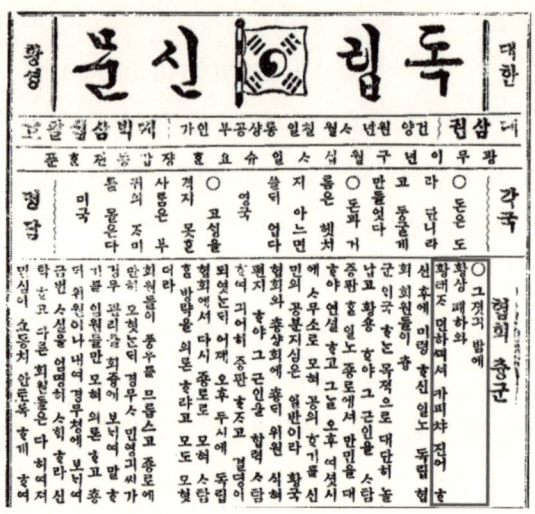

[그림 28] 고종독차사건 기사 출처-독립신문 1898년 9월 14일

그런데 그날 커피를 시음했던 사람은 누구나 할 것 없이 모두 중독되었고, 다량 복용한 황태자(훗날의 순종)는 치아가 모두 손상되는 등의 피해가 발생[82]했음에도 고종만이 무사할 수 있었던 이유는 무엇이었을까? 이에 대한 단서는 1898년 9월 25일 주한일본공사가 일본외무대신에게 보낸 기밀전문에서 찾아볼 수 있다.

"... 폐하께서는 때때로 즐겨 양식을 찾으시는 일이 있는데 항상 먼저 커피를 찾으시는 것이 상례였습니다. 그날 밤에도 역시 전례와 같이 먼저 커피를 드렸는데 커피는 상시로 변하는 것인지 맛이 좋지 않다고 하시면서 아주 소량으로 두세 번 마셨고, 황태자께서는 거의 한 두 번에 반잔을 마셨습니다. 그 후 얼마 안 되어서 두 분 모두 불쾌함을 느꼈는데 황태자전하께서 먼저 토사하고 곧이어 황제께서도 역시 토하였습니다. 그리고 그날 밤 봉시한 자의 면면은 내시 7명, 여관 3명, 별입시 1명으로 그 중 남은 커피를 마신 사람은 누구

---

(82) 곤도 시로스케(権藤四郎介), 이연숙 옮김『대한 제국 황실 비사-창덕궁에서 15년간 순종 황제 측근으로 일한 어느 일본 관리의 회고록』, 이마고, 2007, p220

할 것 없이 모두 중독되어, 이로써 그 해독이 음식물에 있음을 알게 되었습니다.
- 1898년 09월 25일, 『주한일본공사가 일본외무대신에게 발송한 기밀전문』[83] -

위 기록에 근거해 독살 실패의 답을 찾자면 커피 맛이 이상하다는 걸 고종이 눈치챘기 때문인데 이는 평소에 커피를 자주 접했기에 가능한 일이었다.

[그림 29] 고종이 벙커부부에게 하사한 은제 커피잔, 출처-강남피플

이뿐만 아니라 이조참판(吏曹參判)과 외무대신(外部大臣)을 지내기도 했던 김윤식(金允植:1835~1922)이 저술한 『속음청사(續陰晴史)』 1898년 10월 기록에서도 이 독차 사건을 언급하며 고종이 서양 요리를 먹기 전에 커피를 먼저 마셨다고 기록하고 있는데 이에 따르면 결국 고종은 커피를 즐겨 마신 덕분에 자신의 목숨을 건질 수 있었던 셈이다.

---

(83) 국사편찬위원회,『駐韓日本公使館記錄』(주한일본공사관기록) 12권 「皇帝(황제) 및 皇太子(황태자)에게 進毒(진독)한 데 관한 건(件)」,1995

덕수궁의 이름

덕수궁(德壽宮)의 원래 이름은 경운궁(慶運宮)으로 조선의 제9대 임금인 성종(成宗:1457~1494)의 형이었던 월산대군(月山大君:1454~1488)의 집이었다.

덕수궁이 처음으로 궁궐기능을 하게 된 것은 임진왜란 직후였다. 일본군에 의해 경복궁과 창덕궁이 모두 불타 머물 곳이 없어지자 선조(宣祖:1552~1608)는 1593년부터 월산대군의 집을 행궁(行宮)으로 사용하였다. 이후 즉위한 광해군(光海君:1575~1641)은 창덕궁(昌德宮), 창경궁(昌慶宮)을 재건하였고, 인경궁(仁慶宮)과 경덕궁(敬德宮)을 창건하였으며 경운궁은 수리를 명하였다. 경운궁이란 이름은 1611년(광해군 3년), 그해 완성된 창덕궁으로 떠나면서 붙인 궁호이다.

경운궁이 왕궁으로서의 규모를 갖춘 것은 고종이 경운궁으로 이어한 때이다. 그 이전까지 경운궁은 왕이 거하지 않는 빈 궁궐로서 명례궁(明禮宮)으로 불리기도 하였다.[84] 그런 경운궁이 덕수궁으로 그 이름이 바뀐 것은 1907년 고종이 강제로 물러나면서부터이다.

일찍이 조선 제2대 임금인 정종은 상왕으로 물러난 태조 이성계가 머물고 있던 궁에 덕수궁(德壽)라는 이름을 올렸으며(『정종실록』 정종 2년(1400) 6월 1일) 세종 임금 또한 상왕이 된 태종이 머무는 궁을 수강궁(壽康)이라는 이름을 올렸다. (『세종실록』 즉위년(1418) 11월 3일) 이를 통해 상왕(上王)이 머무는 곳에 일종의 궁호(宮號)가 내려졌음을 알 수 있다.

---

(84) 문화재청, 『덕수궁 정관헌 보고서』, 2004. p37

3장 황제의 가배

이와 같은 전례에 따라 1907년 고종이 강제퇴위 당하자 순종은 창덕궁으로 이어하며 고종이 머물고 있는 궁에 '덕수(德壽)'라는 이름을 올렸다. 이후 고종이 머물고 있던 경운궁을 덕수궁이라 부르게 된 것이다.

궁내부 대신(宮內府大臣) 이윤용(李允用)이, '태황제궁(太皇帝宮)의 호망단자(號望單子)를 덕수(德壽)로, 부(府)의 호망단자를 승녕(承寧)으로 의정(議定)하였습니다.'라고 상주(上奏)하니, 윤허하였다.

- 『순종실록』 순종 즉위년(1907) 8월 2일

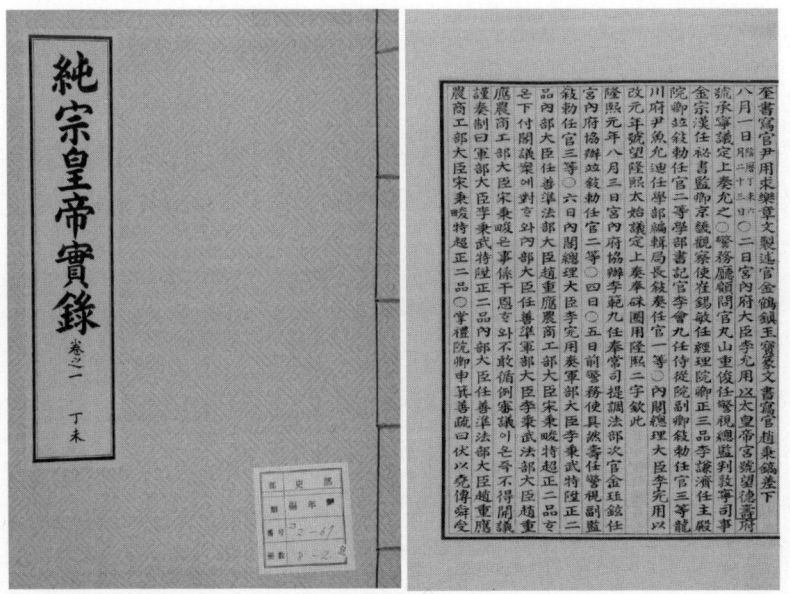

[그림30] 순종실록표지와 덕수궁 관련기록

고종과 손탁(Sontag)여사

알자스-로렌 출신으로 프랑스 태생인 앙투아넷 손탁(Antoniette Sontag:1854~1925)은 독일 국적이지만 러시아공사관 소속으로 조선에 온다. 그녀는 1885년 10월 초대 주한 러시아 공사로 카를 이바노비치 베베르가 부임할 때 가족의 일원으로 내한한다. 손탁 여동생의 남편의 처남이 베베르 공사로 베베르와 손탁은 먼 인척 관계가 된다.[85]

당시 궁중에서 외교사절을 접대하는 일이 많아지자 조선 정부는 외국어에 능통한 여성을 찾고 있었다.[86] 이에 손탁은 베베르의 추천으로 궁정에서 외

---

(85) 황윤영. 『인문과학연구논총』「한말 궁중의 서구문화 유입과 대중문화 - 마리 앙투아네트 손탁을 중심으로」. 2016.p535~537

(86) 한국콘텐츠진흥원. '문화콘텐츠닷컴(http://www.culturecontent.com)'. 「손탁여사와 손탁

국인들을 접대하는 일을 담당하게 되었다.

그녀는 요리 및 식기, 가구류, 실내장식과 관련된 물품을 서양식으로 도입하여 궁중에 서양식 관습과 문물을 전하였으며 직접 요리도 하였고,[87] 외교관이나 귀빈을 위한 연회를 직접 주관하였다.[88]

...(상략)...
가마에 탄 채 대궐에 들어서서, 예전 같으면 알현자들이 줄곧 걸어가야 했을 2km가까운 길을 그대로 가마를 타고 가다. 왕의 접견실 쪽으로 이어지는 부분의 대궐의 상태는 별로 잘 보존되어 있지 못하다. 통로에 잡초가 무성하고, 담의 여러 군데가 반쯤 허물어져 있다.
각각 2명의 파수꾼들이 무기를 든 채 서 있는 대문 4~5곳을 지나서야 예정된 구내에 도착하다. 그 안에는 아주 멋지고 아주 잘 보존된 조그마한 섬이 떠 있는 호수가 하나 있다.
...(중략)...
대궐에서 여자 통역관을 필요로 하는 모양이다. 특히 자기네 마음대로 부릴 수 있는 여성 통역관을 말이다. 수녀에게는, 특히 조선인 수녀에게는 별로 어울리지 않는 직책이다. 더구나 내 생각에는 지금 그런 부탁이 손탁 양의 암시에 의한 것이 아닌가 싶다. 그녀는 왕의 탄신일 이달 25일에 60명 예정으로 서양식 연회를 준비하는 책을 맡고 있다. 그런데 그녀는 자기 말을 전혀 알아듣지 못하는 조선인들 사이에서 통역관도 없이 일하자니 몹시 곤란을 겪고 있으리라 추측된다.

-『뮈텔주교일기』1895년 08월 28일 -

손탁은 독어, 불어, 영어, 러시아어 등 4개 언어를 비롯해 우리나라 말도 능숙했으며 정치적 능력을 갖추고 있었다. 또한, 아름다운 용모와 세련된 태

호텔」
(87) 손탁은 하얀 앞치마를 두른 조선인 요리보조사들과 함께 영광스럽게 직접 요리에 참여하였다. 나중에는 곱게 차려 입고 식탁 상석에 앉아 직접 요리한 음식을 앞에 두고, 샴페인이 잔에 채워지면 잔을 들고 자리에서 일어나 엄숙한 목소리로 황제 폐하를 위하여 ! 라고 외쳤다.- 한스 알렉산더 크나이더 ,『조용한 아침의 나라에 남겨진 독일의 흔적들』일조각 2013.p205
(88) 김경한,「관광레저연구」,「한국개화기의 호텔사-대불호텔과 손탁호텔을 중심으로」,2013.p243

도 그리고 뛰어난 사교술을 가진 여성으로 음악과 그림에도 조예가 깊었던 터라 곧 사교계의 여왕으로 불리며 외교계에서 큰 영향력을 발휘하였다.

손탁의 이름이 더욱 드러난 건 일본의 명성황후 시해 이후 벌어진 아관파천과 그 이후부터이다.

1895년 고종은 정동 29번지 소재 왕실 소유의 가옥 및 토지 1,184평을 하사한 바 있었다. 그런데 그해 10월 8일, 을미사변이 일어나자 한국 최초의 배일(排日)정치단체인 '정동구락부(貞洞俱樂部)'가 발족 되었다. 그들은 명성황후 시해에 대한 복수와 친일내각 타도, 경복궁에 갇혀있던 고종 구출 등을 정치적 투쟁목표로 표방하고 바로 손탁 사저에 모여 항일운동을 전개한 것이다. 그렇게 손탁 사저는 친러반일운동의 거점지가 되었으며 손탁은 고종 구출작전을 통해 아관파천의 막후 인물로 활약하였다. 그리고 러시아공사관에 머물고 있던 고종의 식사부터 일상에 이르기까지 방대한 영역을 담당하게 된다.[89]

---

(89) "황제의 수랏상을 준비하는 일은 어떤 다른 공무보다 잘 조직되어 있었다. 이는 황제가 아관파천 시절에 러시아공사 부인의 시녀로 이후 유럽식 수석요리사 자격으로 황제의 궁정에 머물게 된 알자스 지방 출신의 손탁이라는 여인 덕분이다." - 까를로 로제티, 꼬레아 꼬레아니, 서울학연구소, 1996, p.99.

[그림 31] 손탁여사와 외국인들 출처-대한민국역사박물관

이후 고종은 독립을 위한 그녀의 노력에 대한 감사의 뜻으로 1898년 3월 16일 양관(洋館)을 지어서 하사하였다.[90]

고종으로부터 양관을 하사받은 후, 손탁은 가구류와 집기, 식기류 등을 유럽에서 들여왔고, 바닥에는 독일로부터 수입한 독일제 카펫을 까는 등 실내 인테리어를 서양식으로 꾸몄다. 손탁은 궁내부 어용괘(御用掛:궁내성 등의 명을 받아 업무를 담당하는 직 또는 그 사람)의 직책으로 매달 300원을 받았고, 보조 및 요리인, 보이 등 약 30명의 한국인을 부속시켜 황실에서의 연회와 내외국 귀빈의 응접에 종사[91]하는 한편 이 양관을 궁내부 소속 빈관(賓館)으로 경영하였다.[92]

---

(90) 한국학중앙연구원,『한국민족문화대백과』,「손탁호텔」
(91) 『통감부문서』 6권 헌병대기밀보고 1909년 5월 11일
(92) 황윤영, 위의 글. p547~548

그러나 곧 외국인들의 방문이 빈번해지자 방 5개가 모자랄 지경이 이르렀다. 이에 고종은 왕실재정으로 이를 확장하여 1902년 10월 기존의 양관을 헐고 1,184평에 25개의 객실을 갖춘 2층짜리 양관으로 재건축하였다.[93]

손탁호텔은 황궁에서 예약된 각국의 고위 외교 관리들이 투숙하는 형태로 운영되는데 기본적으로 황실에서 운영한 특정 호텔이었으므로, 아무에게나 개방된 공간은 아니었다.[94]

영국의 기자로 1901년에서 1903년까지 대한제국을 방문했던 앵거스 해밀턴(Angus Hamilton)이 저술한 「코리아(Korea)」(1904)에도 손탁호텔이 황궁의 손님을 위해 건립되었음을 밝히고 있다.[95]

[그림 32] 손탁호텔 외관, 출처-국립민속박물관

---

(93) 한국학중앙연구원.「한국민족문화대백과」「손탁호텔」
(94) 김경한. 위의 글.p244
(95) Angus Hamilton.「코리아(Korea)」(1904).W. Heinemann.p193

한편, 『경성부사(京城府史)』에는 손탁호텔의 구조에 관하여 아래와 같이 비교적 상세한 기록이 남아 있는데 이에 따르면 2층은 귀빈실, 아래층은 일반 객실과 식당으로 구성되어 있었다.

손탁은 1895년 고종으로부터 경운궁 옆 도로를 사이에 두고 서쪽에 있는 가옥을 하사받았다. 그런데 이 저택은 외국인들이 모이는 장소였을 뿐만 아니라, 일청전쟁 후 친미파 일당이 조직한 정동구락부 역시 현재 법원 앞에 건물을 지을 때까지 자신들의 집회소로 사용하였다. 1902년 10월부터 구 가옥을 철거하고 서양식 호텔을 지어 위층은 귀빈실로, 아래층은 일반 객실과 식당으로 사용하였다. 이것이 이른바 손탁호텔이다.

- 경성부. 『경성부사(京城府史)』(1934)[96]

위 기록에서는 식당으로 통칭 되었으나 그곳은 식사와는 별도로 차만을 마실 수 있는 공간이기도 하였다. 이는 경성일보 1912년 1월 5일 자에 낸 손탁호텔 광고에서 확인해 볼 수 있는데 숙박항목에서 "한 사람당 주야(晝夜) 삼식(三食) 제공 7원 이상이며 찻값은 별도로 없다."라고 하였다. 이는 곧 차 음료를 별도로 팔았음을 의미한다.

손탁호텔에서 커피를 판매했다는 명징한 기록은 아직 발견되지 않았으나 손탁빈관, 손탁여관, 손탁양저(邸), 정동화옥(貞洞華屋), 정동화부인가(貞洞花夫人家) 등으로 불리며 각종 연회와 만찬이 열리고, 각국의 왕실, 대사, 공사, 명망가, 작가, 관광객 등이 주로 묵는 숙박시설이었다는 점, 당시 이미 연회와 만찬 등에서 커피가 음용되었다는 점[97], 차를 별도로 팔았다는 점을 볼 때 손탁호텔에서 커피를 판매나 제공했었다는 것은 의심할 수 없는 사실로 보인다.[98]

---
(96) 京城府(경성부),『京城府史(경성부사)』.1934.p652
(97) 1899년 5월 18일, 8월 19일 등의 각사등록을 보면 외국인을 대접하거나 연회를 진행할 때 커피를 대접했다는 공문기록이 남아 있다.(자세한 내용은 본서 커피 접대 관련 공문 편 참고)
(98) 왈츠와 닥터만(http://wndcof.org).『한국 커피의 역사』,「대불호텔과 손탁호텔」

이후 러일전쟁이 발발하고 전개되는 과정에서 일본의 손탁에 대한 감시가 심해졌고, 러시아가 전쟁에서 패배하자 국내에서 손탁의 입지는 더욱 좁아진다. 베델이 창간한 『대한매일신보』의 영문판 『Korea Daily News』의 자금 출처가 고종황제와 연결된 손탁이라는 보고를 올리기도 하였다.[99]

그리고 1907년 '헤이그밀사사건' 때 고종은 이준, 이상설, 이위종 이외에 헐버트를 만나 밀사 역할을 부탁하는데 이때 두 사람을 만나게 해 준 것도 손탁이었다. 그러나 이 역시 일본의 눈을 벗어날 순 없었다.[100]

이에 1909년 손탁은 대한제국을 떠나기로 결정한다. 1909년 8월 28일 떠나기 전 그녀는 고종황제를 만났고, 황제는 떠나는 그녀에게 은제잔을 하사하기도 하였다.[101] 그리고 곧 당시 대한문(大漢門) 앞 팔레스호텔 주인이었던 프랑스인 보에르(J.Boher)에게 호텔을 매각하고 프랑스로 귀국하게 된다.

---

[99] 답: 본인(심우택)은 음력 4월 어느 날 『대한매일신보』 편집인 베델에게 2,000원을, 그리고 금년 6월에 또 3,000원을 전달했습니다.
문: 황제는 어떤 상황 하에서 그 돈을 베델에게 주었는가?
답 : 작년에 날짜는 확실하지 않습니다. 손탁 양이 황제께 서울에서 많은 신문들이 발행되고 있지만 일본들의 압력 때문에 감히 한국과 황실 양쪽에 유리한 기사를 쓰지 못하고 있으며 오직 외국인 운영하에 있는 『대한매일신보』만이 항상 한국의 이익을 위해 써왔다고 말했습니다. 그러나 그 신문은 재정상의 어려움 때문에 어느 일본인에게 매각될 것으로 보도되고 있어 그녀는 황제께서 부디 그 문제를 고려해 주도록 호소했습니다. 이것을 듣자 황제께서는 그 신문을 계속 발간하는 것에 대해 진지한 희망을 표명하셨습니다. 그리고 자신의 재원에서 기꺼이 얼마간의 돈을 베델에게 내주셨으며, 그 후 매달 1,000원씩 주기로 그에게 허락하셨습니다. 그 후 베델과 손탁 양은 지난번처럼 황제께 자유로이 접근하기가 힘들어졌기 때문에 황제께서는 베델에게 전달하도록 매달 수당을 저에게 건네주셨습니다.
- 『통감부문서』 2권, 대한매일신보 베델사건
[100] 헐버트는 종전 손탁의 알선에 따라 태황제께 접근할 수 있어 결국 밀사사건까지도 야기하기에 이르렀지만 이번 입경 후 얼마 안 되어 손탁이 귀국하고, 뿐만 아니라 관민 일반이 同人의 행동에 심심한 주의를 하고 있으므로 도저히 어떠한 일도 획책할 수 없을 것이다. - 『통감부문서』 6권 헌병대기밀보고 1909년 9월 23일
[101] 덕국여인(德國女人) 손탁양(孫澤孃)은 내월(來月:9월) 5일경 에 귀국 터인 고(故)로 지난 28일에 황제폐하를 알현하여 귀국을 고 엿 대 대황제폐하(大皇帝陛下:고종) 셔 특별히 은제잔(銀製盃) 일(구)具 하사 셧다더라 - 『대한매일신보』 1909년 8월 31일

3장 황제의 가배

결국, 손탁호텔이라는 이름을 공개적으로 내걸고 통상의 호텔영업을 개시한 것은 경영권이 넘겨진 1909년 이후의 일이었다.

[그림 34]손탁호텔 광고문안-손탁호텔 광고는 필립 테리(T. Philip Terry)이 지은 <Houghton Mifflin Company, 1914>의 말미에 수록되어 있다.

이후 손탁호텔은 신문 매체에 광고를 게재하는 등 본격적으로 일반인을 대상으로 하는 호텔로 변모한다. 하지만 1910년 경술국치를 맞을 무렵 경영난을 맞이하기 시작해 1914년 10월 조선총독부 철도국의 직영 호텔로 64개의 객실을 갖춘 조선호텔이 오픈함에 따라 경영상의 어려움이 더욱 커진다. 이에 따라 결국 1917년 건물과 부지가 이화학당에 매각되기에 이르렀으며 수년 동안 메인홀 기숙사의 별관으로써 여학생 기숙사로 전환되어 사용되다가 1922년 이화학당 프라이홀(frey hall)의 신축으로 헐리게 된다.

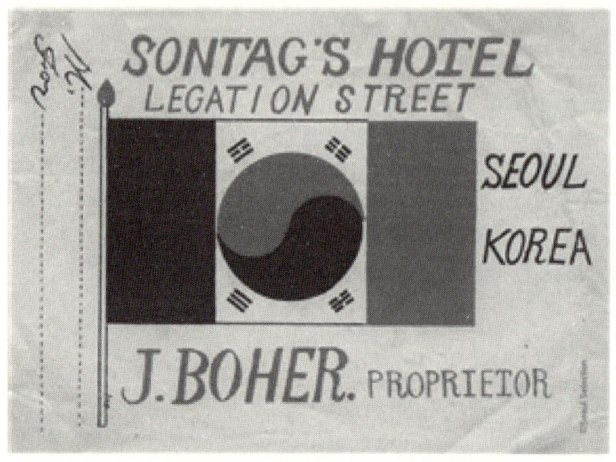

[그림 35] 손탁호텔 태극기엽서, 출처-국립민속박물관

 손탁호텔은 18세기 말에서 19세기 초, 정동구락부와 같은 여러 정치세력의 집합소이자 본거지였으며, 특히 아관파천 이후 손탁 자신이 고종황제의 신임을 받은 밀사의 역할을 수행했던 때가 많으므로 수많은 근대사의 비화를 낳았던 장소였다. 대한제국의 쇠망기에 항일운동을 적극적으로 지원한 호머 헐버트(Homer Bezaleel Hulbert:1863~1949)와 대한매일신보 사장 어니스트 베델(Ernest Bethell:1872~1909)의 활동도 주로 손탁호텔에서 이루어졌다.

 미국 제26대 대통령 시어도어 루즈벨트(Theodore Roosevel:1858~1919)의 딸 앨리스 루스벨트(Alice Roosevelt:1884~1980)일행이 내한했을 때에도 이 호텔에 투숙했다고 한다. 또한, 대한제국의 운명을 뒤흔들어놓았던 1905년 을사조약 당시 이토 히로부미가 머물면서 조약체결을 위해 공작과 압박을 행사하던 장소로 대한제국 외교사의 아픈 장소이기도 했다. 이렇듯 손탁호텔은 단순 숙박시설로서의 호텔이 아닌 서구열강들의 외교 각축장이었던 대한제국의 중요한 사건들이 발생하였던 역사적 현장이었다.[102]

---

(102) 김경한. 위의 글. p245~246

경복궁 집옥재(集玉齋)

고종은 개항을 계기로 서양문물의 우수성을 인식한 후 이를 도입하여 자강(自强)을 추진하고 한편으론 친정체제를 강화하는 중심 기구를 만들려고 하였다. 그를 위해 1880년 개혁부서인 통리기무아문(統理機務衙門)을 설치하였는데 이는 서양 국가들과의 외교와 통상에 대비하여 대외정책을 담당함과 동시에 국가의 재정과 군사 업무를 맡아보던 조선 최초의 근대 기관이었다.[103]

그리고 이에 발맞춰 궁궐에는 왕의 서재인 집옥재(集玉齋)를 설립했다. 여

---

(103) 장영숙, 『한국근현대사연구』,「'집옥재서목(集玉齋書目)'분석을 통해본 고종의 개화서적 수집 실상과 활용」, 한국근현대사학회, 2012 p86

기서 말하는 집옥재는 엄밀히 말해 침전으로 활용되던 동쪽편의 협길당(協吉堂)과 서쪽편의 팔우정(八隅亭)을 포함한 집옥재 일원을 일컫는데 이 세 개의 건물은 복도를 통해 하나로 연결되어 있다.

[그림 36] 19세기 후반 집옥재 전경, 출처-한국사데이터베이스

 그렇다면 집옥재는 언제 어떻게 설립되었을까?
 1876년 중건(重建)하려던 경복궁에 큰불이 나자 고종은 거처를 창덕궁으로 옮기게 되는데 1881년 무위소(武衛所) 주도로 지어진 수정전(壽靜殿)의 이름을 함녕(咸寧)으로 하고, 함녕전 북쪽 별당의 당호를 집옥재로 정하게 된다. 그 후 고종은 1885년에 다시 경복궁으로 돌아와 주로 궁궐 안의 가장 깊숙한 곳 건청궁(乾淸宮)에 기거하였는데 6년 후인 1891년 중건소(重建所)로 하여금 집옥재 앞 건물인 보현당(寶賢堂)을 고쳐 짓고 집옥재를 옮겨 지으라는 명을 내린다.(『승정원일기』 고종 28년(1891) 7월13일)

 당시 신식으로 생각되던 중국풍의 양식을 받아들여 벽돌로 지어진 집옥재는 고종의 집무실 겸 서재로 주로 사용되었다. 특히 역대 어진의 봉안처(『승정원일기』고종 30년(1893) 9월20일)로 기능했음을 관련해볼 때 고종이 왕정의 중심지로서 소중히 여긴 공간임을 짐작해 볼 수 있다.[104]

미시(未時).
상이 집옥재(集玉齋)에 나아가 각국의 공사(公使)를 접견하였다. 이때 입시한 겸도승지 송병서(宋秉瑞), 가주서 서병찬(徐丙贊)이 차례로 시립(侍立)하였다.
상이 익선관(翼善冠)에 곤룡포(袞龍袍)를 입고 남쪽을 향하여 교의(交椅) 앞에 섰다. 이어 사관에게 공사를 인도하여 들어오라고 명하였다. 공사들이 서쪽 계단을 통하여 당에 올라 기둥 안으로 들어와 타공례(打恭禮)를 행하자, 상이 답읍(答揖)하였다. 이어 말을 전하라고 명하고 이르기를,
"요즘 아무 일 없이 지내고 계시오?"
하니, 공사가 아뢰기를,
"아무 일 없이 지내고 있습니다."
하였다. 상이 말을 전하라고 명하고 이르기를,
"귀국의 대군주께서는 근래 태평하시오?"
하니, 공사가 아뢰기를,
"안녕하십니다."
하였다. 상이 말을 전하라고 명하고 이르기를,
"날씨가 점점 서늘해지는데 아픈 데 없이 잘 지내시오?"
하니, 공사가 아뢰기를,
"다행히 큰 병은 없습니다."
하였다. 상이 말을 전하라고 명하고 이르기를,
"약소하나마 변변찮은 음식을 마련하였으니 부디 맛있게 드셨으면 하오."
하니, 공사가 아뢰기를,
"오늘의 경사에 대해 공경히 축원해 마지않으며, 삼가 후한 대접을 받들겠습니다. 매우 고맙습니다."

---

(104)　장영숙,위의 글.p14

하였다. 공사가 수행원들과 함께 물러가겠다고 고한 다음 타공례를 행하자, 상이 답읍하고 전송하였다. 이어 물러가라고 명하니, 승지와 사관이 차례로 물러나왔다.

- 『승정원일기』 고종30년(1893) 8월 1일 -

『승정원일기』에 따르면 이보다 앞선 고종 30년(1893) 4월 10일 집옥재에서 영국으로 돌아가는 공사 오코너(歐格訥 ; Oconnor)를 만나는 것을 시작으로 고종 30년(1893) 8월 26일과 27일 일본공사와 오스트리아 공사 접견, 고종 31년(1894) 3월 25일 미국공사 접견의 기록이 남아 있다. 이와 같은 공사들 외에도 고종은 의사를 비롯해 선교사, 여행자, 상인 등 다양한 분야의 사람들을 집옥재에서 만났다. 이에 따라 궁은 그들을 위한 양식문화를 도입하였고, 수프, 메추라기 고기, 크림, 케이크, 포도주, 귤련, 레몬수, 샴페인 등을 마련했으며 커피 역시 예외는 아니었다.

...(1895년 초)...우리들은 정자가 멋들어지게 서 있는 아름다운 인공호수에 다다르게 되었다. 그 근처에는 세운 지 얼마 되지 않은 외국풍의 대궐이 있었으며 왕과 왕비가 기거하는 조선식 건축물도 있었다. 왕비전으로 이르는 뜰에 우리가 도착했을 때, 우리는 왕실의 통역원과 많은 환관들, 두 명의 왕비의 시녀들 그리고 왕비를 보좌하는 제조상궁의 안내를 받았다. 그는 궁녀들의 우두머리로 특권을 가지고 있는 인물로서 나이는 중년에 이르렀으며 뛰어난 외모를 갖추고 있었다. 우리는 노란색 비단이 드리워진 수수한 방으로 안내되자 곧 정중한 태도로 커피와 케이크를 대접받았으며, 그 후 저녁 식사 때는 상궁이 궁중 통역관의 도움을 받아 아주 아름답게 꾸며진 식탁으로 데려갔다. 저녁 식사는 놀랍게도 '서양식'으로 요리되었으며, 수프를 포함해서 생선, 메추라기 고기, 야생오리와 꿩고기, 속을 채워 말아 만든 쇠고기 요리, 야채, 크림, 설탕에 버무린 호두, 과일, 적포도주와 커피 등이 포함되어 있었다.

- 이사벨라 버드 비숍(Isabella Bird Bishop:1831~1904),
『조선과 그 이웃 나라들(Korea and Her Neighbours)』(1898) -

영국 출신의 여행가이자 지리학자이며 작가였던 '이사벨라 버드 비숍'은 1894년 조선을 처음 방문하였는데 그 후 3년 동안 그녀는 조선을 여행하며 조선의 문화와 종교, 민중의 생활 등을 직접 보고 느꼈다. 그녀는 1895년 고종과 명성황후를 알현하였는데 이때의 일을 남긴 것이 바로 위의 기록이다.

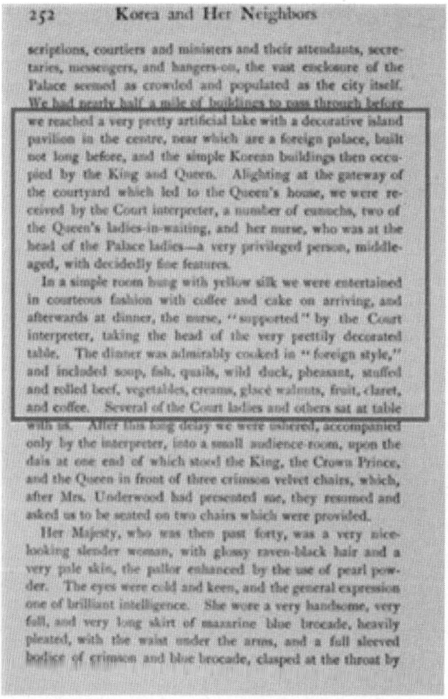
252 Korea and Her Neighbors

scriptions, courtiers and ministers and their attendants, secretaries, messengers, and hangers-on, the vast enclosure of the Palace seemed as crowded and populated as the city itself. We had nearly half a mile of buildings to pass through before we reached a very pretty artificial lake with a decorative island pavilion in the centre, near which are a foreign palace, built not long before, and the simple Korean buildings then occupied by the King and Queen. Alighting at the gateway of the courtyard which led to the Queen's house, we were received by the Court interpreter, a number of eunuchs, two of the Queen's ladies-in-waiting, and her nurse, who was at the head of the Palace ladies—a very privileged person, middle-aged, with decidedly fine features.

In a simple room hung with yellow silk we were entertained in courteous fashion with coffee and cake on arriving, and afterwards at dinner, the nurse, "supported" by the Court interpreter, taking the head of the very prettily decorated table. The dinner was admirably cooked in "foreign style," and included soup, fish, quails, wild duck, pheasant, stuffed and rolled beef, vegetables, creams, glacé walnuts, fruit, claret, and coffee. Several of the Court ladies and others sat at table with us. After this long delay we were ushered, accompanied only by the interpreter, into a small audience-room, upon the dais at one end of which stood the King, the Crown Prince, and the Queen in front of three crimson velvet chairs, which, after Mrs. Underwood had presented me, they resumed and asked us to be seated on two chairs which were provided.

Her Majesty, who was then past forty, was a very nice-looking slender woman, with glossy raven-black hair and a very pale skin, the pallor enhanced by the use of pearl powder. The eyes were cold and keen, and the general expression one of brilliant intelligence. She wore a very handsome, very full, and very long skirt of mazarine blue brocade, heavily pleated, with the waist under the arms, and a full sleeved bodice of crimson and blue brocade, clasped at the throat by

[그림 37] 이사벨라 버드 비숍, 『조선과 그 이웃나라들』 중 커피 기록

기록에 등장하는 정자와 인공호수는 향원정(香遠亭)과 향원지(香遠池)이다. 향원정은 경복궁 북쪽 후원에 있는 향원지 내의 가운데 섬 위에 건립된 육각형의 정자이다. 그 향원지 뒤편으로 왕비가 머물던 건청궁이 있었으며 그 옆으로 집옥재(集玉齋) 일원이 위치 해 있었다. 그리고 외국풍의 대궐이란 러시아 건축가 '세레찬 사바틴(A.S.Sabtine:1860~1921)'이 중심이 되어 1891년 완성한 서양식 건물인 관문각(觀文閣)으로 이는 우리나

라 최초의 양관이었다.[105] 비숍은 이 경로를 지나 결국 왕이 거처하는 건물에 이르렀고 그곳에서 케이크와 함께 커피를 대접받았다. 이러한 체험은 제중원의 의사이자 명성황후 시의(侍醫)였던 '애니 엘러스 벙커(Annie Ellers Bunker:1860~1938)'의 글에서도 찾아볼 수 있다.

"……최근의 알현 때마다 우리는 커다란 궁궐 정문을 통해 안으로 들어와서 곧장 대기실의 문까지 들어갈 수 있도록 윤허를 받았다. 이곳에 도착하면 차와 커피와 과일이 접대되며, 그리고 나서 좀 더 아담한 전용공간에서 우리를 맞이해주는 왕비 마마에게로 인도되었다. 국왕과 왕세자는 항상 거기에 임어하셨다. 알현한 뒤에는 우리는 곧장 집으로 물러나도록 윤허되었다."

- 애니 엘러스 벙커(Annie Ellers Bunker)
『더 코리안 리포지토리(The Korean Repository)』1895년 10월호 -

벙커 여사가 알현할 당시 왕의 거처는 경복궁이었으므로 이 역시 경복궁에 커피가 비치되었음을 입증해주는 주요한 증언인 셈이다. 그렇다면 벙커의 이 글에서 커피가 대접되었다는 '대기실'은 과연 어디였을까?

그 물음에 대한 단서는 다행히 『뮈텔주교일기』에서 찾아볼 수 있다.
귀스타브 뮈텔(Gustave Charles Marie Mutel:1854~1933)은 1880년 선교활동을 위해 한 차례 입국한 후 귀국하였다가 1890년 제8대 조선교구장에 임명되자 재입국하여 1933년까지 체류하면서 신학교를 창설하고 명동성당을 건립하는 등 한국 교회의 기틀을 다지는데 큰 공적을 남긴 인물이다.[106]

---

(105) 유흥준, 『나의 문화유산답사기 6』 창비. 2012.
(106) 인명사전편찬위원회, 『인명사전』 「뮈텔」 민중서관, 2002.

[그림 38] 뮈텔주교 사진

특히 그는 자신이 교구장에 임명된 소식을 접한 1890년 8월 4일부터 지병으로 선종(1933년 1월 23일)하기 직전인 1932년 12월 31일까지 약 42년 5개월 동안 그 자신의 개인 사정과 교회 활동 및 선교사들의 업무보고 내용, 당시 조선사회의 정치, 외교, 사회 문제 등에 이르기까지 폭넓은 사안들을 일기로 기록하였는데 이런 이유로 뮈텔 주교의 일기는 근현대 한국사 연구의 중요한 자료로서도 그 가치를 인정받고 있다.[107]

...(상략)...
2시에 베르탱 씨와 함께 공사관에 가서 거기서 시몽 씨와 함께 경복궁을 구경하러 갔다. 궁내부 대신 이재순(李載純)이 허락해 주어 우리는 경무사 오진지(吳鎭遲)와 주사 김현

---
(107) 한국학중앙연구원, 『한국민족문화대백과』, 「뮈텔주교일기」.

배(金賢培), 김광묵(金光默)으로부터 환대를 받았다.

용상(龍床)이 있는 방과 관공서 뒤에 있는 왕궁을 보았고, 최근에 왕이 보통 거처하던 곳까지 보았다. 또 왕비의 시신이 불태워졌을 것이라는 장소도 보여주었다. 이곳은 왕비의 거실 가까이에, 소나무 정원 안에 있는 조그마한 도랑가(□표시가 있는)였다.

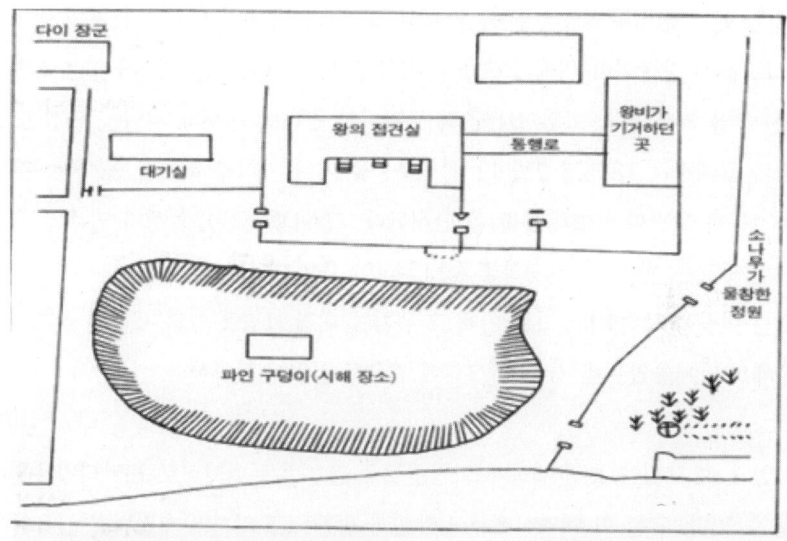

[그림 39] 뮈텔주교가 그린 일기 속 집옥재일원

검게 그을린 돌과 기와 조각들이 아직도 눈에 뜨이며 그 아래에 있는 소나무 가지들도 새까맣게 타 있다. 실제로 바로 여기서 불이 났고 또한 시체가 불태워졌을 것이다. 그러나 정말 왕비의 시신이었을까? 대기실로 안내되어 거기서 밀크 커피와 샴페인을 대접받았다. 돌아 나오는 길에 강요한을 만났는데 그는 아마도 거짓이나 과장된 온갖 잡다한 얘기를 해주었다. 1882년 소위 <왕비시해:임오군란>가 전해진 뒤 왕은 엄(嚴:훗날의 귀비 엄씨)씨라고 하는 궁녀를 후궁으로 맞아들였을 것이다. 왕비는 돌아오자 이 후궁을 내쫓으려고 했고, 후궁은 복수를 피해 몸을 숨기게 되었을 것이다. 왕은 이번에 또 엄씨를 불러들였을 것이고, 또한 그녀의 보살핌과 그녀의 가마로 러시아 공사관으로 갔을 것이다.

- 『뮈텔주교일기』 1896년 2월 18일 -

뮈텔 주교가 남긴 1896년 2월 18일 위 일기는 당시 긴박했던 정치적 상황을 배경으로 하고 있다.

1895년 10월 8일 새벽 당시 일본공사였던 '미우라 고로(三浦梧樓:1846~1926)'는 낭인(浪人)들을 동원, 경복궁을 습격한다. 그리고 왕후인 중전 민씨(1897년 명성황후로 추존)를 참혹히 살해하고 그녀의 시신을 근처의 숲속으로 옮겨 장작더미 위에 올려놓고 석유를 부어 불태우는 을미사변(乙未事變)[108]을 자행했다. 이후 일본군의 무자비한 공격에 신변에 위협을 느낀 고종과 왕세자는 1896년 2월 11일 경복궁을 떠나 거처를 러시아 공사관으로 옮기는데 아관파천(俄館播遷)을 단행한다. 그 아관파천이 발생한 일주일 후 뮈텔 주교는 왕이 떠난 경복궁을 방문하여 을미사변의 흔적이 여전히 남아있는 현장을 목격한다. 그는 이때 그 위치에 대해 그림을 그려 자신의 일기에 자세히 남겨놓았는데 바로 그 그림에 집옥재 일원이 등장한다.

일기 속 그림을 보면 집옥재는 접견실로 팔우정은 대기실로 표기되었음을 알 수 있다. 그는 이 대기실에서 샴페인과 함께 밀크커피를 대접받았는데 이 건물이 집옥재였음은 1895년 10월 16일 일기 중 "우리는 곧장 옥좌(玉座)가 있는 방의 곁을 지나 집옥재(集玉齊) 옆의 다이 장군이 거주하고 있는 건물로 갔다."라는 대목을 통해서도 확인할 수 있다.

---

(108) 한국학중앙연구원. 『한국민족문화대백과』「을미사변」

대한제국의 연회장 돈덕전(惇德殿)

고종이 러시아 공사관에서 경운궁(훗날의 덕수궁)으로 거처를 옮기면서 경운궁은 비로소 궁궐다운 장대한 전각들을 갖추게 된다. 궁내에는 진전(眞殿)과 중화전(中和殿) 등이 세워졌으며, 석조전(石造殿)의 설계 작업이 진행되었고 정관헌(靜觀軒), 구성헌(九成軒)이나 돈덕전(惇德殿) 등과 같은 서양식 건물이 건립되었다.

현재 덕수궁 권역의 북서쪽 모서리, 석조전 뒤편에 있었던 돈덕전은 오다 세이고(小田省吾)가 저술한 『덕수궁사(德壽宮史)』(1938)에 따르면 1901년에 건축되었으나 해체된 후 그 부지만 남아 있게 되었다고 한다.

1901년 준공설은 노나카 켄조(野中健造)의 회고(1927)에서 "고종이 중화전 염상(炎上) 후에도 이 석조전에 들지 않고 돈덕전으로 옮긴 것이다. 이 돈덕전은 메이지(明治) 34년(1901)에 낙성한 것인데, 공사비는 16만원 들었어도, 그 실비는 5만원 내외라는 것에서 재정의 분란한 일반을 알 수가 있다."에 근거한다.[109] 하지만 1897년 「앨런(Allen)의 정동지역 스케치」에는 이미 미국 영사관 부지의 동편에 "Korean Customs Compound"으로 표기되어 있어 1901년 이전에 건립되었을 가능성 또한 배제할 수 없다.

[그림 40] 돈덕전, 『창덕궁내외사진첩』(발행연도미상)에 수록된 덕수궁 돈덕전 일대의 전경

사실 돈덕전은 영국인 브라운(John McLeavy Brown:1835~1926)이 관장하던 해관 구역 안에 해관 청사의 용도로서 '세레찬 사바틴'이 설계하고 지어진 2층의 서양식 건물이었다.

---

(109)　노나카 켄조(野中健造), 「石造殿建築の經緯」(석조전건축의 경위), 藤村德一(후지무라 도쿠이치) 監修, 「居留民之今昔日」(거류민지석물어) 朝鮮二昔會, 1927, p83 / 우동선, 「서울학 연구」 「경운궁(慶運宮)의 양관(洋館)들」, 서울시립대학교 서울학연구소. 2010. p80 재인용

그 규모와 면적은 길이 약 127척, 폭이 약 95척 정도로 건평 약 350평, 연 700평으로 추정되며 고종이 경운궁으로 옮긴 후 외국공사의 접견장이나 연회장, 사신(使臣)들의 숙박 장소로 쓰였다.[110]

〈공식기록에 등장하는 돈덕전의 접견 연회 및 숙박 기록〉
① 접견 기록

년도	출처	내용
1905년 02월 07일	고종실록	청국 공사 접견
1905년 02월 08일	고종실록	일본 공사 접견
1905년 02월 16일	고종실록	일본 공사 접견
1905년 03월 02일	고종실록	미국 공사 접견
1905년 03월 13일	고종실록	각국 공사(公使), 영사(領事) 및 일본국 군사령관 (日本國軍司令官) 접견
1905년 05월 23일	주한일본공사관기록 (駐韓日本公使館記錄) 26권	일본 후시미노미야 히로야스 왕(伏見宮博恭王:1875~1946) 접견
1905년 08월 25일	고종실록	각국 공사(公使), 영사(領事)
1905년 09월 20일	고종실록	독일 공사 접견
1907년 10월 17일	황성신문	일본 황태자, 이토 히로부미 접견

② 연회 기록

년도	출처	내용
1903년 04월 06일	황성신문	04월 28일 저녁 연회 04월 30일 점심 연회 05월 06일 저녁 연회
1907년 08월 24일	고종실록	순종 황제 즉위식 거행 공포

---

(110)　우동선, 『서울학 연구』 「경운궁(慶運宮)의 양관(洋館)들」, 서울시립대학교 서울학연구소. 2010. p80

년도	출처	내용
1907년 08월 27일	속음청사 (續陰晴史) 12권	순종 황제 즉위식 입식(立食)
1908년 03월 10일	고종실록	통감부(統監府) 관원 및 각국 영사(領事), 초빙 외국인과 연회
1909년 09월 08일	고종실록	황족 및 각부 관원에게 사찬(賜饌)

③ 숙박 기록

년도	출처	내용
1905년 05월 12일	주한일본공사관기록 (駐韓日本公使館記錄) 25권	일본 후시미노미야 히로야스 왕 (伏見宮博恭王:1875~1946) 숙박지로 결정
1907년 09월 24일	각사등록(各司謄錄) -궁내부래문(宮內府來文)	일본 황태자 숙박지로 결정

알현과 접견 그리고 궁중연회와 밀접한 관련을 맺고 있는 장소였기에 돈덕전엔 커피가 마련되어 있었음은 당연한 일이었다. 황제였던 고종과 초빙된 손님들이 커피를 마셨다는 그러한 정황이 담긴 기록은 『뮈텔주교일기』에서 찾아볼 수 있다.

오후에, 황제를 알현하기로 되어 있는 마르네 함장과 장교들이, 그리고 저녁에는 다게르(Daguerre) 씨와 베르나독(Bernadoc)씨, 윈터(미판독)씨, 바롱(Barron) 박사가 대성당과 종탑, 수녀원을 방문하러 왔다. 6시 30분 알현에서 그들을 다시 만났다.
알현은 사바틴씨가 세관의 조수를 위해 건축한 집으로 지금은 대궐 구내가 되어버린 한 홀에서 있었다. 황제는 작은 탁자 뒤에 서 있었고, 그의 왼편에 그의 아들은 탁자 옆에 서 있었는데, 황제는 황색, 황태자는 붉은 옷을 입고 있었다. 황제는 마르네 함장에게 제주도 원정에 대해 몇 가지 자세한 것을 물었다. 그러나 공식 통역관인 김 요한은 정말 실력이 부족하여 우리가 한 말을 반밖에 알아듣지 못했고, 또 반밖에 전하지 못했다. 나는 황제가 나를 알아보지 못하는 것 같아 놀랐다. 1897년 이후 내가 꽤 늙은 것은 사실이다.

알현 후 만찬에는 르페브르 씨와 비달 씨 내외가 초대되었고, 그들은 비달 양, (미판독) 중위, 마르텔(Martel, 馬太乙) 씨, 살타렐(Saltarel) 씨 등을 데리고 왔다. 살타렐 씨는 오늘 아침, 금광 허가서에 정식으로 서명할 수 있었다. 금요일이어서 프와넬 신부와 나는 생선과 야채만 먹어야 했다. 그러나 존탁(손탁)양은 우리를 위해 마카로니를 마련해 주었다. 비달씨, 드 플랑시씨, 외부대신, 프와넬 신부, 르페브르 씨, 궁내부 대신, 비달 부인, 마르네 함장 등 우리는 만찬 후 끽연실로 다시 꾸민 알현실로 돌아와 황제가 막 커피를 마시고 난 식탁에서 커피를 들었다.

대기실에서는 15명 가량의 무희(舞姬)들을 불러, 모두 조선인들로 구성된 악단의 음악에 맞추어 노래를 부르고 춤을 추게 했다. 모두 매우 수수했다. 학의 탈을 쓴 두 명의 남자가 독특한 춤을 추었는데, 아주 성공적이었다. 하지만 환각(幻覺)을 일으키게 하기에는 거리가 너무 가까웠다. 이어 평양의 하사관들과 병사들이 좋아하는 노래 몇 곡을 불렀고, 또 곡예도 보여주었다. 10시에 모든 것이 끝나, 우리는 주교관으로 돌아왔다.

- 『뮈텔주교일기』 1901년 06월 07일 -

돈덕전은 남북으로 복도가 나서 동쪽과 서쪽에 방들이 배치되었다. 이 중에서 순종의 즉위식장으로 쓰인 곳은 남쪽에 면한 방인데, 그 내부는 황제의 자리인 어탑(御榻)이 있고 그 밑으로 신하들의 위계에 따라서 좌우로 나뉘었다. 그 앞에 복도에 면해서 휴게실이 두 개로 나뉘어 붙어 있었고 그 옆에 식당이 있었다. 어탑이 있는 방 옆에는 계단이 'ㄱ'자로 나고 그 옆에 황제의 방인 어실(御室)이 있는데[111] 이 방이 바로 『뮈텔주교일기』에 등장하는 알현실로 추정된다.

---

(111) 조은경, 『덕수궁 미술관 설계도』『대한제국 궁궐 양관건축을 통해 본 덕수궁 미술관』, 국립문화재연구소, 2015. p327~328

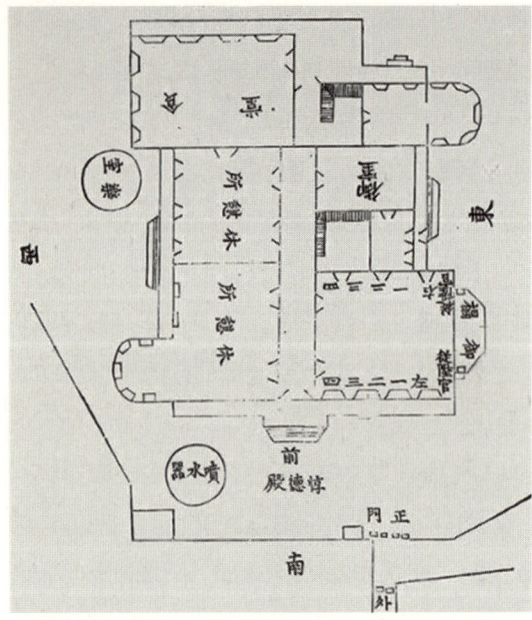

[그림 41] 돈덕전 내부도 출처- 창덕궁 사진첩(2006) 문화재청

그렇다면 돈덕전은 언제까지 존속되었을까?

1919년 이전까지만 하여도 종친과 고등 관원이 다과회를 갖는다든가 (『순종실록』 순종부록 7년(1914) 7월 24일) 고종황제의 탄신연(『매일신보』 1917년 9월 9일)을 비롯한 여러 행사들이 열렸다. 그러나 1919년 고종황제가 붕어하자 이내 주인을 잃은 돈덕전은 폐허가 되다시피 방치된 듯 보인다.

그런 중에서 옛날 시절에 외국사절을 인견하옵시고 연회를 베푸시던 돈덕전은 전일에 보던 광채는 하나도 없고 떨어진 잎새와 무성한 봄풀에 첩첩히 싸이어 보이는 족족 무슨 눈물과 한숨을 금할 수 없는 가운데 특별히 생각나는 것은 옛날 시절에 영국의 유명한 효장(驍將) '키치 원수'를 인견하시고 창해력사 박랑사중에서 쓰던 팔십근 철퇴를 들이어 남의 나라의 장군에게 적당하신 대접을 하시던 곳임을 다시금 추억하게 된다.

- 『매일신보』 1920년 5월 15일 -

1927년 『경성시가도(京城市街圖)』에는 도로와 함께 석조전 북편의 돈덕전의 건물 형태가 여전히 실선으로 표기되어 있어 계속 존재했던 것으로 보이는데 1934년 발간된 『경성부사(京城府史)』에 실려있는 경운궁 전경 사진에는 돈덕전의 모습이 보이지 않아 이전에 철거되었음을 알 수 있다.

[그림 42] 돈덕전 현판, 출처- 국립고궁박물관

한편 일본 하마마츠 시립도서관이 소장하고 있는 '덕수궁 미술관 설계를 위한 배치 현황도(1936)'에는 돈덕전 구역이 '운동장(運動場)'이라는 표기되어 있다. 그리고 돈덕전이 있었던 위치엔 육각형의 지붕 평면을 한 시설물로 짐작할 수 있는 건물이 그려져 있다. 이를 통해 돈덕전의 해체가 1931년 발표되었던 덕수궁의 공원화 계획과 연계되어 진행되었으며 이전에 돈덕전이 해체되었을 뿐만 아니라 이 구역이 궁궐의 성격과는 이질적인 영역으로 변질되었음을 알 수 있다.[112]

---

(112) 조은경, 위의 글 p329

고종의 연유처 정관헌(靜觀軒)

정관헌(靜觀軒)은 덕수궁의 건물 중 가장 이른 시기에 지어진 서양식 건축으로 알려져 있다. '조용히 궁궐을 내려다본다.' 는 뜻이 담긴 정관헌은 러시아 건축가인 사바틴이 한식과 양식을 절충해 설계한 건물이다.[113]

회랑 건축물인 정관헌은 본 건물 정면 7칸, 측면 5칸의 직사각형의 평면구성을 하고 있으며, 전면의 커다란 중앙홀과 4개의 부속실을 가지고 있다. 배면을 제외한 삼면이 개방되어 있으며, 삼면을 툇간이 에워싸고 있는 삼면을 툇간이 에워싸고 있는 평면구성이다. 건물의 규모는 단층 건물로 되어있고,

---

(113) 이지나.『서울의 재발견』. 나무(수). 2014.p36

지하층이 있다.[114]

중앙홀은 정관헌에서 가장 중요한 넓은 공간이자 중요한 공간이다. 내부 기둥은 인조석으로 둔중한 로마네스크 양식의 기둥머리를, 바깥 기둥은 목재로 화려한 코린트 양식 주두(柱頭)를 얹고 있다.

또한, 바깥 기둥에 대한제국을 상징하는 오얏꽃(李花) 문양을 양각하였고 소나무 사슴 박쥐 당초문 등을 투각 한 난간을 설치하였으며 전통적인 문양(文樣)을 가미한 서양식 테라스를 갖추고 있다. 그리고 너른 홀 뒤편에는 벽돌조의 건물을 지었는데[115] 그 건물 내 부속실이 정확히 무슨 용도로 사용되었는지에 대한 구체적인 기록이 전해지지 않고 있다.

[그림 43] 1930년대 정관헌 전경, 덕수궁사, 출처-덕수궁정관헌보고서(2004)

다만 중앙홀을 휴게 공간으로 사용하였다면, 중앙홀을 보조하기 위한 서비스 공간 및 창고 시설이었을 것으로 추정된다. 각각의 부속실은 여닫이 양판 문으로 서로 연결되어 있는데, 그중 서쪽 측면의 출입구만이 유리가 끼워진

---
(114) 문화재청,『덕수궁 정관헌 기록화 조사보고서』,2004.p80
(115) 『문화원형백과 사진으로보는 한국전통건축』「정관헌(靜觀軒)」한국콘텐츠진흥원 2002

유리 양판문으로 되어있다. 중앙홀과 연결되는 반원형의 창을 제외한 부속실의 모든 창은 외부에 비늘살창이 덧붙여진 이중창의 구조로 되어있다.(116)

사실 이 시기의 정관헌의 형태에 관한 세부적인 행태를 알아볼 수 있는 자료는 남아 있지 않다. 1902년 무렵 고종의 독일인 의사였던 리하르트 분쉬(Dr. R. Wunsch:1869~1911)가 남긴 사진을 통해 어렴풋이 추정해 볼 수 있는데 여기서 정관헌 지붕 위로 솟은 굴뚝의 형상을 확인해 볼 수 있다. 이러한 굴뚝의 존재로 보아 건물 내 불을 사용하기 위한 시설이 가설되었을 추측되며 건물의 용도로 보았을 때 온돌과 같은 시설이라기보다는 간단히 물을 끓이기 위한 시설이나 벽난로 등의 시설로 추정된다.(117)

[그림 44] 1902년 덕수궁 전경 출처-덕수궁정관헌보고서(2004)

그렇다면 이러한 정관헌은 어떤 용도로 쓰였을까?

첫째 어진(御眞)을 봉안하는 장소로의 활용이다. 1900년 어진을 봉안하고 있던 선원전(璿源殿)에 화재가 발생하자『고종실록』고종 37년(1900) 10월

---

(116) 문화재청. 위의 글. p81~82
(117) 문화재청. 위의 글. p49~50

14일) 불타버린 어진을 새로 모사하기 위해서 각처에 있던 어진을 덕수궁으로 옮겨 오게 되었다. 모사는 착수 후 한 달 이내에 완성되었는데[118] 이때 태조(太祖) 이성계(李成桂:1335~1408)의 어진을 봉안할 장소로 정관헌이 선택되어 일시적으로 경운당(慶運堂)이라는 이름으로 불렸다.(『각사등록(各司謄錄)』「궁내부래문(宮內府來文)」1901년 2월 24일)

고종의 어진(御眞)과 순종의 예진(睿眞)을 그리는 장소로도 채택되기도 하였고,(『승정원일기』고종 38년(1901년) 12월 13일) 태극전(太極殿)과 중화전(重華殿)에 봉안했던 어진(御眞)을 이봉(移封)하기도 하였다.(『승정원일기』 순종 2년(1908년) 11월 18일)

다음으로 진찬(進饌)의 장소로 활용된 예가 있다.

진찬이란 궁중의 잔치로 국가의 큰 경사를 맞이하여 거행되는 궁중연회를 말하는데『고종실록』고종 38년(1901년) 6월 28일 기록에 따르면 정관헌에서 명헌태후(明憲太后:1831~1904)에게 진찬을 행하였다. 명헌태후는 조선 제24대 임금 헌종(憲宗)의 계비(繼妃)로 이때의 진찬은 그녀의 칠순을 기념하기 위한 것이었다.

이 무렵 궁중연회의 사례를 보면, 외국사절을 접대할 때는 다과를 제공하였다. 반면 명헌태후의 진찬에서는 고종이 즐겼다는 커피는 물론 케이크조차 나타나지 않고 있다. 이는 그때까지 황실 내부의 의례가 시대의 변화에 큰 영향을 받지 않고 전통을 고수하였음을 보여준다. 이 진찬에서 명헌태후에게 올려진 다과에서 음료는 차였다. 명헌태후전진다(明憲太后殿進茶)에는 작설차(雀舌茶)를 은으로 만든 찻잔에 담아 주칠쟁반으로 바쳤다.[119]

이후 고종은 만수성절(萬壽聖節) 즉 황제의 탄신일에 정관헌에서 각국 공

---

(118) 신명호,『덕수궁복원정비기본계획』「대한제국 경운궁의 공간구성과 건물기능」,문화재청.2005,p.57~58./조은경,『덕수궁 미술관 설계도』「대한제국 궁궐 양관건축을 통해 본 덕수궁 미술관」, 국립문화재연구소, 2015. p326 재인용

(119) 이왕무. 조선시대 궁중음식 고문헌-辛丑(신축) 진찬의궤(進饌儀軌). 한식아카이브(http://archive.hansik.org)

영사(公領事)와 접견하고, 각부분원(各府部院)에게 사찬(賜饌:음식을 하사하다)을 내리기도 하였는데 연회는 9일이나 계속되었다.(『황성신문(皇城新聞)』 1901년 9월 11일)

마지막으로 휴식처로서 기능한 경우다.

주인을 잃은 덕수궁
...(상략)...
함녕전 후원에 양식으로 건축한 정관헌이 있으니 이곳은 전일에 왕세자 전하께서 애기로 계실 때 이태왕 전하께옵서 옥교 타시고 이곳에 드시어 사랑하시는 애기와 함께 여름날의 더위를 이겨 바리시든 곳인데 이곳이야말로 더욱 황량하여 앞뒤에 더없는 잡초는 형언을 수 없는 착잡한 경색을 보이며 구리로 만들어 수림사이에 세워놓은 학두루미는 사랑하는 주인이 없어서 모두 땅에 파묻히게 된 것도 과연 안 되었고, 시절 따라 제처(?)를 바라는 목단화가 화중왕(花中王)이라는 것을 자랑할 곳이 없다가 배관하는 사람을 보고 기쁜 추파를 보내는 듯한 경색에 이상스런 감정이 일어나며 '아 너희 탐스럽고 찬란한 처(?)를 이곳에 깊숙이 숨기어 너희 얼굴을 자랑할 곳이 바 없구나,' 하며 따뜻한 키스를 아끼지 않았다.

- 『매일신보』 1920년 5월 15일 -

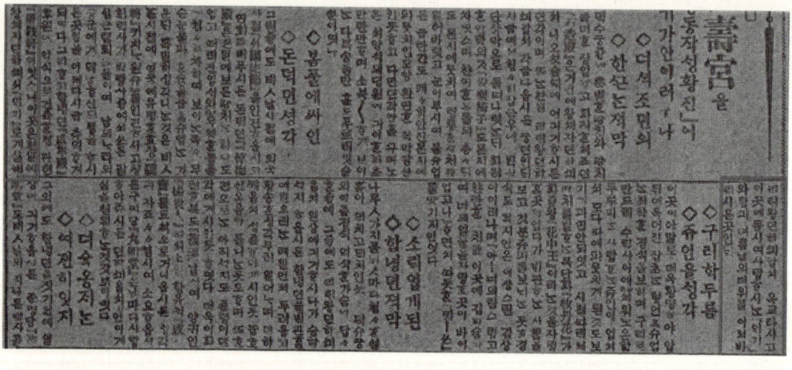
壽宮을
◇더셔조면의
◇한산는적막
◇봄꼿에싸인
◇돈덕뎐셩각
◇구리학두룸
◇슈인을싱각
◇소리업게된
◇함녕뎐적막
◇더숙옹지는
◇여젼히잇지

[그림 45] 『매일신보』 1920년 05월 15일

이는 황량하게 변해버린 정관헌에서 고종과 영친왕(英親王:1897~1970)이 함께 휴식을 취했던 일을 회상하는 기사로 정관헌이 고종의 휴식처로 사용되었음을 말해주고 있다.

육영공원(育英公院) 교사이자 한국의 자주독립을 주장하여 고종에게 '헤이그 밀사' 파견을 건의하는 등 한국의 국권 회복 운동에 힘썼던 호머 허버트(Homer Bezaleel Hulbert:1863~1949)가 편찬하고 있던 월간지(月刊誌) 『한국평론(Korea Review)』 중 1904년 덕수궁에서 일어난 화재(『고종실록』 고종41년(1904) 4월 14일)를 다룬 「The Burning of Palace」(1904년 4월)에는 덕수궁의 도면이 등장한다. 정관헌은 이 도면에서 17번에 해당하는 건물인데 이곳을 'Dining Hall'로 표기하고 있다.

1938년 오다쇼고(小田省吾)가 지은 『덕수궁사(德壽宮史)』(이왕직 발행) 또한 정관헌에 대해 '이태왕전하시절에 내림(來臨)하여 다과(茶菓)를 즐겼던 장소'라고 기록하고 있다.

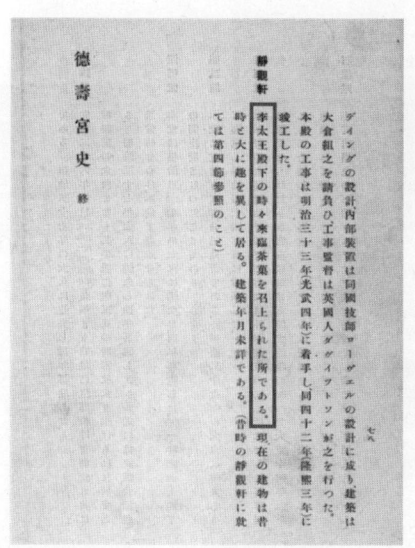

[그림 46] 오다쇼고(小田省吾), 『덕수궁사(德壽宮史)』(이왕직 발행) (1938)

한편 대한제국 시기의 많은 화재 속에 살아남았던 정관헌은 일제강점기의 궁궐 파괴와 한국전쟁에서도 살아남았다. 덕수궁이 사적으로 지정된 것은 1962년의 일이었다. 이전까지 덕수궁 속의 중화전이나 함녕전 등 궁궐 속에서도 위계가 높았던 다른 건물에 비해 덜 중요하게 여겨지며 한때 내부 기둥 사이를 유리문으로 막아 덕수궁을 찾은 관람객들을 위해 차를 마시는 휴식처(喫茶室)로 활용되기도 하였다.[120]

이와 같은 복합적인 이유로 이후 "고종이 '정관헌'이라는 '다방'을 지어 커피를 즐겼다."(경향신문 1981년 10월 16일)는 말들이 생겨나게 되었으며, 오늘날까지 정관헌을 고종이 커피를 마시던 곳이라고 인식하게 된 것이다.

[그림 47] 일제강점기 정관헌 풍경 출처-한국사데이터베이스

---

(120) 문화재청, 『덕수궁 정관헌 기록화 조사보고서』, 2004. p54~55

석조전

　석조전은 '돌로 만든 대궐'이라는 단순한 뜻을 담고 있지만, 목조건축이 주를 이루었던 당시에는 매우 독특한 건물 형태였으며 그 규모에 비추어 보더라도 최대였다.

　사실 '석조전'이라는 편액을 만들어 따로 걸어둔 일도 없으나 당시 신문기사에 '석조궁전', '석궁', '석조전당', '석전' 등이라고 하였다가 자연스레 '석조전'이라는 명칭이 정착되었다.

　석조전은 1900년 무렵에 계획되었다고 전해지나 언제부터 공사가 시작되었는지는 명확하지 않다. 총세무사(總稅務司) 브라운이 300만 원의 예산을 가지고 건립을 진행하였고, 한국인 기사 심의석, 러시아인 사바틴, 일본인 등이 기초 공사 감독을 맡았다. 브라운이 해임된 뒤에는 1905년부터 데이비슨이 공사를 감독하였으며, 설계는 영국인 하딩이 맡았다. 이후 공사가 일본으로 넘어갔는데, 이는 석조전 건립의 주도권이 영국에서 일본으로 넘어간 것을 뜻한다.

　1905년에 2층이 거의 완공되어 1907년부터 영국 회사가 내부공사에 들어가 1909년에 준공된 뒤, 1910년에 황실에 인계되었다.

　『대한매일신보』 1910년 3월 30일 기사에는 석조전의 용도에 대해 "덕수궁 안에 새로이 돌로 건축하는 궁전은 역사하는 부비가 일백만환이오 필역될 기한이 본년 칠월이라. 이것은 황태자의 어용실(御用室)로 경영함인데 지금은 덕수궁 폐현실로 쓴다더라."라고 말하고 있다.

　석조전은 간혹 외국 귀빈을 위한 숙소이거나 왕실의 연회와 접견을 위한 공간이기도 했으나, 기본적으로 대한제국의 황태자를 위한 공간으로 마련된 것이라고 할 수 있다

　일제강점기인 1930년대 미술관으로 전락한 석조전은 해방 이후에도 미소

공동위원회, 국제연합한국위원회가 차지하였으며, 다시 한국전쟁 때는 큰 피해를 입어 수리공사를 진행한 끝에 국립박물관이 이곳으로 들어와 터를 잡았다. 그 이후로는 국립현대미술관, 궁중유물전시관 등의 용도로 바뀌었다. 그리고 지난 2004년 2월 26일에는 근대문화유산으로서의 가치가 주목되어 '덕수궁 석조전 동관'이라는 이름으로 등록문화재 제80호로 등재되었다.

[그림 48] 1911년 석조전 사진, 출처- 조선총독부 『애뉴얼 리포트(Annual Report)』

커피 접대 관련 공문

근대식 연회는 개항 이후 조약을 체결하면서 변화된 외교환경으로 인해 새롭게 국빈(國賓)의 반열에 오른 신분 높은 서양인들과 교류할 목적으로 도입되었다. 이와 같은 근대식 연회가 성행하기 시작하며 점차 서양식 물품도 도입되었다.[121]

식탁과 양교의(洋交椅)라 불리던 서양식 의자를 비롯해 포크, 나이프, 스푼, 접시, 와인글라스, 테이블 냅킨 등이 사용되었으며 수프, 샴페인, 탄산수, 포도주, 위스키, 아이스크림, 트뤼플 등과 같은 서양 음식 등이 등장하였

---

(121) 이정희. 『개항기 근대식 궁정연회 성립과 공연문화사적 의미』. 서울대학교. 2010. p ⅰ~ⅲ

다.[122] 이 중 각국 대신들에게 하사되었던 품목에 있을 정도로 애용되었던 커피(정교(鄭喬:1856~1925), 『대한계년사(大韓季年史)』4권(1898))와 커피 관련 용품 역시 당대 각부 정부 공문서에서 확인해 볼 수 있다.

1897년 6월 16일 학부(學部)에서 외부(外部)에 사용할 기물을 빌려달라는 요청 공문을 보내는데 탕기, 식도(食刀), 맥주잔 등과 함께 커피잔 30개(珈琲杯 三十介)와 커피 스푼 30개(具匙 三十介)를 요청하고 있다. 이는 대한제국(大韓帝國) 이전으로 커피가 등장한 최초의 정부공식문서 기록이다.

1898년 8월 8일 재무행정을 관장하던 탁지부(度支部)에서 외부(外部)의 무안감리서(務安監理署)[123] 응용물품 구매비 요청에 따라 의정부에 낸 청의서와 내역에는 도기(陶器) 커피잔 받침 20매 7원(七元 加啡茶杯碟十二枚陶器), 커피그릇과 잔대 24개 16원 80전(十六元八十戔 咖啡茶種具臺二十四個), 커피주전자 2개 7원(七元 咖啡茶罐二個)라는 항목이 보인다. 그리고 1898년 8월 19일 동래감리서에서 올린 독일 친왕 알베르트 빌헬름 하인리히(Prinz Albert Wilhelm Heinrich:1862~1929) 접대 관련 연회비 예산 외지출청의서에는 커피 2통을 3냥 5전(三兩五戔 珈琲茶二桶)에 구매했다는 기록이 있다. 참고로 하인리히 친왕은 그해 7월 28일에서 8월 6일까지 방한(訪韓)하여 고종을 알현할 계획이었으나 독일 외교부가 시기가 적절치 않다는 이유로 반대해 결국 다음 해인 1899년 6월 9일부터 6월 20일까지 공식일정으로 방한하였다.[124]

---

(122) 이정희, 위의 글. p95~100
(123) 1897년 목포개항과 함께 개항장 내에서의 영사관과의 원활한 외교 및 통상 사무를 위해 설치된 관서
(124) 정상수, 『월간중앙』「발굴특종-개화기 최초의 국빈-하인리히 왕자 대한제국 방문기」.2009.10월호

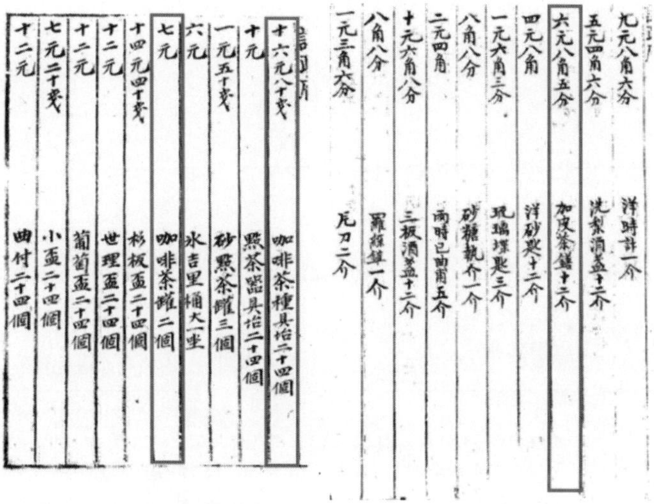
十六元八十戔 咖啡茶種具佁二十四個
十元 煕茶器具佁二十四個
一元五十戔 砂煕茶罐三個
六元 氷吉里桶大一坐
七元 咖啡茶罐二個
十四元四十戔 杉板盃二十四個
十二元 世理盃二十四個
十二元 葡萄盃二十四個
七元二十戔 小盃二十四個
十二元 曲付二十四個

九元八角六分 洋時計一介
五元四角六分 洗梨酒盞十六介
六元八角五分 加皮茶鍾十二介
四元八角 洋砂匙十二介
一元六角三分 琉璃楪匙三介
八角八分 砂糖瓶介一介
二元四角 雨時已曲甫五介
十元六角八分 三板酒盞十二介
八角八分 羅緞草一介
一元三角六分 尼刀二介

[그림 49] 각부청의서존안,

1898년 8월 8일-무안감리서와 1902년 3월 26일-평양감리서

1899년 5월 18일 학부에서 외국인을 접대하기 위해 커피 잔, 잔대, 커피 스푼 20개 대여를 요청하고, 다음날 외부에서 이를 승인한 사안도 공문에 기록되어 있으며 1904년 4월 2일에서도 학부에서 외국인 교사를 접대하기 위해 커피 잔 및 커피 스푼 14개를 대여 요청하고 외부에서 이를 승인하였다는 공문기록이 있다.

한편 1902년 3월 26일과 1906년 3월 22일 공문에는 평양에서 구매한 물품과 그 비용 및 외국인 접대 명세서를 담고 있는데 이에 따르면 커피 주전자 12개를 6원 8각 5푼, 커피 3통을 1원 80전에 구매하였다. 이외에도 정부 공문서에 기록된 것은 아니지만 뮈텔주교는 1897년 12월 2일 일기를 통해 황해도 관찰사인 김가진(金嘉鎭)[125]에게 해주감영에서 '밀크커피'를 대접받기

(125) 김가진(金嘉鎭:1846~1922). 조선 말기의 문신. 규장각참서관(奎章閣參書官)으로 관직생활을 시작하였다. 1880년 사헌부감찰(司憲府監察), 1881년 장례원주부(掌禮院主簿)가 되었다. 그 뒤 인천항 통상사무아문주사(通商事務衙門主事)·부수찬(副修撰)·주차일본공사관참찬관(駐箚日本公使館參贊官)과 장령(掌令)·사복시정(司僕寺正)·동부승지 등을 역임하였다. 1895년 농상

도 하였다. 이처럼 정부공문서에 등장하는 커피 관련 항목들을 정리해 보면 다음과 같다.

〈대한제국 정부 공문서에 등장하는 커피 기록〉

년도	출처	내용
1897년 6월 16일	「학부래거문(學部來去文)」	- 학부(學部)에서 외부(外部)에 물품대여요청 - 커피잔 및 커피스푼 30개
1898년 8월 8일	「무안항감리서물품구매비 예산외지출청의서 제145호」	도기(陶器) 커피잔 받침 20매 7원 커피그릇과 잔대 24개 16원 80전 커피주전자 2개 7원
1898년 8월 19일	「동래감리서연회비 예산외지출청의서 제158호」	커피 2통 3냥 5전
1899년 5월 18일	「학부래거문(學部來去文)」	- 학부에서 외부에 물품 대여요청 - 커피 잔, 잔대, 커피스푼 20개
1899년 5월 18일	「학부래거문(學部來去文)」	- 학부의 물품대여요청 외부승인 공문 - 커피 잔, 잔대, 커피스푼 20개
1902년 3월 26일	「평양감리서 수리 및 물품비 예산외 지출 청의서 제25호」	커피주전자 12개 6원8각5푼

공부대신, 1896년 중추원1등의관을 지냈다. 갑오경장이 실패한 뒤에는 1896년 7월에 조직된 독립협회의 위원으로 선임되었으며, 이때 독립문 현판석의 '독립문' 글씨를 한자와 한글로 썼다. 1907년 규장각제학을 역임하였고, 1908년 7월에는 대한협회 제2대 회장으로 선임되어 친일단체 일진회를 성토하였다. 1910년 일제가 우리나라를 강점한 뒤 수여한 남작(男爵)의 작위를 받았다가 그 뒤 즉시 반납하고, 비밀결사인 대동단(大同團)의 총재 및 고문으로 추대되어 상해로 건너가 독립운동을 하였으며 대한민국임시정부 고문으로 활약하였다.

년도	출처	내용
1904년 4월 2일	「학부래거문(學部來去文)」	- 학부의 물품대여요청 외부승인 공문 - 커피 잔 및 커피 스푼 14개
1906년 3월 22일	「각관찰도거래안(各觀察道去來案)」 보고서 제1호	- 평양 외국인교섭비명세서 - 커피 3통 1원 80전

그렇다면 이러한 서양식 집기들은 어디에서 어떻게 공급되었을까?

『팔도사도삼항구일기(八道四都三港口日記)』 1884년 9월 28일 인천감리(仁川監理)서에 보낸 공문에서 일본 상선(商船) 천세환(千歲丸)이 싣고 들어오는 물품은 정부에서 사용하기 위한 것이니 면세할 것을 요청하고 있는데, 같은 기록 1884년 8월 14일에 따르면 양요리약염(洋料理藥鹽) 100병, 샴페인 200병, 각색주 100병, 권련초 50개, 성냥 3000개, 서양식 의자 20좌, 유리좌등 100좌, 양초 750병을 들여왔다.(126) 그리고 1898년 8월 8일자 『각부청의서존안(各部請議書存案)』 중 탁지부에서 외부의 무안감리서 응용물품 구매비 요청에 의해 의정부에 낸 청의서와 내역에서는 일본 상인에게 위탁하여 커피 다관을 구매했다는 기록이 등장한다.

한편 이러한 공식적인 경로와는 별개로 마쓰오 모키치(松尾茂吉)(127)가 개인적으로 고종 등극 40주년을 맞이하여 기념잔(紀念盞)을 제작하였는데 이 잔이 칭경례(稱慶禮) 예식에 사용되기도 하였다. 이 잔은 잔 주변에 어극사십년((御極四十年) 칭경례식기념잔((稱慶禮式紀念盞)이라는 12자가 새겨져 있었고, 잔 아래에는 태극국기(太極國旗)가 잔 받침에는 수제남산혜(壽躋南山) 복익한수(福溢漢水)(목숨은 남산처럼 높고, 복은 한강처럼 넘쳐흐르십시

---

(126) 이정희. 위의 글, p100
(127) 마쓰오 모키치(松尾茂吉1878~1921) 12세에 조선으로 건너가 부산에 거주하다가 1899년 경성으로 와 각종 상업에 종사하였다. 이후 1908년에는 농상공부(農商工部), 경성지방재판소(京城地方裁判所) 등에서 근무한 후 1913년에는 경성일보사에 입사하여 편집국장을 지냈으며 1920년 퇴사 후 대륙통신사(大陸通信社)를 설립하고 사장(社長)으로 재직하며 1921년 6월에 사망하였다.

오.)라는 글자가 금으로 새겨져 있었다고 한다.[128]

더불어 황현(黃玹:1855~1910)이 지은 『매천야록(梅泉野錄)』에는 궁내부에 사용한 식기 구입에 관해 다음과 같이 기록하고 있다.

양로연(1902년)을 행하여 연일 두드리며 즐기니 백성들은 궁중에 기왓장 깨진 것을 집어던졌고 별입시(신하가 임금에게 사사로운 용무로 뵙는 일)들도 청하여 연별원으로 옮기자고 간청했다. 그러나 고종은 돌을 던진 변이 있었던 것을 알지 못했다. 진찬 양로연에 들어간 비용은 6만 9천 246원 4리였으며, 법전 영건비가 31만 5천원이었고, 홍릉의 신역비는 이미 45만원에 이르렀고, 만수절 수용비는 25만 650원 13전이었다. 궁내부는 양등대와 서양 그릇을 프랑스에서 사들여 장차 경연에 사용하도록 하였다.

- 황현, 『매천야록(梅泉野錄)』 권 3 -

실제로 고궁박물관(古宮博物館)에 있는 서양의 식기들을 분석해 보면 일본의 노리타케(ノリタケ), 프랑스의 Pillbuyt, Limoges, Gien, 영국의 Joshom&Brother, S.Fielding&co, Staffords hire, Maple&co, 독일의 Villeroy&Boch의 자기(磁器)들을 수입하였거나 황실용으로 주문 제작했으며 도자기 표면에는 황실의 상징인 오얏꽃 문양을 황금색으로 새겨져 있다.[129]

---

(128) 『황성신문(皇城新聞)』 1903년 5월 23일
(129) Jungmin Lee. 『International Journal of Korean History』『European porcelain for the Royal Court in the rate Choson Dynasty』.2015.p25~31

[그림 50] 1.커피포트- 삘리뷔(Pillbuyt)
2.설탕 그릇 영국 S.Fielding&co
3. 금색이화문소잔대, 출처-국립고궁박물관

　이후 조선의 고유한 전통적 공예미술의 진작을 표방하여 단절에 놓여있던 전통 공예 기술을 이어준다는 취지를 명분으로 황실을 위한 공예품 제작소가 설립이 추진되었다. 이에 따라 1908년 10월 설립된 '한성미술품제작소'이 설립되었으며 약 30년간 '이왕직 소관 미술품제작소'(1913~1922), '조선미술품제작소'(1922~1936)라는 이름을 통해 잔을 포함해 다양한 물품들이 생산되었다.[130]

---

(130)　서지민, 『이왕직 미술품제작소 연구』,이화여자대학교, 2015, p4, p8

[그림 51] 출처 - 서울역사박물관

1. 1899년, 대한제국 황태자였던 순종이 당시 영국 총영사인 존 조던 부인에게 하사한 컵 홀더. 컵홀더의 바닥 부분에는 '1899년 3월 24일, 대한제국의 황태자가 조던부인에게 하사했다.'라고 기록되어 있다.
2. 잔 받침

대한제국 외빈 접견 절차

개항 이후 궁중에서 행해진 근대식 접견례의 경우 서양인에게는 상반신을 굽혀 공손히 인사하는 서양식 인사법으로 예를 표출할 수 있게 하여 그들의 예법을 존중하였고 황제는 그들의 인사에 손을 들어 답례하였다. 외부를 비롯한 각부의 연계작업으로 진행된 이러한 접견례는 분명 전통적인 의례의 틀을 중심으로 삼되 서양인들을 배려한 형태였다.[131]

이처럼 외국인을 접대하는 경우가 늘어나자 대한제국 정부는 1902년 외빈들이 황제를 알현하는 의식 및 영송(迎送) 의식에 관한 절차를 규정하는데 이는 외국사신 폐견(陛見:황제를 접견하는 일) 및 영송식, 신년 및 경절일 배

---

(131) 이정희. 『개항기 근대식 궁정연회 성립과 공연문화사적 의미』. 서울대학교. 2010. p ⅰ~ⅲ

하식(拜賀式), 외국황족 폐견 및 영송식, 특파대사 폐견 및 영송식 등이 그것이었다.(『외빈폐견급환송식청의서(外賓陛見及迎送式請議書)』1902년 4월 8일)

먼저 특명전권공사나 변리공사가 국서(國書)를 가지고 황제를 알현하는 규칙을 살펴보면 다음과 같다.

① 특명전권공사 및 변리공사가 도착 후 국서를 올리며 황제를 알현하고자 할 때 먼저 외부대신에게 이를 청하면 외부대신은 공사의 조회를 의거하여 국서를 아뢰고자 하는 바를 예식원장에게 알린다.

② 예식원장은 요청한 바를 황제에게 올려 알현일시를 정하고 이를 외부대신에게 알리면 외부대신은 이에 의하여 공사에게 알린다

③ 알현 당일이 되면 예식원참리관원 한 사람이 교자(轎子)와 하사(下士)[132]

④ 특명전권공사이나 변리공사가 황궁정문으로 들어와 휴게소[133] 계단 아래에 도착하여 가마에서 내린 후 출입할 때에는 숙위소 사졸들은 경례로써 그를 맞이한다.

⑤ 이후 예식원참리 관원이 휴게소 계단 위로 공사를 인도하면 예식원장은 그곳에서 응접한다.

⑥ 공사는 예식원장의 인도로 알현실로 향하고 국서를 황제에게 봉정하면 황제는 이를 받아 외부대신에게 교부하며 이때 궁내대신, 외부대신 혹은 시종원경이 시립한다.

⑦ 알현한 후 공사가 물러가는 절차는 들어올 때와 같다.

---

(132) 대한제국(大韓帝國) 때 하사(下士)는 특무정교, 정교, 부교, 참교의 네 계급(階級)에 딸린 무관(武官)을 말한다. 한 사람과 병사 9명과 총순(總巡) 1명과 순검 4명을 영솔하고 해당 공사관 앞에서 공사를 데려오되 단 변리공사에게는 교자와 총순, 순검과 하사, 병정만을 보낸다.
(133) 돈덕전에 존재했던 휴게소를 말함

3장 황제의 가배

[그림 52] 가마를 타고 이동하는 푸트 미국공사

　다음으로 신년 및 경절일 배하식(拜賀式) 즉 경축일의 절차는 아래와 같이 규정되어 있다.
① 먼저 지정한 해당 시각 전에 참석할 모든 관원은 안으로 들어와 있어야 한다.
② 이후 예식원장이 모든 관원이 들어와 있음을 황제께 알리면
③ 황제와 황태자가 정전으로 나온다.
④ 예식원이 황제께서 나옴을 모든 관원에게 통지하고 들어오게 하면
⑤ 모든 관원은 정전에 나아가 배하한다.
⑥ 그 후 오전 10시에는 각 공영사 서기관, 육해군부 무관, 통역관, 외교관이 배하하며
⑦ 오전 11시에는 관원 및 고용된 외국인들과 우리나라의 1등 이하 6등 이상의 훈위와 같은 외국인들이 배하한다.
⑧ 이를 마친 후 황제폐하께서 들어가시면 모든 관원이 휴게소로 물러가고, 예식원장이 모든 관원에게 다과(茶菓)를 대접한다.
⑨ 물러가는 절차는 들어올 때와 같다.

　셋째로 외국황족의 알현 및 영송식을 살펴보면, 외국황족이 올 때의 접대

절차는 그 황족의 가깝고, 먼 관계인지에 따라 차별이 있었는데 황자, 황손, 황형제, 황숙은 가장 가까운 황족으로 가장 융숭하게 접대하고 황제의 조카, 종형제 기타 친족은 그 다음 예로 접대하였다. 그러나 그 차이가 크지 않으니 여기서는 가장 가까운 황족의 접대 절차만을 살펴보려 한다.

① 황족이 왔을 시 예식원장이 이를 품의하고, 그 황족이 상경한 후에 머물 빈관을 예정하며 친왕이나 황족 한 사람과 예식원장(장이 유고시 부장이 대행)과 외교협판(협판이 유고시 교섭국장이 대행)이 조서를 봉승하고 예식원 관원 몇 사람-통역 및 반접관과 순검 30인과 병정 1중대를 대동하고 그 황족이 왔을 때 항구에 미리 상주해 그 황족을 접대한다.

② 그 황족이 하륙(下陸)하기 전에 예식원장이 통역관 한 사람을 대동하고 해당 황족이 머문 함선에 들어가 황칙을 전하고, 위문 접대한 후 다음으로 미리 기다리고 있었음을 그 황족에게 전하고 몇 시에 상륙하고, 몇 시에 상경할 것인지를 탐지한다.

③ 그리고 정해진 상륙 시기와 상경 일시를 전신 혹은 전화로 황궁에 전한다.

④ 해당 황족이 상륙할 시각에 맞추어 미리 상주한 친왕이 그 관원과 순검, 병정을 대동하고 부두에 가고, 예식원장은 통역관을 대동하고 작은 배(小汽船)에 탑승하여 해당 배로 가 그 황족을 작은 배에 맞이한 후 돌아오며

⑤ 해당 황족이 상륙할 때에 예포를 쏘고 파송한 순검과 병정이 부두에 일제히 정숙한 채 기립하여 경례를 행하며 친왕이 해당 황족을 대하여 대 황제의 위문하는 뜻을 전한다.

⑥ 만약 해당 황족이 상경 길에 오르기 전 해당 항구에서 1~2일을 머물 경우, 정결한 여관을 택하여 머무르게 하며 파견된 인원이 해당 여관 혹은 근처에서 머물며 해당 황족을 수행 접대하며 단 길에 오르기 전 몇 시간을 지체하더라도 제한을 두지 말 것이며 더하여 다과(茶菓)를 올린다.

⑦ 해당 황족이 길에 오를 때에는 친왕과 그 기타 관원이 인도하여 순검, 병정이 호종한다.

⑧ 기차로 올 때에는 특별기차를 예비하여 준비하였다가 친왕과 예식원장이 통역관을 대동하고 해당 황족을 인도하여 해당 특별차에 오르도록 할 것이며 차로 상경할 때에는 다과(茶菓)를 해당 황족에게 올린다.

⑨ 해당 황족이 정거장 혹 문밖에 도착하여 하차할 때에는 대기하던 순검, 병정이 경례를 한다. 친왕과 예식원장은 해당 황족을 인도하고 기타 관원과 순검 병정이 호종하여 미리 정한 빈관(賓館)으로 들게 한다.
⑩ 해당 빈관에 들어온 후에 친왕 이하 기타 관원 순검 병정은 즉시 파하여 돌아가고, 단 예식원 관원 몇몇이 머물며 또 순검, 병정 몇 명을 배치하여 빈관(賓館) 문 앞에 두어 잡인의 출입을 엄금케 하며, 해당 황족이 출입 시에 지키고, 궁내부 요리사(廚子)와 보이(甫伊:사내아이란 뜻, 보좌할 수 있는 도움인)를 파송하여 일하게 한다.
⑪ 조율된 폐견 당일에는 예식원장이 사인교와 통역관 1인과 병졸 1중대와 순검 30인을 대동하고 빈관에서 미리 대기하며 해당 황족을 황궁 정문으로 맞이하여 들어온다.
⑫ 해당 황족이 휴게소에 도착하여 교자에서 내리면 외부대신과 궁내대신이 계단 앞에서 영접하며 친왕 혹은 왕족이 휴게소 내에서 맞이하며 휴게 시간에 다과를 대접한다.
⑬ 알현할 때에 황제, 황태자가 알현실에 앉으면 예식원장과 외부대신이 해당 황족을 인도하여 알현실로 들어오게 하며 그때 알현실 앞에서는 음악을 연주한다.
⑭ 알현과 예례를 마친 후 예식원부장 혹은 궁내부 협판이 공사와 그 수행원 등을 인도한 후 먼저 퇴장한다.
⑮ 이후 술, 다과를 대접하며
⑯ 해당 황족이 물러가는 절차와 빈관에 돌아가는 절차는 들어올 때와 같다.

마지막으로 특파대사 폐견 및 영송식의 절차를 살펴보면 다음과 같다.
① 대사가 서울에 도착하기에 앞서 예식원관원은 교자와 병정, 순검을 대동하고 정거장에 미리 대기하되 대사의 소속직원을 위해서는 말을 준비하며
② 대사가 체류할 사이 유숙할 처소는 황실소관옥집으로 정하고 제반물품을 황실에서 제공한다.
③ 대사가 서울에 도착하면 예식원 관원이 인도하여 궁내대신과 외부대신을 방문하며
④ 대사가 머무는 사이에 매일 만찬에 예식원관원 1인이 참석하여 접대한다.
⑤ 대사가 서울에 도착한 당일 혹은 다음 날에 황제가 알현 일시를 정하면 예식원장이 대사에게 이를 알리고

⑥ 폐견 당일 예식원관원이 교자와 병정, 순검을 대동하고 대사가 체류하는 처소에 미리 대기하고 영접하여 입궐한다.
⑦ 대사가 휴게소 앞에 도착하면 예식원관원이 계단 위에서 이를 영접하며 휴게소에서 예식원장은 대사에게 다과를 대접한다.
⑧ 이후 예식원장이 대사가 들어왔음을 품의하고 그를 인도하여 알현실로 들어간다.
⑨ 대사가 알현의식을 마치면 휴게소로 물러나며 물러날 때 절차는 들어올 때와 같다.

[그림 53] 이탈리아 잡지 '라트리 부나 일루스트라타'에 실린 1907년 8월 4일 조선의 새황제 즉위식 중 하례장면.

그런데 여기서 외빈에게 접대하던 다과(茶菓)에 커피가 포함되어 있었다는 건 「학부래거문(學部來去文)」을 비롯한 여러 정부공식문서를 통해 유추해 볼 수 있는 바다. 그리고 일찍이 갑신정변(甲申政變)(1884) 때 부상한 민영익(閔泳翊)을 치료한 의사이자 1901년 주한 미국 전권공사를 지내기도 했던 호러스 알렌(Horace Newton Allen:1858~1932) 남긴 다음 기록에서도 이를 확인해 볼 수 있다.

궁중에서 오랜 시간을 대기해야 할 때 궁중의 시종들은 거절하는데도 불구하고 잎담배와 샴페인, 사탕과 과자를 끝까지 후하게 권했다...(중략)...후에 그들은 자기 체면을 유지하기 위해 그 품목에 홍차와 커피를 추가했다.

- 호러스 알렌, 「조선의 풍물(Things Korean)」(1908) -

04
모던시대와 커피

커피 하우스

카페

끽다점

다방

커피와 의학

커피 만드는 법 소개

커피 가격과 대용커피

모던시대란?

학술적 의미에서 모던(modern)은 19세기 중엽부터 20세기 초~중반까지의 특정한 시기를 지칭하는 말로 쓰이며 '현대적, 첨단의, 이성적'이란 의미를 내포하고 있다.

우리나라에는 1920년대 후반부터 '모던'이 본격적으로 상륙하는데 이를 통해 모던걸, 모던보이와 같은 하나의 사회적 현상으로 잡으며 새로운 세대가 등장하기도 하였다. 이미지로는 다소 차갑고 간결한 미를 추구하며 보다 도시적이고 세련된 감각을 표출하였다.

모던! 모던의 세상이다.
미국이 그러하고 유럽각국이 그러하고 상해가 그러하고 또한 일본이 그러하고 그와 더불어 조선도 그러하다.
...(중략)...
택시가 있고 모던걸이 있고 모던보이가 있다. 짧은 스커트와 나팔바지가 있고 레뷔걸이 있고, 재즈가 있고 라디오가 있고 나신독창(裸身獨唱)(이거야말로 조선 모던계 독창이다.)이 있고 바(Bar)가 있고, 댄스가 있고...이만하면 넉넉하지 아니하냐. 넉넉하다. 그러나 외국의 모더니즘이 병적(病的)인 것이라 하면 조선의 것은 기형적(畸形的)인 것이다. 그러나 기형적인 그것이 조선으로써는 필연의 과정이다. 무슨 현상이든지 스스로 그것을 움직일 만한 기초조건이 빈약한 조선에 있어서는 외래의 조류(潮流)에 움직여짐이 더 크다. 앞으로도 물론 그러할 것이다.

- 『별건곤(別乾坤)』 제25호 1930, 김영랑(金永郞) -

[그림 54] 1930년대 조선은행 앞 광장 풍경
신식 건물과 초가집, 전철과 소달구지, 양복과 한복을 입은 사람들이 뒤엉켜있는 모습이 모던 풍경을 잘 보여주고 있다.

현대의 여러 가지 유행은 더구나 조선의 여러 가지 유행에는 활동사진이 큰 힘을 가지고 있다. 학교의 수신 과정보다도 목사의 설교보다도 또한 어버이의 회초리보다도 감화되기에 빠른 것은 스크린에 꺼졌다 나타났다 하는 그림자에 있다. 유행은 그 정신 방면의 그것보다도 퍽 쉽사리 되는 것이다. '하롤드, 로이드'의 대모테 안경이 조선의 젊은 사람의 유행이 되었고, '빠렌티노'의 귀밑머리 긴 살적이 조선 청년들의 뺨에다가 염소 털을 붙였노라하고, '버스터 키튼' 의 젬병 모자가 조선청년의 머리에 쇠똥을 얹어주었으며 미국 서부 활극에 나오는 '카우보이'의 가죽바지가 조선 청년에게 나팔바지를 입혀주었다. 그러나 다 스러져가는 초가집만 잇는 조선의 거리에 그네들이 산보할 때에 외국의 풍정인 듯이 느끼리라. 늙기 전에 한 번 가서 놀고 오라. 프랑스 파리에는 '샹제리제' 독일 베를린에는 '운트덴린덴-' 영국 런던에는 '피캐딜리-' 미국에는 '브로드웨이'나 '팝스 에비뉴' 거리. 그에 제일 좋은 것은 스페인의 '투우장'

- 『조선일보』1928년 2월 7일 -

[그림 55] 1.1937년 함흥 영생고보에서 영어교사로 재직하던 시절의 백석 시인
2.1930년대 공중전화박스 풍경 출처-경성일보, 1936년 9월 25일

모보(모던보이) 모걸(모던걸)의 양식은 쟈스(재즈), 땐스, 스피드, 스포츠이요. 그것의 표현은 에로, 그로, 넌센스, 잇트이다. 모보모거의 근거지는 유한계급의 지역이다. 그들의 출산자는 현대자본벌이다. 모보모걸의 생활환경은 기계문명이다. 모보모걸의 지도원리는 아메리카니즘이다.

－『신민』1931년 6월 －

[그림 56] 별건곤 1933년 9월호 표지

커피 하우스

커피는 오랜 세월 동안 다양한 국가와 민족에게 전해지며 인류의 중요한 기호식품으로 자리 잡았을 뿐만 아니라 커피 하우스 역시 역사적으로 의미가 축적된 공간이자 전 세계에 존재하는 공간이다.[134] 우리에게 있어서 커피나 커피 하우스는 외래어이기 때문에 그 번역 과정에서 '커피' '코-피' '카페', '커피점', '커피숍', '다방' 등의 용어들이 혼용되어 사용되었다.

『독립신문』 1899년 8월 31일 기사를 보면 "윤용주가 홍릉 전차정거장 앞에서 다과점(Refreshments)을 개업하고 커피와 차, 코코아를 판매한다."는 광고가 실렸다. 광고 문구만으론 시설과 규모를 알 수 없으나 '윤용주의 다과

---
(134) 하정미, 『한국 카페의 공간 생산에 관한 연구』, 동의대학교, 2012, p4~5

점'은 현재까지 밝혀진 한국 최초의 커피점이다.[135]

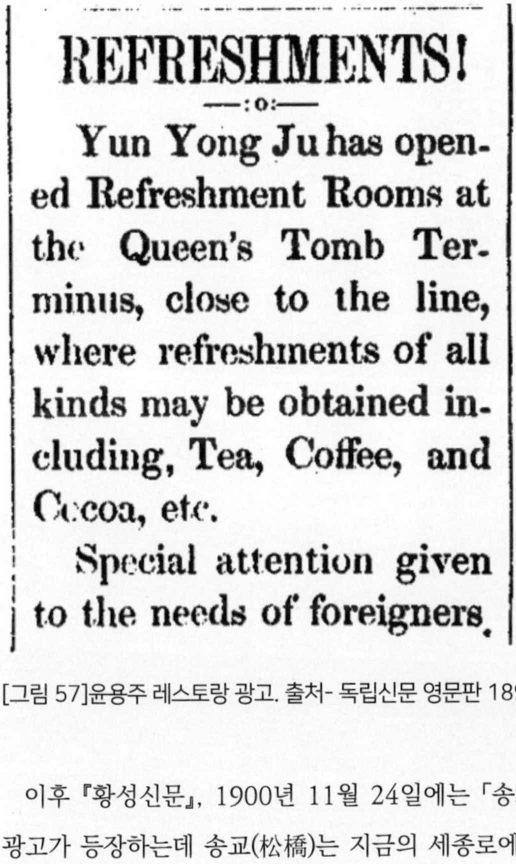

> REFRESHMENTS!
> —:o:—
> Yun Yong Ju has opened Refreshment Rooms at the Queen's Tomb Terminus, close to the line, where refreshments of all kinds may be obtained including, Tea, Coffee, and Cocoa, etc.
> Special attention given to the needs of foreigners.

[그림 57] 윤용주 레스토랑 광고. 출처- 독립신문 영문판 1899년 8월 31일

이후 『황성신문』, 1900년 11월 24일에는 「송교(松橋) 청향관(淸香館)」 광고가 등장하는데 송교(松橋)는 지금의 세종로에 속하는 지역으로 '가피차(加皮茶) 파는 집'이라는 문구를 전면에 내세우고 있다.

---

(135) 박영순, 『커피 인문학-커피를 사랑한 사람들』,「정동구락부 항일운동, 커피와 함께 사라지다.」 (http://coffeedaily.co.kr).2016

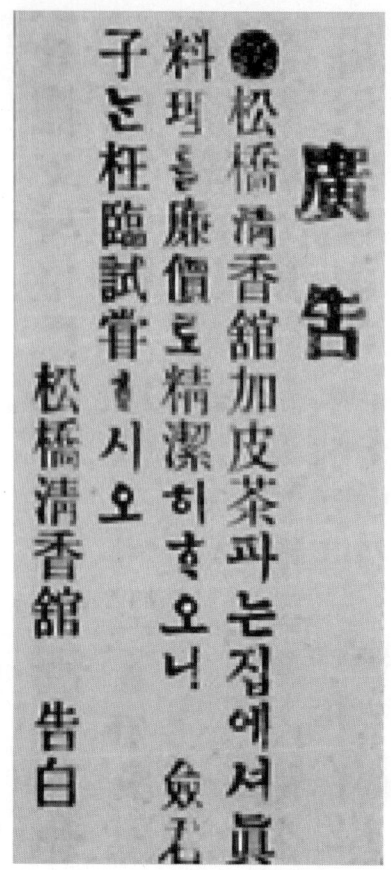

[그림 58] 송교 청향관-가피차 파는 집 광고 출처- 황성신문, 1900년 11월 24일

1910년이 지나며 '커피를 마실 수 있는 가게'는 크게 '카페(cafe)' '다방(茶房)' '끽다점(喫茶店)'이라는 세 가지 명칭의 공간으로 나눌 수 있는데 이는 모두 커피를 파는 가게라는 점은 같았으나 한편 각 공간만의 독특한 성격을 지니고 있었다.

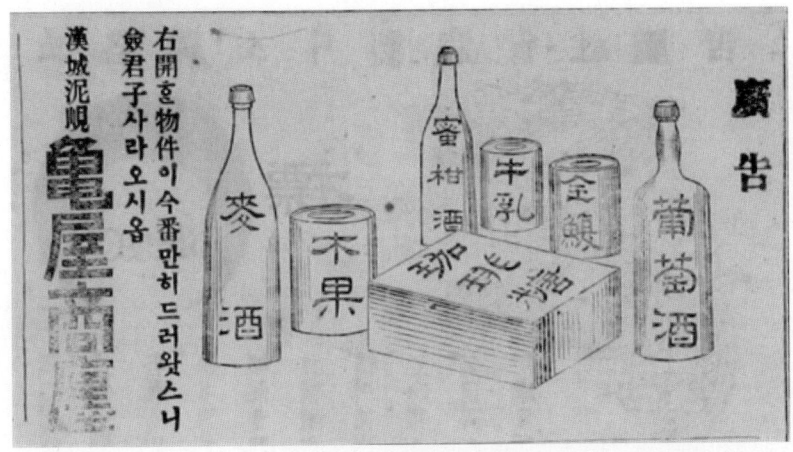

[그림 59] 구옥상점 광고. 출처- 황성신문, 1901년 06월 19일

물론 커피를 마시는 공간은 이들 공간만 있었던 것은 아니다. 예컨대 그 대표적인 공간이 바로 조선호텔이었다. 조선호텔은 1914년 10월 일제강점기에 조선총독부철도국이 황제가 제례를 행하던 환구단의 일부를 헐고 설립한, 아픈 역사를 간직한 우리나라 최초의 근대식 호텔이다. 대지 6,700평에, 건평 583평, 호화객실 69개, 300여명을 수용할 수 있는 식당(특별 식당 36인, 연회실 240인, 보통식당 60인), 엘리베이터와 각 방에 전화기가 설치된 당대 최고의 호텔이었다.[136] 그런데 1924년 5월 29일 『뮈텔주교일기』를 보면 바로 이 조선호텔에서 커피를 마셨다는 기록을 찾아볼 수 있다.[137]

---

(136) 강준만, 『한국 근대사 산책 6 : 사진신부에서 민족개조론까지』, 인물과 사상사, 2008.
(137) 갈루아 씨가 주최하는 '조선호텔'에서의 오찬에 초대된 사람은 25명 내지 30명이다. ...(중략)...메를롱 씨는 응접실에서 커피를 다 마신 후, 내게 다가와 가슴에 십자가와 훈장을 달아 주고 나를 포옹했다. -『뮈텔주교일기』 1924년 5월 29일

[그림 60] 조선호텔 내 커피 하우스에서 커피를 마시고 있는 최승희(1940년)

또 다른 공간은 미쓰코시 백화점이다. 미쓰코시 백화점 경성지점(三越百貨店)은 1905년 일제강점기 당시 조선총독부의 권유로 조선에 진출하였으나 1929년 미쓰코시 백화점이라는 상호로 본격적인 영업을 시작하였다. 대리석으로 만들어진 화려한 내, 외관과 거대자본을 등에 업은 다양한 물품 판매와 마케팅 그리고 물건값을 흥정하여 거래하지 않고 정찰제를 시행 등 사람들의 호기심을 끌만 한 공간으로 사람들의 관광코스이기도 하였다.

특히 소설가 이상은 이곳을 소재로 시「건축무한육면각체」를 짓고「날개」의 배경으로 삼았는데 그곳에 등장하는 곳이 바로 백화점 건물의 옥상 정원이다. 커피 한 잔을 즐기며 경성시내를 관망할 수 있는 바로 그곳 옥상 정원엔 사람들의 발길이 끊이지 않았다.

[그림 61] 1930년대 미쓰코시백화점옥상 정원 풍경 출처-스마트K

그러나 본서에서는 커피와 직접적으로 연관된 '카페(cafe)' '끽다점(喫茶店)' '다방(茶房)'을 중심으로 이들 공간이 가진 문화적 의미를 함께 들여다보기로 하겠다.

모던시대
커피 하우스에서
마셨던 음료

청량음료수라 하면 항용 '사이다' '시트롱' '라무네' '소다수' 등인데 이것은 서로 이름만 달랐지 다 같은 것으로 즉 물에다 '탄산가스'를 타서 거기다가 맛을 들이고 살충을 식힌 것에 불과하다.

- 『조선일보』 1929년 6월 9일 -

[그림 62] 1.사이다, 시론도, 탄산, 과실음료 출처- 경성일보, 1917년 4월 19일
2.1930년대 기린사 레몬 시트롱, 사이다, 탄산 광고

서울이다. 서울이다. 내가 꿈꾸고 내가 그리고 내가 못 닛든 서울이다.

서울!

서울냄새! 그러타 서울냄새 그 놈이 어떤가?

누가 전에 와 보기나 햇었나.. 그렇지만 정답기는 처갓집 같다.

"퍽 더우시지요…. 아이스크림? 쏘-다스이? 그럼 칼피스?"

"요새는 꽤 달라졋구나."

"아이고. 그럼 쓴 거? 오-라이 삐-루 하나"

- 『별건곤』제23호 「서울내음새, 서울 맛, 서울정조」(1929) -

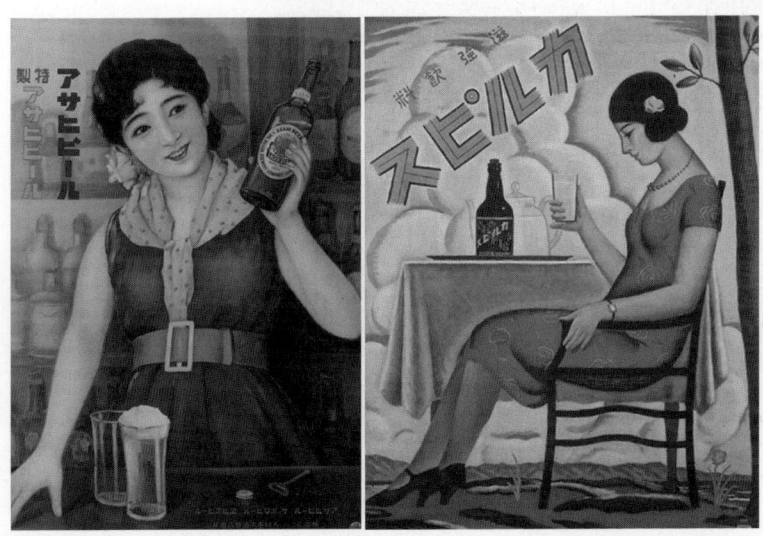

[그림 63] 1920~30년대 칼피스와 맥주 광고

생에 시달려 피곤할대로 피곤한 인테리겐처의 항구인 다방에 잠깐 닻을 주어본다. '레코드'의 낡어빠진 음향이나 달짝쌉쌀한 홍차의 아릿한 향기에 얼마쯤 마음을 가라앉혀 보려 하였으나 그 힘의 차이는 너무나 현격한 인닝(inning)을 내어건다.

- 『동아일보』 1936년 4월 18일 -

[그림 64] 홍차 광고 경성일보, 1939년 7월 14일

...(상략)...다방 성원으로 갔다. 코코아와 커피를 청해놓고 나서 "정혜, 사랑하는 사람이 있는 거지?" 하고 신철수는 불쑥 이렇게 물었다.
"왜 그러세요?" 정혜가 되물었다.
"나와 정혜 사이에는 그런 것을 알 필요가 있지 않을까?" 신철수는 역시 노기를 띤 얼굴이다. ...(하략)...

- 『동아일보』 1949년 11월 25일 -

[그림 65] 1940년대 코코아 광고

카페(cafe)

일본 최초의 카페라 할 수 있는 '프렝탕(Printemps)'은 마츠야마 쇼조(松山正造)에 의해 설립되었는데, 사람의 만남과 대화의 공간으로 시작되었으며 이곳엔 당시 예술가와 작가, 배우, 비평가, 정치가들이 모여들었다. 그들은 술과 커피를 마시고, 서양 음식을 먹으면서 서구의 체험에 대한 향수를 느끼거나 색다른 경험에 흥미를 가졌다.[138]

유럽에서 카페가 간단한 식사와 더불어 커피나 차를 제공하는 곳이었던 것과는 달리 1920년~1930년대 경성의 카페는 기본적으로 술을 파는 곳이었

---

(138) 우정권.「30년대 경성과 동경의 '카페' 유흥문화 비교 연구」.『한국현대문학연구 제26집』. 한국현대문학회. 2008. p342

다. 사실상, 유럽의 카페가 하던 역할을 우리나라에서는 다방이 대신하였는데, 이처럼 카페가 서양식 술집으로 변모한 것은 일본의 영향이 컸던 것으로 보인다.[139]

1934년 경무국 제정 「카페 영업취체내규표준(營業取締內規標準)」 1조에 따르면 "카페영업이라는 것은 그 명칭의 여하를 불문하고, 영업소에 서양식의 장식 설비를 하고, 여급의 접대에 의해 음식물을 제공하는 영업이다."라고 정의하고 있었으며 동 규정 4조 1항 부칙에는 카페 여급을 "객석에서 시중을 들고 계속적 접대를 하는 부녀이다."라고 규정하고 있었다.

[그림 66] 1930년대 도쿠시마(悳島) 카페 노구치의 풍경, 출처-帰らざるふるさと德島

총독부의 경무총감부에서 발행한 관보인 『경무휘보(警務彙報)』의 「카페업자와 그 취체(カフェー業者と其の取締)」(1931)에 따르면 우리나라 카페의 시초는 1911년 은좌(銀座)의 남대문통 3정목에 개업한 '타이거(タイガ)'라는 카페였다. 이 카페에 대해서는 『경성일보』 1915년 9월 11일 광고에서 확인되는데 주요품목으로 맥주를 선전하고 있다. 한편 1911년 8월 문을 연 '라

---

(139) 장유정 『다방과 카페 모던보이의 아지트』. 살림. 2012. p15

이온'은 시중을 드는 여자 종업원을 채용하여 고객을 끌어들인 최초의 카페였다.[140]

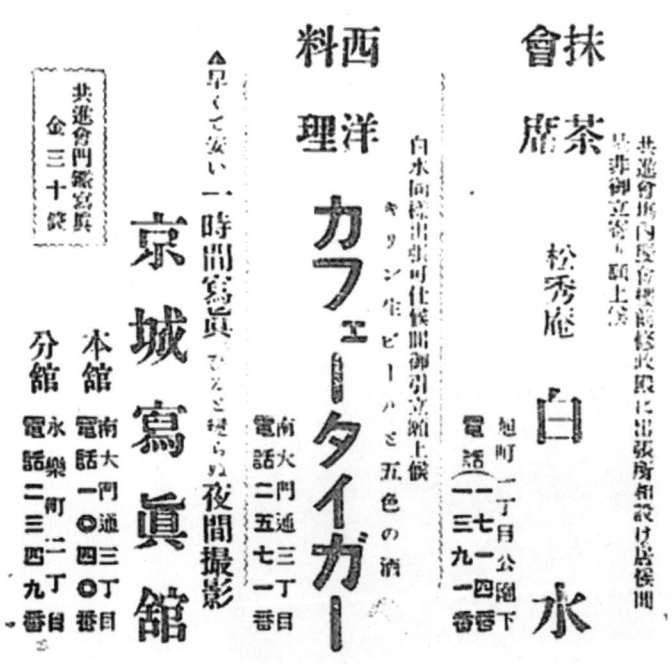

[그림 67] 카페 '타이거' 광고 출처-『경성일보』1915년 9월 11일

그러나 이러한 기록보다 일찍 카페의 형태를 갖춘 곳이 바로 구보타 킨지로(久保田金次郎)라는 일본인이 개설한 청목당(靑木堂)이었다. 『대경성도시대관(大京城都市大觀)』(조선신문사, 1937)에 따르면 이 청목당의 본사는 '도쿄'에 있고 그 사장은 구보타 토시미(久保田敏三)이며 구보타 킨지로는 그의 동생이라 소개하고 있다.

청목당 경성지점은 1층에는 양주 팔고 2층에는 차와 식사를 겸할 수 있는 구조로 이루어져 있어서 당시 양식과 함께 커피를 마실 수 있는 곳이었다. 이

---

(140) 장유정 위의 글. p15

는 1914년 조선호텔이 개관되기 전까지는 최고급 식당이자 카페로 장안의 명물이었다고 한다.[141]

일각에서는 청목당이 1914년 개설되었다고 하는데 이는 『매일신보』 1914년 6월 11일 기사 속 건물을 새로 지었다는 내용 때문이다. 하지만 이미 『경성일보』 1907년 12월 19일 광고에 이미 청목당이 확인된 것을 보면 청목당이 개설된 건 그보다 훨씬 이전이었을 것이다.

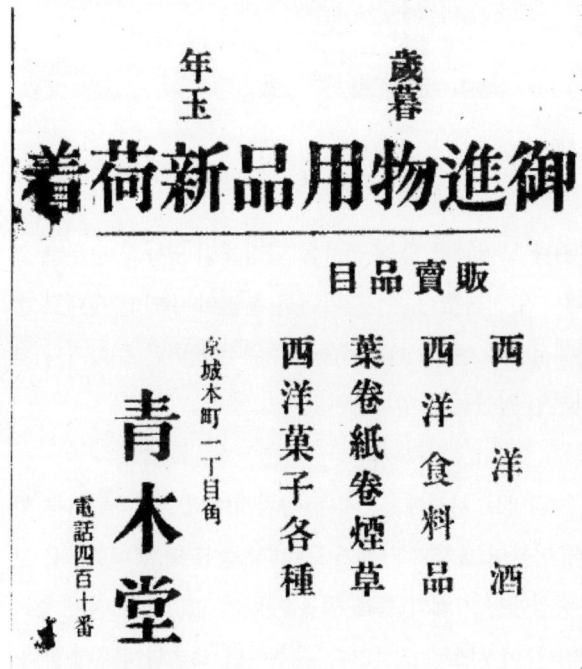

[그림 68] 청목당 광고 출처-경성일보, 1907년 12월 19일

더구나 1914년 위 기사에는 주인인 구보타가 이미 경성에 와 있었음을 명시하고 있음을 볼 때 '새로 지었다.'는 것은 곧 일종의 재건축을 의미한다. 이

---

(141) 강찬호,『관광연구제28권』「문헌을 통해 본 우리나라 커피의 역사」.2013. p217

처럼 본사와 지점 형태로 운영될 만큼 사업의 규모가 컸던 청목당은 이후 이리 등 전국 각지에 지점을 두고 운영되었다.

[그림 69] 청목당 외부와 내부모습 출처-『대경성사진첩』(1937)

이후 점차 명하(明河)나 모리낭아 등 일본풍의 다방들이 명동과 충무로 그리고 종로 일대에 생겨나기 시작했다. 이 시기는 일본인이 주인인 시대로 손님들 역시 동경(東京)에서 새로운 사상과 풍습을 배워서 돌아온 문학가나 화가, 그 밖에 소수의 일본인 청년들이 대부분이었다.[142]

1929년 10월 4일 중외일보 기사에는 "시내 명치정에 있는 '마루비루 카페'는 서양식 목로술집"이라며 초창기 카페가 '서양식 술집'의 형태였음을 보여준다. 1918년까지 경성에는 카페가 불과 일곱 개밖엔 없었으나 점차 증가하기 시작했으며 1930년 이후에는 조선인이 거주하던 북촌까지 진출한다. 동아일보 1932년 5월 5일 기사에 의하면 북촌에 있던 17개의 카페 중에서 5곳은 한국인이 운영했으며 나머지 12곳은 일본인이 경영하였다고 한다.

남촌의 대표적인 카페로는 1914년에 남대문로에 개업한 '후지(富士)',

---

(142) 강준만, 오두진.『고종 스타벅스에 가다.』.인물과 사상사.2005.p31

1921년에는 을지로 입구에 문을 연 '은송정(銀松亭)', 명동의 '마루비루(丸ビール)', 을지로 2가(당시 황금정 2정목)의 '릴리', 저동 2가(당시 영락정 2정목)의 '스즈랑', 1930년 충무로(당시 본정)에서 문을 연 '긴자(銀座)'와 '백엽(白蝶)'이 있다. 1937년 당시 기록에 의하면, '백엽'의 여급수가 28명이었다고 하니 가히 그 규모가 어느 정도였는지를 짐작할 수 있다.

[그림 70] 남촌의 대표적인 카페 바론의 외관 출처-『대경성사진첩』(1937)

북촌의 대표적인 카페로는 지금의 종로 2가에 개업한 '엔젤'을 들 수 있다. 『별건곤』 1932년 11월호 기사에 따르면, '엔젤'의 운영자는 이른바 양반댁인 동일은행 민대식의 일본인 며느리였다고 한다.

1931년에는 관철동에 '왕관(王冠)'이 문을 열었으며, 그 외에 종로의 '목단(牧丹)', 관철동 220번지의 '종로회관', 종로의 '평화', 관철동 262번지의 '올림픽', 종로 4가의 '신세계'와 '향락(香樂)', 종로 2가의 '백령', 공평동 73

번지의 '평안(平安)', 18번지의 '애월(愛月)' 등도 북촌에 자리를 잡았다.[143]

[그림 71] 북촌의 대표적인 카페 엔젤과 왕관의 외관 출처-『대경성사진첩』(1937)

당대 가장 유명했던 카페 중 하나는 바로 종로(鍾路) 2정목 262번지에 자리 잡고 있었던 '낙원회관'이었다. 특히 낙원회관은 우미관 근처에 위치해 배우들이 자주 이용했던 곳으로도 유명한데 2층의 벽돌로 만들어진 디자인으로 한 계층의 규모가 47평에 달할 정도로 꽤 큰 건물이었다.

카페! 카페는 술과 계집, 그리고 엽기가 잠재하여 있는 곳이다.
붉은 등불, 파란 등불 밝지 못한 샨데리아 아래에 발자취 소리와 옷자락이 부비지는 소리, 담배 연기, 술의 냄새 요란하게 흐르는 재즈에 맞춰서 춤추는 젊은 남자와 여자 파득파득 떠는 웃음소리와 흥분된 얼굴! 그들은 인생의 괴롬과 쓰라림을 모조리 잊어버린 듯이 즐겁게 뛰논다.
...(중략)

---

(143) 장유정, 위의 글. 카페, 서양식 술집의 성쇠(盛衰)

낙원

하로의 밤이 시작되었다. 우미관 뒷골목 커다랗게 서있는 근대형의 건물 안에는 오늘도 폭스 트로트에 발맞추는 남자—여자 위스키—담비, 실과, 케이크, 찌는 듯한 여자의 압박 귀염, 질투, 그리고 노래, 또 노래 수십 명의 웨이트리스들은 언제나 마찬가지로 힘껏 재주껏 몸맵시를 꾸몄다.

분을 진하게 바르고 눈썹을 까맣게 그리고 연지를 찍었다. 그것이 그들의 생활이며 그들의 최고의 무기다.

- 「삼천리」 제4권 9호.
「인텔리-여급 애사 여자고보 마치고 어째 여급 되었노?」(1932)

경성제대 학생들도 선술집을 거쳐 으레 최종 목표지가 낙원회관이었다고 할 정도이며 낙원회관에는 전속 밴드와 전속 가수까지 있었다고 전해진다.

[그림 72] 낙원회관의 외관 출처-『조선과 건축』

한편 1929년 8월 말 기준 당시 전국에 영업 중인 카페는 모두 6,187점(店)이 존재했으며 그 카페에 고용되어 있던 여급이 13,849명에 달했다.(『경성일보』 1930년 1월 3일) 그런데 이러한 카페들이 단순히 커피 영업만을 하는 것이 아니라 풍기문란을 일으키는 등 여러 가지 사회적인 문제를 야기시켰다.

최근에 와서 「카페-」가 너무 많이 생기여 『에로 서비쓰』 때문에 이곳저곳에서 풍기상 좋지 못한 문제가 속출하는 고로 당국에서 여러 가지로 고심 연구한 결과 안출해 낸 것이 『공설(公設)카페-』이다. 이리하야 마치 경찰서나 군청의 간판같이 무시무시한 『공설(公設) 한양(漢陽)카페-』의 간판이 서울에서도 제일 복잡한 종로 네거리 한 모퉁이에 당당히 걸리게 되었다. 이 기발한 안출에 눈이 둥그러진 카페-광 세 사람이 제일착으로 이 『카페-』에 발을 들여놓았다.

- 『별건곤』 제60호 「만담(漫談) 공설(公設) 카페 출현(出現)(1933) -

이렇듯 당시 카페들이 에로-서비스로 인해 파생되는 이러한 폐해를 막고자 '공설카페' 설치를 비롯하여 부스의 일방은 광장(廣場)에서 보이도록 개방하라는 조치를 취했으나 (『동아일보』 1931년 9월 24일 「카페 단속」) 이와 같은 조치 이후에도 문제점이 개선되지 않았다.[144]

---

(144)   강찬호, 위의 글, p19~20

4장 모던시대와 커피

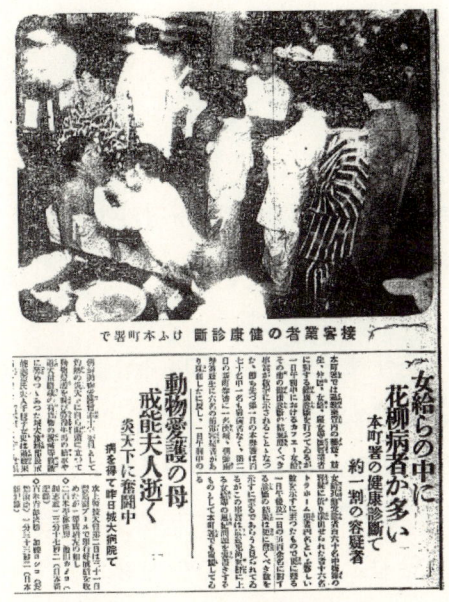

[그림 73] 카페 여급들의 건강진단. 출처-경성일보, 1930년 09월 02일

이후 야간거리 정화를 위해 종로 일대 카페들을 정리할 것이라는 명령이 내려지기도 하였고(『경성일보』 1936년 7월 8일) 1939년 제정된 '유흥음식세령(遊興飮食稅令)'에 따라 카페도 유흥 음식세를 부담하게 되었다. 이에 따라 카페는 커다란 타격을 받게 되면서 결국 1940년대 이후 점차 사라지게 된다.[145]

---

(145) 장유정, 위의 글. p24

모던시대 여급

　서양식 장식을 설비하고, 여급들의 접대가 카페영업으로 규정되어 있을 만큼 카페와 여급은 떼려야 뗄 수 없는 관계였다.

　여급들은 기모노나 양장을 입고 서구식 재즈 노래를 들으며 손님들과 술을 마셨다. 이러한 당대 여급의 모습은 외형적으로는 서구식 치장을 하고 일정 정도의 지식과 사교술을 바탕으로 한 '모던 걸'의 이미지를 상품화하였던 것으로 사회주의 지식인들은 이를 두고 '물질주의와 아메리카니즘에 중독되어 허영과 사치를 일삼는 유녀로서의 모던 걸', '성적으로 문란한 불량소녀', '탕자(蕩子)', '못된 걸로서의 모던 걸'이라 비판하였다.[146]

　그러나 "경영주와 계약을 통해 자발적으로 여급이 되었다는 점에서 권번조직의 관리를 받던 기생이나 유곽의 창기와는 다른 형태의 직업인"[147]이었다는 점에서 그 의미를 찾아볼 수도 있을 것이다.

　도쿄의 카페 여급들은 대개 가난한 농촌 지방 출신이 많았고 교육을 거의 받지 못한 반면 경성 카페 여급들은 도시 출신이 많았고, 여배우 출신이거나 보통학교 이상의 졸업생들이 대부분이었다.

　이것은 우리의 카페 문화가 일본과는 달리 도시 문화가 낳은 유흥문화임을 보여준다. 또한, 도쿄 카페 여급들의 수입은 대략 중산층 수입보다 더 많이 벌었다고 하나 경성 카페 여급들 대부분 풍족하지 않았다. 다만 배우 출신

---

(146)　서지영, 「식민지 시대 카페 여급 연구-여급잡지 聲을 중심으로」, 『한국 여성학 19권 3호』, 한국여성학회, 2003, p73
(147)　서지영, 위의 글, p73

여급이나 인기 있는 여급들은 상당한 재산을 모으기도 했으며 카페들은 이런 인기 있는 여급들을 영입하려 들기도 하였다.

더불어 당대 잡지나 신문에서는 여급과 남성고객(학생, 샐러리맨, 지식인 등)과의 연애 이야기들을 가십거리로 자주 다루었다. 그리고 소설에서도 카페 안 연애 이야기가 주된 제재로 등장했다.

카페 여급이 자신의 신분을 속이고 회사원과 사랑을 하여 결혼을 하려고 하였는데, 결국 회사원에게 자신의 신분이 드러나 파혼을 당하기도 심지어 가족의 반대로 동반자살 했던 경우, 사랑하는 남자 결혼해 주지 않자 비관하여 자살한 사건도 일어났다.[148]

한편 다방의 등장 이후 이곳의 여급을 대하는 태도는 카페의 여급과는 달랐다. 박태원의 「방랑장 주인」에는 '미사에'라는 다방 여급이 등장한다. 그런데 이 여인은 「성탄제」에 등장하는 '술과 담배 연기 속에서 남자에게 수작 부리는' 카페 여급과는 달리 별로 총명하지도 예쁘지도 않지만 착실하고 믿음직스러운 인물로 묘사된다. 또한, 이효석의 「성찬」에서는 위층의 바(Bar)에서 일하는 보배와 끽다부(喫茶部)에서 일하는 '민자'를 매우 다르게 묘사하고 있는데[149] 거울 속 민자의 아름다운 얼굴에 대해 가벼운 질투와 안타까운 초조와 신선한 야욕을 느끼는 보배는 하루에도 수십 차례 화장을 고치며 결혼 때까지 순결을 지키려는 민자의 공상과 꿈이 애잔하면서도 둘의 관계를 짓이겨보려 그녀의 애인인 준보를 유혹하는 존재로 그리고 있다.

---

(148) 우정권, 사노마사토. 「30년대 경성과 동경의 유흥문화에 대한 비교 연구」. 『한국현대문학회 학술발표회자료집』 2008. p110-112
(149) 장유정, 위의 글, p53~54

[그림 74] 카페 긴자의 여급 모습 출처-『대경성사진첩』(1937)

끽다점(喫茶店)

끽다점(喫茶店)은 '차를 마시는 가게'라는 뜻의 일본식 용어이다.

끽다(喫茶 (きっさ)란 '차(茶)를 마시다(喫)'란 뜻으로 원래 가마쿠라 시대(鎌倉時代:1185~1333) 중 미나모토노 사네토모의 시대(源実朝の時代:1192~1219)에 중국에서 전래 된, 차를 마시는 절차나 즐기는 방법 등을 가리키는 말이었다.

이 시기 묘안 에사이(明菴栄西:1141~1215)가 저술한 「끽다양생기(喫茶養生記)」는 제다법(製茶法)에 대하여 기록하고 있는데 이는 중국 송(宋)나라 시대에 만들어졌던 쪄서 만드는 가루차로서 오늘날 고급 가루차의 원형이라고 할 수 있다. 이 방법은 우선 차를 분쇄하고 물을 붓고 다선(茶筅:가루차를 끓일 때 차를 저어서 거품을 일게 하는 도구)으로 거품을 일으켜 마시던 것이다. 그러나 현재는 차에 한정하지 않고, 홍차나 커피도 포함될 뿐만 아니라 과일주스나 청량음료 그리고 그것들과 더불어 과자를 먹는 개념까지 확대되어 쓰이는 등 끽다(喫茶)란 개념은 꽤 폭넓은 의미로 쓰이고 있다.

한편 끽다점은 흔히 줄여 다점(茶店)이라고 불리는데 프랑스의 카페를 의식한 점포 등을 중심으로 '카페'라고 불리는 일도 많아졌다. 또한, 영어식의 영향으로 커피를 주력 상품으로 하는 곳은 '커피숍', 홍차를 주력 상품으로 하는 경우는 '티-하우스', '티-룸'등이라고도 불린다. 그리고 중국의 차를 내는 가게의 경우 '다관(茶館)' 등의 이름이 붙기도 했다.

근래엔 '끽다점'이라는 말을 굳이 쓸 경우 프랑스의 카페나 미국의 커피숍, 중국식 '다관'과는 조금 다른 근대 일본의 스타일 것이라는 의미를 담고 있다고 해석될 수 있다.

현재 일본의 식품위생법 시행령 제35조(食品衛生法 施行令 第35)는 끽다점(喫茶店)을 "살롱의 기타 설비를 갖춘 곳에서는 주류 이외의 음식물 또는 다과를 손님에게 제공하는 영입을 가리킨다."라고 정의하며 '끽다점'을 다과를 제공하는 곳으로 정의하고 있다.

일본에서 끽다점의 역사는 일본의 서예가이자 화가인 시모오카 렌죠(下岡蓮杖:1823~1914)가 센소지(浅草寺) 경내에 개설한 「유회다옥(油絵茶屋)」(1876)으로부터 시작되었다고 본다. 본격적인 끽다점의 형태를 처음 가진 것은 1888년에 개점한 '가부다관(可否茶館)'이었다. 또한 끽다(喫茶)라는 명칭이 붙은 커피점은 1893년 아자부(麻布)에 있었던 '풍월당 끽다실(風月堂 喫茶室)'이었다.[150]

---

(150) 일본 위키백과(https://ja.wikipedia.org/wiki)「喫茶店」

4장 모던시대와 커피

우리나라의 경우 『황성신문』 1908년 10월 25일 기사 「대한의원낙성식(大韓醫院落成式) 물품 기증업체 명단」에 끽다점(喫茶店) 오자와 신타로(小澤愼太郎)가 있는 것으로 보아 우리나라 최초의 끽다점(喫茶店)은 1908년 10월 전후 '오자와 신타로(小澤愼太浪)'란 사람에 의해 개업한 것으로 추측된다.

[그림 75] 대한의원낙성식 물품기증건. 출처- 황성신문 1908년 10월 25일

이후 『황성신문』 1909년 11월 3일 남대문정거장에는 그달 1일부터 끽다점을 개설되었는데 조선중앙경제회가 편찬한 『경성시민명감(京城市民名鑑)』(1922)에 따르면 이 끽다점에 음식을 납품하던 사람은 '마츠이 카이치로(松井嘉一郞)'란 인물로 그는 조선호텔에도 음식을 납품하였다.

[그림 76] 남대문역 끽다점. 출처-조선철도여행안내(1915)

『동아일보』 1929년 3월 25일 광고엔 본정(本町)에 존재한 끽다점(喫茶店) 금강산(金剛山)이 확인되고, 같은 신문 1931년 7월 7일에는 조치원에 있다가 화재로 전소된 소화당(昭和堂)이라는 끽다점(喫茶店)이 있었음을 알 수 있다.

경성도 대도시라고 여러 가지가 도시적 요소를 준비 중 끽다점이 늘어가는 것이 기현상이다.

...(중략)...

차를 마시러가는 사람으로 말하면 차를 마시러만 가는 것은 물론 아니다. 역시 사교실이고 또 휴식실이다. 그런 만큼 다실의 실내장식, 레코-드 선택, 서비스, 환기장치 등에 주의해야 할 것이다. 흔히 다실에는 휴식실이니 만큼 누구나 연초를 먹게 됨으로 방안은 어느 때 보면 담배 연기로 방이 자욱하고 답답하여서 기분이 막히는 때가 있다. 그러므로 무엇보다도 환기장치를 특별히 주의하야 끽다객의 위생에 착안하여줌이 좋겠고 레-코드도 할 수 있는대로는 너무 비천한 유행가보다도 각 곡을 구비케 할 것이며 실내는 과히 시끄럽지 않게 하는 것도 역시 좋을 것이다. 일시에 기분전환을 꾀하는 현대아들의 기분을 잘 조화시키는 것도 현대의 차(茶)업자들의 일 일듯하다.

- 『개벽』 제3호 「다방잡화(茶房雜話)」 (1935) -

사실 다방(茶房)이나 티-룸(Tea Room)의 동의어로 쓰였기 때문에 이들 단어와 혼용되어 사용되는 경우가 많았다. 예컨대, 1933년 11월 19일 『동아일보』 기사에는 화가 구본웅의 개인전이 다방(茶房) '본아미'에서 열린다는 기사가 실렸는데, 『삼천리』 제6권 제5호 끽다점 평판기(喫茶店 評判記)의 기사에서는 끽다점으로 소개하였다.

[그림 77] 끽다점 금강산 상품권, 출처 –스마트K

커피 하우스와 음악

일찍이 바흐는 곡을 쓸 때 항상 커피를 옆에 두었으며 '커피 칸타타(coffee cantata)'를 작곡할 정도였다. 그리고 그는 그 곡을 라이프치히의 커피 하우스에서 처음으로 선보였다고 한다. 또한, 평생 홀로 살았던 브람스 역시 "아무도 나처럼 커피를 진하게 만들 수는 없다."며 평생을 커피와 함께 했고, 커피 한 잔과 함께 연주를 즐겼던 모차르트는 오스트리아의 커피 하우스들 곳곳에 자신의 흔적을 남겼다.

이렇듯 커피 하우스와 음악은 밀접한 관계라 할 수 있다.

한국의 모던시대 커피 하우스에서도 음악들이 흘러나왔다.

"다방 '낙랑'안 그 구석진 테이블에 앉아 있었다. 두 가닥 커튼이 나의 눈에서 그 살풍경 광고들을 가리워주고 있었다. 이곳 주인이 나를 위하여 걸어 준 엔리코 카루소의 엘리지가 이 안의 고요한, 너무나 고요한 공기를 가만히 흔들어 놓았다."

- 박태원의 『피로』 中 -

엔리코 카루소(Enrico Caruso:1873~1921)는 이탈리아의 테너 성악가로 푸치니, 조르다노 등 당대 유명한 작곡가들의 오페라에 출연하면서 명성을 쌓았는데 음반으로 녹음된 최초의 성악가이기도 했다. 이렇듯 '낙랑'에서 엔리코 카루소의 음악을 들으며 박태원은 자신의 작품을 써 내려갔다.

「삼천리」 1936년 10월호에는 당대 유명한 다방이었던 '낙랑'과 '모나리자' 그리고 '비너스'의 마담들을 인터뷰한 내용이 실렸는데 여기엔 각 다방에서 틀어주던 음악들에 대한 이야기도 포함되어 있었다. 이에 따르면 엔리코 카루소의 음악 이외에도 '낙랑'에는 요시에(藤原義江: 일본의 오페라 가수.

테너), 후지와라 등 일본 음악을 비롯해 스코틀랜드와 스페인의 무용곡들도 흘러나왔다.

'모나리자'엔 재즈와 미국에서 흘러든 음반들이 비치되어 있었으나 조선의 음악은 놓아두지 않는다고 언급하고 있다.

'비너스'도 재즈와 같은 경쾌하고 변화가 많은 음악들을 틀었으나 '모나리자'와는 달리 조선 유행가도 많이 흘러나왔고, 승태랑(勝太郞: 일본의 유명한 신민요 가수였던 가츠타로)나 시환(市丸: 이치마루)과 같은 일본 음악도 흘러나왔다.

[그림 78] 영화 '반도의 봄' 중 음악이 연주되는 커피 하우스 풍경

또한, 주요섭이 『조광』 1936년 10월호에 발표한 「아네모네의 마담」은 다방 '아네모네'의 마담이 주인공으로 남녀 간의 수줍은 사랑을 주제로 하고 있는데 이 소설 속에는 '슈베르트'의 미완성교향곡을 신청하는 대학생 그리고 재즈 등 다방이 음악의 공간으로 형성되어 있음을 잘 보여주고 있다.

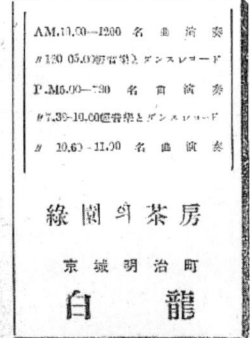

[그림 79]

1. 끽다와 음악의 다방 미모사 광고 출처 - 청색지 3호 (1938)
2. 음악 시간표가 함께 등장한 다방 백룡 광고 출처-청색지3호
3. 화신백화점 악기부 특별광고 출처-국립한글박물관
4. 콜롬비아 레코드 음반 출처-국립국악원

다방(茶房)

1920년대 후반 경성은 직선 격자형의 도로구조를 갖추었다. 도로가 정비되면서 버스가 운행되고 전차도 증가하여 경성의 교통상황은 상당히 복잡해졌다. 이러한 도로구조는 남촌에 집중되어, 경성은 청계천을 기준으로 일본인의 남촌과 조선인의 북촌으로 구분되었다. 이후 조선총독부와 경성부청 건물이 1926년에 준공되자 정치의 중심이 북촌 지역으로 옮겨 가고, 남북 간선도로의 신설과 교통시설의 발달은 남북을 가깝게 묶어주었다.

그렇게 시간이 흐름에 따라 일본인의 세력은 점차 북촌으로 확대되었다. 1930년대에 들어서면서 경성은 곳곳에 '진고개'가 형성되었고[151] 초기 명동

---

(151) 남경화.『일제하 지식인 소설을 활용한 생활사 수업』. 한국교원대학교 교육대학원 석사논문. 2009. p14~15

(명치정)과 진고개(혼마치)를 중심으로 카페 하우스는 점차 충무로와 종로 일대로 확장되어 갔다.

다방이 서구(西歐) 또는 북미인(北美人)의 손에 열렸다. 거리의 다방 출현은 현대인의 두뇌를 얼마쯤 안정(安靜)하게 하고 여유를 갖게 하였다. (중략) 진실로 조선 사람도 차를 마심으로써 육감적인 카페를 퇴치하고 가장 동방인의 이상(理想) 속에 있는 전아(典雅)한 정조(情操)를 기를 수 있는 것이다.

- 『동아일보』 1935년 6월 30일 -

경성은 다른 근대 도시가 그러했던 것처럼 새로운 기술이 눈앞에서 마술을 부리는 마법의 장소였다. 사진기, 라디오, 유성기, 기차, 전차와 같은 근대를 상징하는 기계의 홍수 속에서 자신의 내면을 발견한 개인들이 우울과 몽상 속에서 근대의 충격을 온몸으로 견뎌내기도 했다.

근대 도시들은 많은 것들을 꿈과 환상이라는 외피를 입혀 그 공간에 이식시켰다. 커피 하우스 역시 도시인들의 불안과 꿈과 욕망을 표출하는 환상의 장소로 환각과 환몽과 같은 '판타스마고리아(pantasmagoria)'[152]의 경험을 할 수 있는 도시의 공간이었다.[153] 그런데 위 기사는 카페와 다방을 비교하며 카페를 육감적인 공간으로 보고 있으며 다방을 좀 더 긍정적으로 기술하고 있다.

여기서 주목할 점은 다방을 고전적으로 말하는 대목이다. 당시에는 근대 문명의 상징이었고, 각양각색의 이국적 취향을 맛볼 수 있는 곳이었지만 위의 글에서 강조하고 싶었던 것은 카페에서 술을 마시는 것과 달리 다방에서

---

(152) 판타스마고리아(pantasmagoria)란 본래 꿈·환영·공상 따위를 이르는 말로 주마등처럼 변이하는 쾌락적인 소비 공간을 일컫는다. - 이상문학회.『이상소설작품론』. 역락. 2007. p51
(153) 장유정. 위의 글. p81~82

4장 모던시대와 커피

차를 마시면서 정신적인 안정과 여유를 찾을 수 있다는 점일 것이다.[154]

차를 마시는 공간으로서의 다방(茶房)은 사실 꽤 오래된 유래를 지니고 있다. 차 문화는 이미 고조선 시대에 형성된 것으로 추정되며, '다방'이라는 용어는 고려 시대에 처음 등장한 것으로 다사(茶事)와 주과(酒果)등의 나랏일을 주관하는 관사(官司)가 바로 다방이었으며 시중에는 차를 파는 다점(茶店)이 존재하기도 하였다.

"다점(茶店)이나 주점(酒店)등 여러 상점에서 물건을 사고팔 때 그전대로 돈(錢)을 사용하는 백성들 외에 사사로이 돈이 아닌 토산품으로도 돈 대신 물건을 매매하게 하라는 교지를 내렸다."

- 『고려사절요』제2권, 목종 5년(1002년) 7월 -

이렇듯 다방은 본래 차를 파는 곳이지만 차의 범주 속에 커피를 포함하여 순수하게 음료를 파는 공간을 가리킨다. 그러므로 예술가들의 아지트로서 역할을 담당했던 공간은 엄밀히 말하자면 이 다방이라는 공간에 속한다.

우리나라 근대적 다방의 효시는 후다미(二見)이다. 명동에 처음 생긴 다방이었던 후다미를 근대적 다방의 효시로 보는 이유는 식당과 겸업이 아닌 커피를 파는 것을 전업(專業)으로 하였기 때문이다.[155] 『경성일보』 1927년 8월 21일 광고에 따르면 후다미를 티-룸이라고 명기하고 있다. 한편 지금까지 후다미의 개업년도가 1923년으로 알려져 있으나[156] 동 광고에서 개점 1주년라고 명기하고 있으므로 1926년에 개업한 것으로 추측된다.

---

(154) 장유정. 위의 글. p16~17
(155) 강준만, 오두진. 위의 글. p30
(156) 이경재, 『한양이야기』.가람기획.2003.p375

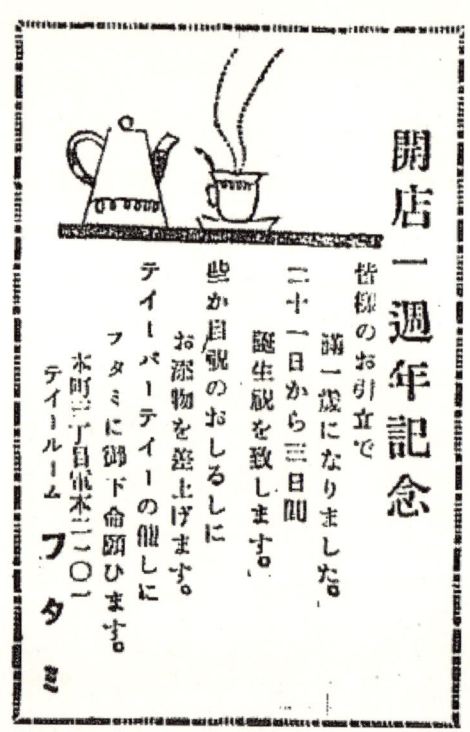

[그림 80] 후다미 1주년 광고. 출처- 경성일보, 1927년 8월 21일

1927년 종로 관훈동 입구 3층 벽돌집 1층에 '카카듀'[157]라는 다방이 문을 열게 되면서 일부 특권계층이나 유한계급 사람들만으로 출입이 국한되던 시대에서 벗어나 커피 하우스가 예술가들의 삶 속으로 파고들기 시작했다.

『조선일보』1940년 2월 14일 기사는 "안국동 네거리를 나가려면 못 미쳐 이 길에 처음 생긴 양옥집(옛날 이성용(李星鎔)씨 병원 밑층)에 '카카듀'라는 찻집(茶房)이 생겼으니, 이것이 서울의 원조요 찻집의 야릇한 풍속의 시초다."라고 하여 '카카듀'가 우리나라 최초의 다방임을 증언하고 있다.

참고로 1927년 04월 30일 『동아일보』에는 '이성용(李星鎔) 의원(醫院)'

---

(157) 카카듀는 프랑스 혁명 때 경찰의 눈을 피해 모이는 비밀아지트인 술집 이름의 하나였다. - 강준만, 오두진. 위의 글. p34

광고가 실려 있는데 그 주소가 '경성부 관훈동(寬勳洞) 146번지'로 명기되어 있다.

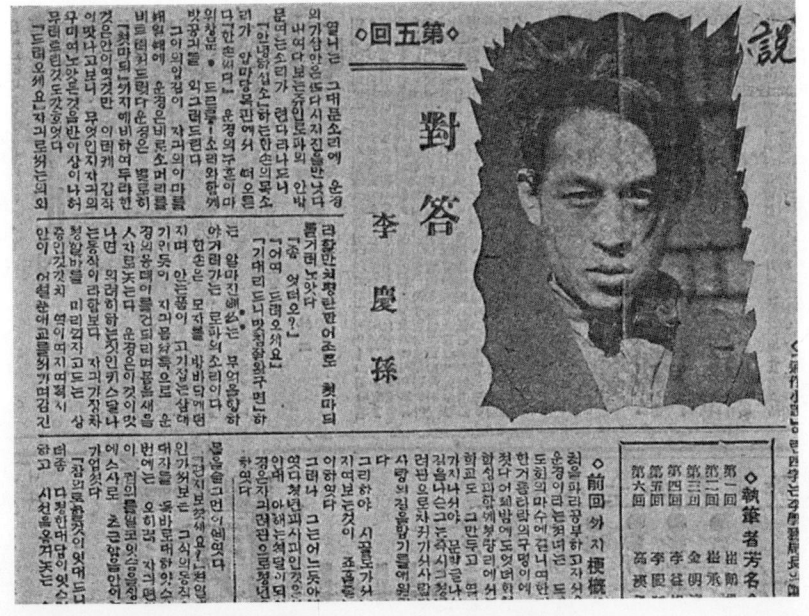

[그림 81] 이경손 사진. 출처- 매일신보 1926년 12월 12일

'카카듀'는 이색적인 이름만큼이나 인테리어 또한 독특했다. 커피포대인 마포를 벽에 붙인 뒤 그 위에다 가면을 걸어놓고, 촛불을 켜고, 간판에는 붉은 칠을 한 바가지 세 쪽을 달아놓았기 때문에 매우 이채로웠다.[158] '하와이'에서 왔다는 '미스 현'의 존재 역시 강렬했다. "노랗고 붉은빛이 나풀거리는 머리에 붕어처럼 큰 눈"을 한 이색적인 그녀는 뭇 남성들의 시선을 끌기 충분하였다.

이경손은 그런 그녀를 보며 "호놀룰루의 달이여 야자수 숲사이로 들려오는 북소리를 듣는가. 바다의 물결은 고요히 흔들리고 기타 소리에 젊은 사람들의 노래는 드높아 가는데 이 밤 집에서 잘 사람이 있는가? 언제나 한결같은

---

(158) 이봉구, 『세대(世代)』 제2권 통권11호 「한국 최초의 다방 카카듀에서 에리자까지」. 1964

더위지만 이 밤은 왜 이다지 시원하냐 사랑하는 사람을 위하여 춤을 추고 늙은이는 젊은이를 위하여 그들의 노래에 손벽장단을 치고 '미쓰·현(玄)아, 네 눈은 호놀룰루의 밤이다.'라는 시"를 남기기도 하였다.[159]

무엇보다 '카카듀'가 우리 커피 역사에 커다란 발자취를 남겼다고 말할 수 있는 건 다방이라는 공간에 유럽식의 살롱 문화를 실현코자 시도한 첫 커피 하우스였다는 점이다.

외국문학회(外國文學會)의 두옹추억좌담(杜翁追憶坐談)
십일(十日) 『카카듀』에서

지난 십일은 '톨스토이' 탄생 백년제이므로 '외국문학연구회(外國文學硏究會)' 동인들은 10일 밤에 관훈동 '카카듀'에 모여 간담회를 열고 '톨스토이'를 추억하는 좌담회를 열었다더라.

-『동아일보』 1928년 09월 13일

이처럼 이경손은 1928년 '카카듀'의 개업 기념으로 예술 포스터 전람회를 개최 하였고,(『동아일보』 1928년 9월 5일) 톨스토이 탄생 100주년을 기념하여 외국문학회의 좌담회가 열리기도(『동아일보』 1928년 9월 13일) 하는 등 문화적 욕구를 카카듀에서 실천해 보였다. 그러나 손수 커피를 끓이고 내가며 의욕을 불살랐던 이경손의 노력은 불과 몇 달을 못 버티지 못하고 끝이 나고 만다.[160]

이태준(李泰俊:1904~?)은 『별건곤』 제18호 「유행! 신년 대 유행!-희망하는 유행, 예상하는 유행」(1929)을 통해 경성에서 끽다점이 유행할 것임을 예

---

(159) 『조선일보』 1940년 2월 14일 「다방(茶房) '카카듀'에 나타난 '하와이'의 아가씨 미쓰 현(玄)」
(160) 이경재. 위의 글. p376

4장 모던시대와 커피

상하였는데[161] 이를 통해 그때까지 커피 하우스가 아직 활성화되지 못했음을 알 수 있다. 하지만 이태준의 예언처럼 '카카듀' 이후 점차 문화예술인들이 주도하는 다방들이 생겨나면서 다양한 문화적 공간으로서 역할을 담당하기 시작했다.

카카듀의 뒤를 이어 1928년 주목할만한 다방이 인사동에 생겼다. '비너스'였다. 비너스의 주인은 복혜숙(卜惠淑:1904~1982)으로 이화여전을 나와 일본 유학까지 다녀온 인텔리 신여성으로 영화배우였다. 『삼천리』 제8권 제12호(1936)에 나온 '끽다점(喫茶店) 연애풍경(戀愛風景)'의 마담 복혜숙의 인터뷰를 보면 복혜숙 자신이 여배우였던 만큼 심영, 서월영, 황철, 차홍녀, 지경순 등 당대 최고의 배우들뿐만 아니라 현진건 최상덕, 구본웅, 이상범, 여운형 등이 와서 커피와 차를 즐겼다고 한다.

[그림 82] 영화 '반도의 봄' 속 배우 복혜숙

---

(161) 아모리 무신경(無神經)한 상인(商人)들만 사는 종로(鐘路)라 하드라도 머지않아(불원:不遠)하야 끽다점(喫茶店)골목이 생길 것과 판백이 모던들은 물론이려니와 일반적으로도 끽다도락(喫茶道)이 유행(行)되리라고 생각한다. - 이태준, 「喫茶와 握手」, 별건곤, 1929.1. p102

'비너스'는 늘 극장과 음악회의 포스터가 걸려 있었고, 조선과 동아, 중앙 그리고 매일신보의 한국 신문뿐만 아니라 오사카의 마이니치 신문, 아사히 신문 등 일본신문까지 비치하였으며 잡지로는 삼천리(三千里), 조광(朝光), 여성(女性) 그리고 영화잡지 등을 놓아두기도 하였다.

'비너스'에 이어 1929년 11월에는 종로 2가에 '멕시코'가 문을 열었다. 이 다방의 주인은 일본미술학교 도안과를 나온 배우 김용규(김인규)와 심영(沈影:1910~1971)이었다. 그런데 멕시코 다방 개업에 인사들을 보면 참 화려하다. 의자와 테이블, 실내장치 등을 도운 사람은 화가 도상봉, 사진작가 이해선, 무대장치가 김정환과 구본웅 등 당대 동경 유학을 다녀온 이들이었다.

배우 여급(女給) 기생이 가장 많이 출입하기로 유명한 멕시코!
이 집은 덕흥서림(德興書林) 곁이오, 낙원회관(樂園會舘) 건너편에 있다. 벽의 장식에도 요전에는 최승희씨(崔承喜氏)의 나체 무용(舞踊)모양을 사진 박아 걸었고 「모나리자의 실종」, 「서반아의 광상곡」 등 몹시 선정적인 극장 포스터 등을 걸었다.
음악도 다른 데는 양곡(洋曲) 전문이나 여기는 일본 소리도 조선속요(朝鮮俗謠)도 새로 나오는 것이면 대개 무에든지 다 있다.
밤늦게 요리점에서 돌아오는 어여쁜 거리의 천사인 기생 아씨들이 흔히 몰래 만나는 로맨스 많은 곳으로 문을 열고 들어서면 감미(甘美)한 지분(脂粉)의 냄새가 코를 찌른다.
자극성이 많은 화려한 곳이라 할까.
 이곳의 소-다수는 5, 6월 삼복에 단연 마실 만하다.

- 『삼천리』 제6권 5호 「끽다점 평판기」(1934) -

[그림 83] 영화 '미몽' 속 배우 김용규(김인규)

멕시코는 카카듀가 종로에서 사라진 뒤 거의 유일한 종로 거리의 다방이었기 때문에 한동안 이광수, 변영호, 김석송(김형원), 안석영, 구본웅, 도상봉, 김정항, 김을한, 서월영, 홍종인 등 문사, 음악사, 배우, 신문기자 등 문화인이 모여드는 중심 공간이었다. 이렇듯 예술인들의 아지트였던 멕시코는 1930년대 중반에 오면 배우, 여급, 기생들이 많이 출입하는 곳으로 변하는데 그 이유는 멕시코의 맞은편에 카페 낙원회관이 들어서고 그 주위에 극장이나 명월관 같은 요릿집이 있었기 때문이다. 그곳에서 일하던 배우, 여급, 기생 등이 일을 마치고 자연스럽게 멕시코에 들러서 차를 마시면서 고단한 몸을 쉬곤 하였다. 예술인들이 주요 이용객이었던 만큼 실내장식도 그들에 맞게 꾸며졌다.[162]

멕시코 다방은 간판부터 특이했다. 희고 큰 간판에 <멕시코>라고 영자로 써놓고 간판 위에 큼지막한 물주전자를 매달아놓았다.
일본사람들 촌(村)에는 두세 개 다방이 있었으나 우리나라 사람들만의 다방은 <카카듀

---

(162) 문화콘텐츠닷컴 「멕시코」

>가 없어진 후 이것이 최초이고 보니 장안의 예술인 언론인들은 모두다 이곳으로 모여들었다. 광목에 염색을 해서 커튼을 만들고 벽은 헌 마대조각을 썼으며 빛깔은 까만 빨간 흰 것등 원색으로 미개인의 풍토를 연상케 했다.
...(중략)...
당대의 문인, 음악가, 배우, 신문기자들이 모여드는 곳이 바로 <멕시코>였고 이곳에서 그래도 서로의 정신을 가다듬고 식민지 백성의 울분과 설움을 풀었으며 비록 다방이나 민족정신을 지키고 살리는 사랑방이기도 했다.
"누가 자주 드나다는가" "무슨 이야기를 하던가"
일본경찰은 다방에까지 눈초리를 보냈고 무슨 일이고 민족을 위에서 싸우는 새로운 사조는 그 무렵 다방에서도 싹이 터 꽃피었다.

- 『세대』 2권 11호 「한국최초의 다방-카카듀에서 에리자까지」 (1964) -

[그림 84] 멕시코 전경 출처-스마트K

사실 본래 '멕시코'는 돈을 벌어 수익을 내겠다는 목적보다는 젊은 문화예술인들에게 자리를 마련해 주고자 하는 뜻으로 세워진 장소였다. 그래서 예술인들의 메모를 맡아 챙기는 종업원을 두기도 하였고, 2층에는 영화 및 연극배우들이 연습할 수 있는 공간을 제공해 주기도 하였다.[163]

멕시코는 우선 들어서면 방(房)이 장방형(長方形)이 특색이다. 실내장식으로는 영화 포스터 등이 걸려 있다. 처음에는 상당이 손님이 많아 보였는데 이것이 벌써 수년이 되어서 늙은 기분을 주는 것도 사실이다. 고객으로는 영화, 연극인이 주요한 것 같아도 보이는 때가 있다.

- 『개벽』 제3호 「다방잡화(茶房雜話)」 (1935) -

또한, 젊은 사람들이 모일 수 있는 장소를 제공하자는 주인의 취지에 따라 아침 11시부터 저녁 늦게까지 문을 열어두었다고 한다. 그 바람에 다방 경영을 그만두었던 1931년 8월 당시, 외상값만 무려 3,500원(자본금 1400원)이어서 손님들의 서명을 받은 전표가 구두 상자로 가득하였다고 한다.[164] 그리하여 결국 멕시코도 적자를 이기지 못하고 결국 1931년 8월에 폐업하게 된다. 이때 주목해 볼 대목은 '비너스'나 '멕시코'는 후에 모두 술을 팔았다는 사실이다. 즉 이 무렵까지는 다방으로서의 커피 하우스가 새로운 근대 공간으로 경성에 자리 잡기 위한 과도기적 시대였다고 볼 수 있다.[165]

이전과는 달리 본격적으로 수익을 내는 다방으로 기록되고 있는 곳이 바로 '낙랑파라'이다. 낙랑파라의 주인은 일본 도쿄미술학교 도안과를 졸업하고 돌아온 이순석(李順石:1905~1986)이었다. 그는 해방 후 서울대학교 미술대학 초창기 도안과 교수가 되어 한국 디자인계의 뿌리를 제공한 인물이다.

---

(163)　강준만. 오두진. 위의 글. p38~40
(164)　문화콘텐츠닷컴 「멕시코」
(165)　장유정. 위의 글. p10

1931년 동경미술학교를 졸업하고 귀국한 이순석은 동아일보사 강당에서 그의 첫 개인전이자 한국 최초의 공예디자인전시회를 개최했다. 이를 계기로 주목받게 된 이순석은 화신백화점에서 "광고나 선전미술 등을 담당하는 과장"으로 일하게 된다. 이후 이순석은 진열대와 진열창을 보강하고, 2층 한옥 건물을 3층 건물로 개조하여 판매면적을 늘리는 한편 경품대매출 행사를 돕는 등의 활약을 했다고 한다.

[그림 85] 1931년 화신백화점 근무할 당시 이순석의 모습(왼쪽으로부터 두 번째)

그러나 1년 남짓 화신백화점에 근무하던 이순석은 과로를 이유로 그만두고, 마침내 1932년 7월 소공동 조선호텔 옆에 '낙랑파라'라는 다방을 열었다. 2층 건물의 1층은 다방, 2층은 화실로 사용되던 이곳은 프랑스 파리에서 유행했다는 살롱과 비슷해서 문인, 화가 등 예술가나 예술가 지망생들이 주로 모여 고전음악을 감상하면서 예술을 논하고 작품구상을 하는 등 그야말로 예술가들의 집회소 구실을 했다.[166]

---

(166) 이순석,「노교수와 캠퍼스와 학생: 정년퇴직한 석학들의 회고기」,『하라 이순석』(1993), p193

동경미술학교를 마친 뒤 한동안 화신상회에서 많은 보수를 받으며 쇼윈더 데생을 그려주던 화가 이순석씨의 경영이다. 장소는 경성부청의 백악 5층루를 마주 선 장곡천정(長谷川町:오늘날의 소공로) 초입에 있다. 서반아에나 온 듯 남국의 파초가 문밖에 푸르고 있는 3층루다. 윗층은 아틀리에요 아래가 끽다점이다. 널마루 위에 톱밥을 펴서 사하라 사막 위에 고단한 아라비아여인들이 앉아 물 마시듯 한잔의 차라도 마시는 그 정취가 사랑스럽다.

- 『삼천리』 제6권 「끽다점평판기」(1934) -

[그림 86] 낙랑파라 전경

낙랑파라의 실내는 1920년대 이후 유행한 일본식 아르데코(Art Deco)풍⁽¹⁶⁷⁾으로 만들어졌다.⁽¹⁶⁸⁾

---

(167) 힐러리 프렌치. 최윤아 역, 『건축의 유혹』. 예담. 2003. p110
(168) 김민수.『이상 평전』. 그린비. 2012. p326

아르테코는 1920~1930년대 대표적인 건축양식으로 이 양식의 건축물들은 대부분 기본적으로 단순한 입방체 형태에 수평적 요소와 수직적 요소를 병치시켜 극적 효과를 높이고 건물 상부로 갈수록 뒤로 물러나는 공간이 배치되어 볼륨감을 높였다.

건물 2층에는 "ATELIER"라고 쓴 명판과 1층 벽에는 "PARLOUR NANGNANG, TEA ROOM", "DESIGN, PORTRAIT, PAINTING"라고 쓰인 간판을 걸어 색다름을 더했다. 더구나 종로 근방 카페의 큰 폐단이었던 기생이나 주정꾼 출입이 전혀 없어 비로소 문화 살롱으로서의 분위기를 낼 수 있었다.

장곡천정으로 가다가 「낙랑파-라」 이 집을 내가 제일 좋아한다. 쏙 들어서면 그 화려하고 경쾌한 맛이라니. 현대인의 미감을 만족시킨다. 맞은 편 벽에 반이체의 여인초상화가 걸렸다. 서양 배우의 「푸로마이드」 도 뒤적거려 본다. 「레코드」 가 돌아간다. 사람의 마음을 부드럽게 어루만져 주는 그 음향-...(중략)... 케잌을 포크로 쿡 찔러 먹었다. 김치를 젓가락으로 먹는 것보다 한층 더 문화적임에 쾌감을 느낀다. 서울은 파리와 같이 생각되고 조그만 차점도 세계에서 제일 큰 사교장 같이 생각된다 ...(중략)... 뽀이를 불러 신문을 청햇다. 활동사진에 나오는 서양뽀이의 차림새다. ...(중략)... 차ㅅ집! 이것은 우리에게 현대의 감각을 자극시키는 매개장이 아니냐. 이만한 데만 와도 훨씬 명랑한 기분을 맛보는 소득이 있다. 그리 하야 그 귀중한 돈 이십 전이나 오십전을 아낌없이 내어 놓는 것이다. ...(중략)...호주머니의 단 몇십 전이라도 있거든 찻집으로 가거나 식당에라도 가서 「라이쓰카레」 한 그릇이라도 먹으면 뱃속은 어떻든지 기분 그 놈의 기분만은 백 이십 퍼센트로 유쾌하리라. 차 한잔 또 청햇다. 나는 당연히 이 사교장의 여왕이나 된 것 같은 자부심이 생긴다.

- 이선희, 『별건곤』 제69호 「다당여인(茶黨女人)」 (1934) -

이처럼 반나체 여인의 초상화, 서양배우의 브로마이드, 레코드, 케이크, 라이스 카레 등 낙랑파라의 내부에는 이국적이고 근대적이지 않은 것이 없었다.

[그림 87] 낙랑파라 내부모습

또한, 차를 파는 공간 이상을 지향한 낙랑파라에서는 다양한 클래식 음악이 들려왔고, 문학제, 출판회, 개인전 등이 열렸으며 심지어는 영화도 상영(『조선중앙일보』.1935년 12월3일)되었다.

주인이 화가인 만치 여기에는 화가가 많이 찾아온다. 또 일본촌이 가까운 까닭인지 일본인이 많이 모이며 란데뷰에 몸이 곤한 청춘남녀들이 가끔 찾아들어 다리를 쉬인다. 금요일마다 뻭타-의 신곡연주가 있고 가끔 조고마한 전람회도 열린다. 서울 안에 잇는 화가, 음악가, 문인들이 가장 많이 모이고 그리고 명곡연주회도 매주 두어 번 열리고 문호「꾀-터」의 밤 같은 회합도 가끔 열리는 곳이다.

- 『삼천리(三千里)』 5권「인테리청년 성공직업(1)」(1933)

그러므로 그녀의 고백처럼 낙랑파라는 들어서는 순간 분위기만으로도 프랑스 파리의 사교장을 연상시키는 장소였다.[169] 낙랑파라가 무엇보다 의의를 지니는 것은 구인회(九人會)와의 연관성 때문이다. 구인회는 1933년 8월 15일 이종명, 김유영의 발기로 조직되어 몇 명의 탈퇴와 가입의 과정을 거친 후, 이태준, 김기림, 정지용, 박태원, 이상, 김유정, 김환태, 박팔양, 김상용의 동인을 가졌던 문학단체였다. 이태준은 구인회의 기억을 '낙랑파라'로 회상하였는데 그것은 그들이 매일 만나는 장소가 바로 그곳이었기 때문이다.[170]

"거의 매일같이 '낙랑'에서 만나는 얼굴에는 이상, 구본웅 외에 구본웅의 척분되는 변동욱이 있고, 때로는 박태원이 한몫 끼었다. 거기다 '낙랑'주인인 이순석-이 멤버는 모두 나보다는 앞서 서로 친한 사이들이었다."

- 김소운, 『그리운 그 이름, 이상』(지식산업사, 2004)-

이순석이 도쿄 유학시절 목일회의 김용준, 길진섭, 구인회의 이태준 등과 교유했고, 1930년에는 구본웅과 함께 '1930년 협회전'에 출품했던 인연이 있었다. 그러나 보다 단단히 그들을 묶었던 끈은 새로운 미학의 현대 예술에 대한 공통의 관심과 서로가 공감할 수 있는 예술적 취향이었다. 예술을 집합적이고 정치적인 표현으로 삼는 카프에 반대한 목일회와 구인회, 모두 강령이나 조직을 만들지 않았다. 이들은 다방에 모여 프랑스 시에서 출발하여 영화, 미술에 이르기까지 현대 예술 전반에 걸쳐 관심을 나누며 미적 감각을 단련시키고 예술 이론을 발전시켰다. 낙랑파라는 경성의 예술인들을 모더니즘의 첨병으로 키우는 교실이 되었다.[171]

---

(169) 전정은.『문학작품을 통한 1930년대 경성중심부의 장소성 해석』. 서울대학교환경대학원 석사논문. 2012. p103
(170) 최혜실.『한국근대문학사2』. 경희대학교출판국. 2005. p55
(171) 오윤정, 『한국근현대미술사학 제33집』「1930년대 경성 모더니스트들과 다방 낙랑파라」 2017.p42~43

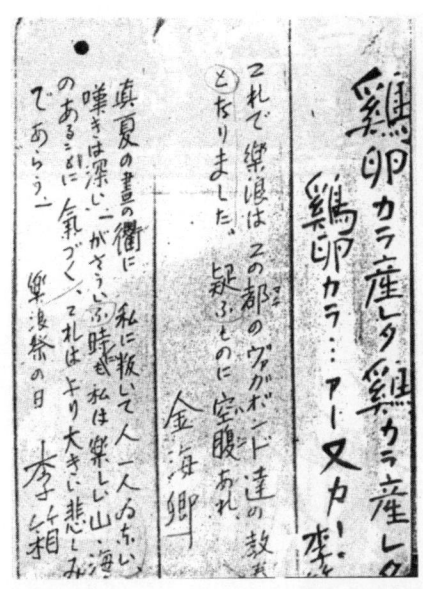

[그림 88] 이상이 '낙랑파라'에 남긴 낙서

그러다 1936년 여름, 이순석은 3년간 운영하던 '낙랑파라'의 문을 닫고, 여우를 기르는 목장, 경성양호장(京城養狐場)을 노고산 자락에서 시작한다. 그가 이런 선택을 한 이유에 대해 "생활과 미술을 두 가지 측면을 만족시키려면 돈을 벌어야겠다는 생각"에서라고 밝혔던 바와 같이 낙랑파라는 경영난으로 문을 닫은 것 같다.[172]

이 다방을 인수하고 나선 건 나운규의 작품이었던 '잘 있거라'의 여주인공이자 '종로' '홍길동전' '춘향전'에 출연해 인기를 얻고 있었던 김연실(金蓮實)이었다.

---

(172) 허보연, 「미술로서의 디자인:이순석의 1946-1959년 응용미술교육」, 『조형-아카이브』, 2010. p148

[그림 89] 배우 김연실 모습, 출처- 스마트 K

그런 그녀가 의학박사였던 이기승(李箕承)과 혼인한 후인 1935년 연예계를 은퇴하고 그 이듬해인 1936년 '낙랑파라'를 인수해 이름을 '낙랑'으로 바꾸고 운영한다. 김연실 역시 운영방침은 다르지 않아서 연주회와 레코드 감상회 등을 열었으나 총독부의 감시규제와 제2차 세계대전 이후 커피 보급을 비롯한 경제 여건이 급격하게 안 좋아지자 결국 1938년 그녀는 폐업을 선언하고 남편과 함께 만주국으로 떠난다. 그리고 이에 낙랑파라의 역사는 막을 내리고 만다.

다음으로 살펴볼 다방은 대표적인 근대 작가로 『날개』, 『오감도(烏瞰圖)』의 저자 이상(李箱:1910~1937)이 개업한 제비이다.

나는 한 박스에 아무것도 없는 것과 마주 앉아서 잘 끓은 커피를 마셨다. 총총한 가운데 여객들은 그래도 한 잔 커피가 즐거운가 보다. 얼른얼른 마시고 무얼 좀 생각하는 것 같이 담벼락도 좀 쳐다보고 하다가 곧 나가버린다. 서글프다. 그러나 내게는 이 서글픈 분위기가 거리의 티룸들의 그 거추장스러운 분위기보다는 절실하고 마음에 들었다.

- 이상, 『날개』(1936)

이상이 쓴 소설 「날개」에서 경성역의 '티-룸'은 세 번째 외출공간인데 일찍이 이상에게 있어서 다방은 아무도 안 온다는 익명성으로 인해 편안함을 느끼며 내가 쉴 수 있는 안식의 공간이었다.

그런 이상이 제비를 개업한 것은 1933년 7월 14일이었다. 서울 종로1가에 문을 연 다방 '제비'는 당대 예술가들의 아지트였다. 3개 벽면이 유리로 돼 있어 차를 마시며 바깥을 볼 수 있는 구조도 특이했다.

1934년 5월 1일 잡지 '삼천리'에 게재된 '끽다점 평판기'를 보면 "다방 손님은 주로 화가, 기자 그리고 일본 유학에서 돌아와 할 일 없이 차나 마시며 소일하는 유한청년들이었고" "그들은 '육색(肉色)' 스톡킹으로 싼 가늘고 긴 각선미의 신여성들을 바라보며 황홀해 했다."고 전하고 있다.

총독부에 건축기사로도 오래 다닌 고등공업출신의 김해경(이상)氏가 경영하는 것으로 종로서 서대문을 거치면서 10여 집 가서 오른쪽 페부멘트 옆에 나일강반의 여객선 같이 운치 있게 빗겨 선 집이다.
더구나 전면 벽은 전부 유리로 깔았는데 이색이다. 이렇게 종로대가(鍾路大家)를 옆에 끼고 앉았느니 만치 이집 독특히 인삼차나 마시면서 바깥홀 내다보노라면 유리창 너머 페이부멘트 위로 여성들의 구두빨이 지나가는 것이 아름다운 그림을 바라보듯 사람을 황홀케 한다.
육색(肉色) 스타킹으로 싼 가늘고 긴- 각선미의 신여성(新女性)의 다리 다리 다리-
이 집에는 화가, 신문기자 그리고 도쿄, 오사카로 유학하고 돌아와서 할 일 없어 양차(洋茶:커피)나 마시며 소일하는 유한청년(有閑靑年)들이 많이 다닌다.

봄은 안 와도 언제나 봄 기분 있어야 할 제비. 여러 끽다점(喫茶店) 중에 가장 이 땅 정조(情調)를 잘 나타낸 「제비」란 이름이 나의 마음을 몹시 끈다.

- 『삼천리』 제6권 「끽다점평판기」(1934) -

이상은 폐결핵 치료를 위해 머문 황해도 백천의 온천에서 만난 기생 금홍과 함께 제비를 운영했다. 그러나 이들은 돈이 없어 커피나 홍차를 제때 구비해 놓지 못했고 마담이었던 금홍은 영업에 크게 신경을 쓰지 않았고 자주 외출을 했다고 한다.

[그림 90] 1933년 배천에서 이상과 금홍, 출처-스마트K

제비는 종로 네거리에서 북쪽으로 조금 올라간 대로변에 위치한 붉은 벽돌집 일층에 대여섯 평 규모로 남쪽 큰길로 난 창을 뜯어서 바둑판 모양으로 네모진 창틀을 해 박았다. 안에는 사방이 흰 벽이고 아무 장식도 없이 동쪽 벽에다가 커다란 초상화를 덩그랗게 걸어놓았다. 그것은 삼십호 가량의 누른빛이 짙은 유화인데 이상이 선전에 입선한 작품이었다.

- 조용만((趙容萬:1909~1995)『구인회 만들 무렵』(1984) -

이처럼 제비의 분위기는 '을씨년스러움'이었다. 특징이라곤 고작 자화상으로 추정되는 그림액자와 등받이가 90도로 각진 형태의 마름모꼴 의자뿐이었다. 그러나 이런 미니멀 함은 실내공간에 근대 디자인의 이념인 '탈 장식 디자인'을 추구한 그의 이념을 고스란히 반영하고 있는 것으로 전근대를 뛰어넘지도 못하면서 모양만 근대인 이른바 '거짓 근대성'의 모순을 역설적으로 담으려 한 것으로 보인다.[173]

[그림 91] 제비에 걸려 있었다고 전해지는 이상 자화상

(173)　김민수, 위의 글.p325

많은 예술가들의 아지트로 여겨졌던 '제비'는 그러나 경영난을 이기지 못하고 불과 2년 만에 문을 닫게 된다. 이후 이상은 '쯔루(鶴)'를 인사동에 내고 박태원, 정인택 등 친구들을 불러 개업파티를 하기도 했지만 이내 얼마 안 가서 문을 닫게 되고 이어 식스나인 즉 '69' 다방을 개업하려고 했지만 개업하기 며칠 전 그 뜻을 알게 된 경찰이 허가를 취소하는 바람에 종로경찰서 관내에서 다방 영업을 할 수 없게 되었다고 한다.(174) 그러나 이상의 다방에 대한 열정은 여기서 그치지 않았고, 1935년 무기 즉 맥(麥)이라는 이름으로 다방을 열었으나 얼마지 않아 폐업하고 만다.(175)

[그림 92] 제비 下 박태원과 이상, 출처-『조선중앙일보』 1939년 2월 23일

한편 다방의 경영자와 위치에 따라 그 이용객이 달랐던 것으로 보인다. 앞서 언급했듯 '멕시코'는 맞은편에 극장인 우미관이 위치했기 때문에 (『중앙일보』 1932년 1월 27일) 장안의 문사, 음악사, 배우, 언론인들이 모여들었고, 영화배우 복혜숙이 주인이었던 '비너스' 역시 동료 배우들이 주로 출입(『동아일보』 1981년 5월 21일)하였다.

---

(174) 조용만, 『중앙일보』 1985년 2월 6일 「남기고 싶은 이야기들-30년대의 문화계」
(175) 이경재, 『서울정도 600년-제2권 개화풍속도』. 서울신문사. 1993.p29

주인인 이순석이 유학파 출신의 화가였던 '낙랑파라'는 문사, 해외문예가, 화가들이, 가수 출신의 강석연(姜石燕)이 운영했던 '모나리자'는 당대의 유명 가수들과 함께 금융가에 있었던 지리적 특성으로 말미암아 금융 관계자들이 주요한 고객층(『삼천리』제8권 12호)이었다.[176]

또한 신문기자 출신의 이상호가 개업한 '본아미'(『매일신보』1932년 5월 23일)는 신문기자들이, 미국 유학을 마치고 돌아온 이기붕(李起鵬:1896~1960)부부가 운영하던 '올림피아'에는 조병옥, 구자옥 등 정치인들이 찾아 왔다.(『삼천리』제10권 5호)

각 다방의 마담이 참석한 좌담회(『삼천리』제8권 12호)에서도 사회자는 외국에서 발달한 '살롱문화'를 언급하면서 조선에서도 그러한 노력을 해야 한다고 강조하고 있는데 실제로 다방의 운영자 중에 예술가가 많다 보니 다방의 특색에 맞게 문화와 관련된 다양한 행사가 이루어지기도 하였다.

앞서 언급한 '카카듀', '멕시코', '낙랑파라' 이외에도 음악 전문 다방으로 명성을 떨쳤고 '돌체'가 있었고(『조선중앙일보』1935년 5월 21일) 시인 장만영이 운영했던 미모사는 자신의 다방을 끽다와 음악(『청색지(靑色紙)』, 1938) 소개할 만큼 차와 음악을 즐기는 곳이었다.

이밖에도 '본아미'에서는 화가 구본웅의 개인전이 열렸으며(『동아일보』1933년 11월 19일)『동아일보』1934년 5월 9일 「학자(學者)들이 대동회합(大同會合)하야 진단학회(震檀學會) 조직(組織)」에 따르면 유치진(柳致眞:1905~1974)이 세운 '플라타나'에서는 민족문화 연구를 목적으로 창립한 진단학회(震檀學會)의 발기식과 창립총회가 열기도 하였다.

---

(176) 장유정, 위.의 글.p27~30

[그림 93] 유지친이 운영했던 다방 플라타나 외관

플라타나에서는 비교적 다양한 전시가 열렸던 것이 확인된다. 1934년 1월에 안석주 권구현 등 서양화가뿐 아니라 이용우, 최우석, 이승만, 김은호 등 10명이 모여 화단 십인 서화전(畵壇十人書畵展)을 열었고 같은 해 8월에는 판화연구가 및 무대장치가인 김정환(金貞桓)과 이병현(李秉玹)이 25일부터 31일까지 7일 동안 20여점의 목판화 작품을 전시했다. 또 허남흔(許南昕)의 소묘 소품전도 같은 해 12월에 열렸고 1936년에는 임군홍, 엄도만, 송정훈, 최규만이 결성한 녹과전(綠果展) 제1회전이 6월 10일부터 사흘 동안 열렸다.[177]

또한 커피 하우스는 정치적 공론 공간으로서 작동하기도 하였는데 황해도 사리원(沙里院)의 '이향보(伊香保)'라는 곳에서는 일찍이 1931년 '지주 반대 운동'이 일어났고 (『동아일보』 1931년 6월 13일 「어지둔수조계보(於之

---

(177) 목수현, 「1930년대 경성의 전시공간」, 『한국근현대미술사학』, 2009. p109

屯水租繼報)」) 1932년 '사리원 발전 좌담회(沙里院 發展 座談會)'가 개최
(『동아일보』 1932년 6월 18일)되어 지역 발전의 담론들이 논의되었다.

한편, 이상이 「날개」에서 카페를 안식의 공간으로 여겼던 것처럼 박태원의 역시 「소설가 구보씨의 일일」에서 '다방'은 내가 하루종일 머무르는 곳으로 어머니로부터의 강요에서 벗어나 원하는 삶을 찾고 이상을 추구하는 공간의 상징으로 드러내고 있다. 또한 이형교는 「다방(茶房)」을 통해 즐거운 몽상 세계를 가져다주는 일종의 '환상의 고향'으로 표현하고 있으며, 편석촌은 「카피 잔(盞)을 들고」에서 커피가 근대 문명의 경험이자 상상력의 소산임을 찬미하고 있다.[178] 그리고 이효석의 「공상구락부」에서는 '찻집(다방)'이 실직자들이 모여드는 우울한 공간임을 보여준 반면 이태준은 「장마」에서 나를 기다리기나 하고 있는 것처럼 누군가 날 반겨주는 공간 즉 사교와 만남의 공간으로서의 다방을 말하고 있다.[179]

---

(178)   박숙영.「한국민족문화」제25호「근대문학과 카페」2005. p50~51
(179)   하은지.「한국 30년대 도시소설을 통한 문화연구」. 한국해양대학교. 2011. p10~15

[그림 94] 1930년대 다방 다이나

일찍이 1936년 '경성도시문화연구소'에서 펴낸 『신판대경성안(新版 大京城案內)』에는 경성이 '다방의 범람시내'를 구가하고 있으며 멕시코, 프린스, 낙랑, 백룡, 돌체 등 '이 거리 저 구석에 멋지게 장식된 다방이 급격하게 증가했다.'라고 기록하고 있는[180] 것처럼 경성의 다방은 급격히 팽창하며 경성일대만 약 105점[181]이 존재했을 만큼 성행하게 된다.

이는 박태원(朴泰遠:1909~1986)의 「소설가 구보 씨의 일일」(1934)은 "마땅히"라는 단어를 통해 다방이 일상적인 공간의 영역에 들어왔음을 표현한다. 이를 보면 조선은행 앞에서 구보는 전차를 내려, 장곡천정(長谷天町)으로 향한다. 생각에 피로한 그는 이제 '마땅히' 다방에 들러 한 잔의 홍차를

---

(180) 강준만,오두진. 위의 글. p50
(181) 여환진,『본정(本町)과 종로(鐘路):재현을 통해 본 1930년대 경성 번화가의 형성과 변용』,연세대학교 석사학위논문, 2010, p139, p151

즐겼다.(182)

공상구락부는 대개는 허물없는 이름이었고, 대개는 하루의 대부분을 찻집에서 식어가는 코오피를 앞에 두고…(중략)…꿈이란 눈앞에 지천으로 놓인 값없는 선물이어서 각각 얼마든지 그것을 집어먹든 시비하는 사람은 없는 것이다. 그 허름한 양식으로 배를 채우려고 한 잔의 차와 음악을 구해서는 차례차례로 거리의 찻집을 순례하는 것이다.

- 이효석, 『공상구락부』, 작가문화, 2003.

 이효석(李孝石:1907~1942)의 「공상구락부」(1938)는 이러한 광경을 '순례'라는 모습으로 묘사하였고 이헌구(李軒求:1905~1983)의 글은 그곳으로 향하는 걸음이 습관화[183]되었음을 보여준다. 하지만 이렇듯 전성기를 구가했던 경성의 다방도 그러나 1940년대 전후 태평양전쟁으로 인해 커피 수입이 막히면서 쇠퇴 일로를 걸어 2차 대전 말기에는 거의 폐업 상태에 이르게 되고 말았다.[184]

---

(182) 박태원, 「소설가 구보씨의 일일」,『한국문학을 다시 읽다』, 중앙북스, 2008, p115
(183) 그들은 일제히 경쾌한 보조와 명랑한 얼굴로 습관적인 그 거름이 어느 다방 한 집을 차저들어 가벼운 멜로듸에 땐스의 한 스템을 사랑할 것도 갓다.- 이헌구, 『삼천리』 제10권 제5호, 「보헤미앙」의 애수(哀愁)의 항구(港口), 일다방(一茶房) 보헤미앙의 수기(手記)(1938)
(184) 강준만,오두진. 위의 글. p53

독립운동과 커피

　일제 강점기를 극복하기 위해 치열한 독립운동이 진행된 가운데 많은 독립운동 활동이 끽다점이나 다방과 같은 만남의 장소를 통해 이루어지거나 진행되었다. 그 중 안중근 의사와 관련된 일화가 눈길을 끄는데 당시 '신문조서'에 따르면 안중근 의사는 플랫폼으로 나가는 입구 오른쪽에 위치한 끽다점에서 열차가 도착하기 전까지 안중근 의사는 차를 마시며 이토 히로부미가 오기를 기다렸다고 한다.

...(상략)...
문 : 이토의 열차가 도착하기까지는 어디에 있었는가.
답 : 끽다점(喫茶店)에서 차(茶)를 마시고 있었다.
문 : 어느 쪽의 끽다점인가.
답 : 맨 가운데 있는 끽다점이었다.
문 : 그대가 「프랫트포옴」으로 나가는 입구에 가장 가까운 우편의 끽다점이 아닌가.
답 : 정거장에 가면 길이 있고 그 곳에 가면 우측에 일헌(一軒)의 끽다점이 있다. 그 집이다.
문 : 이토가 올 때까지 그 곳에서 차를 마시고 있었는가.
답 : 그렇다. 또 그 언저리를 왕래하고 있었다.
...(하략)...

- 출처 : 『한국독립운동사 자료 6권 안중근편 I』
「피고인(被告人) 안응칠(安應七) 제10회 신문조서」 1909년 12월 22일 -

　또한, 1940년 중국 중경의 가릉빈관(嘉陵賓館)에서 한국광복군의 성립전례식이 열렸는데 이때 김구 주석을 비롯해 많은 임시정부 요인들이 식이 본격적으로 시작되기 전 함께 커피를 마시며 성립전례를 기다렸다고 전하고 있다.

한국광복군 총사령부 성립전례식이 중국 중경의 가릉강(嘉陵江)가에 있는 가릉빈관(嘉陵賓館)에서 거행되다. 이날 식장에는 임정요인 의정원의원을 비롯하여 중국의 군·정부 요인들과 각기관 단체대표 그리고 각언론인 등 수백명이 참가하여 임시정부의 김구 주석의 주례로 식이 거행되었다. 이날 김구 주석의 개식사, 조소앙 외무부장의 성립경과보고 등과 축사 답사의 순으로 거행되다.

...(중략)...

 식이 개시되기 전에 내빈을 초대하는 응접실 소파에는 빈 자리가 없이 손님이 가득 차 있고 전례식 주석 김구(金九)선생과 광복군총사령 이청천(李靑天)씨는 만면춘풍의 기쁜 얼굴로 응접에 분망하며 그 사이로 백설같이 흰 옷을 입은 보이 사환들이 커피 잔을 들고 왔다갔다하며 접대가 매우 주도하다.

 ...(하략)...

-출처: 『한민(韓民)』제23호(1940.10.15.) -

[그림 95] 한국광복군 전례식 출처-독립기념관

커피와 의학

커피의 발견에 관한 몇 가지의 유력한 전설 중 가장 오래된 기원은 레바논의 언어학자 '안토니 파우스트 나이로니(Antoine Faustus Nairon)'가 1671년에 저술한 『잠들지 않는 수도원』에 등장한 '칼디(Kardi)'의 전설이다.

이 책에 따르면 6세 무렵 '에티오피아 아비시니아 고원'에 살던 양치기 칼디는 방목한 산양들이 밤낮으로 흥분하는 것을 목격하고 행동을 주의 깊게 관찰하여 마침내 언덕에 무성하게 자란 관목의 빨간 열매를 먹을 때 이러한 현상이 일어난다는 걸 알게 되었다. 이어 그 열매를 먹어 본 칼디는 자신도 기분이 상쾌해짐을 느끼고 마침 그 자리에 있던 이슬람 수도승에게 이야기하게 된다. 수도승은 즉시 그 빨간 열매를 수도원에 가져가 동료 수도승과 함께

4장 모던시대와 커피

맛보았고, 곧 졸음을 쫓는 효과가 있음을 발견하게 되었다.

칼디의 전설과는 달리 예멘의 승려인 '셰이크 오마르(Sheik O-mar)'가 커피를 처음 마신 뒤 전파되었다는 '오마르' 발견설이 있는데 이는 1558년 아브달 가딜이 쓴 『커피 유래서:커피의 정당성에 관한 결백한 주장』에서 13세기경의 이야기로 기술되어 있다. 이에 의하면 예멘의 승려 오마르는 모카(Moka)의 왕비가 병에 걸렸을 때 그녀의 치료를 담당하게 되었다. 그리고 얼마 지나지 않아 그녀와 사랑에 빠지게 되었고, 왕은 격노하여 그녀를 우사브 산으로 추방했다. 이후 배고픔을 못 이겨 산속을 헤매던 오마르는 새가 쪼아 먹는 모습을 보고 그 빨간 열매를 먹게 되는데 이 열매가 그의 피로를 풀고 심신에 활력이 되살아남을 느끼게 된다. 그 뒤로부터 그는 그 열매를 이용하여 많은 환자들을 치료하였고 결국, 왕으로부터 죄를 사면받아 성자(聖者)로서 존경받게 되었다고 전해진다. 이때 이 빨간 열매가 바로 커피 열매라는 것이다.

실체적인 모습으로서 역사에 커피가 등장한 최초의 기록은 페르시아의 의사였던 라제스(Rhazes:850~922)가 집필한 『의학집성』이었다.

종합의학서적인 이 책에서 '분(Bunn)'과 '분캄(Bunchum)'이라는 이름으로 등장하는 커피에 대해 "예로부터 아프리카에 자생하고 있는 '분(Bunn)'의 씨앗을 갈아서 끓여낸 액체-분캄(Bunnchum)으로 불리는 보릿짚 색깔 같은 황갈색 액체-는 위에 뛰어난 효능을 보인다."라고 서술하고 있다.[185]

이 기록은 두 가지 중요한 사실을 말해 주고 있는데 이 무렵 아프리카 지역에 커피가 이미 자라고 있었음을 확인해주는 동시에 커피를 액체 형태의 약으로써 음용하고 있었다는 사실이다.

이어 아라비아의 철학자인 '이븐 시나'(Avicenna: 980~1037)는 『의학전

---
(185) 오카 기타로,이윤숙 옮김 『커피, 한 잔의 힘』, 시금치.2009.p21

범(醫學典範)』에서 "분캄(Bunchum)은 사지를 튼튼하게 하고 피부를 정갈하게 하는 동시에 피부 밑의 습기를 없애는 효과가 있으며 온몸에서 향기로운 냄새가 나게 한다."라고 기술하고 있다.[186]

역시 1657년 5월 26일 런던의 주간지 『퍼블릭 어드바이저(The Publick Adviser)』에 등장한 최초의 커피 신문광고에서도 커피를 "위장을 보호하고 신체의 온도를 높여주어 소화를 촉진하고 정신을 맑게 하며 심장을 활력을 줍니다. 또한 눈의 염증이나 재채기, 감기, 콧물, 폐병, 두통, 통풍, 괴혈병 등에도 효능이 있습니다."라고 선전[187]하고 있다.

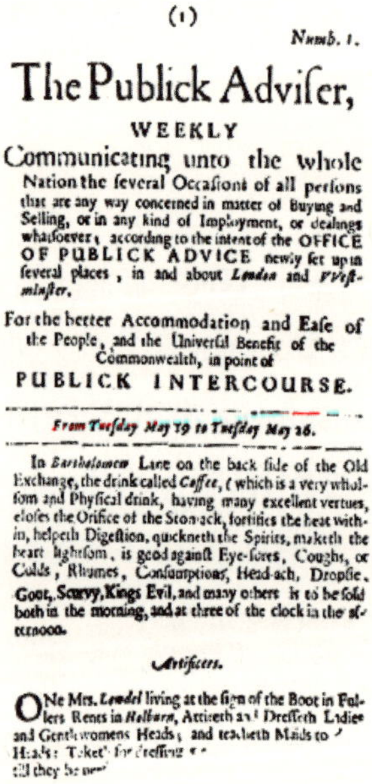

[그림 96] 1657년 최초의 커피 신문광고

18세기 무렵까지 커피를 판매하던 중 한 곳이 다름 아닌 약국이나 화학약품

---

(186) W.H 우커스. 노윤기 옮김. 『커피의 모든 것』. 바른번역. 2015. p18
(187) W.H 우커스. 노윤기 옮김. 위의 글 p73~74

판매소였으며 커피는 의약품으로 의사의 처방전에도 등장하는 물품이었다.[188]

한편 일본의 히로카와 카이(広川獬:?~?)가 1795년에 저술한 『나가사키 견문록(長崎聞見錄)』에는 커피를 서양인이 볶아 마시는 콩(蛮人煎飮する 豆) 카우히(かうひい)로 명명하고 있는데 이 책에서는 "비장의 운화를 돕고, 신트림을 없애며, 기를 내린다. 소변을 잘 보도록 해 주며 가슴이 답답한 증상이 낫는다. 평위산(平胃散), 복령음(茯笭飮)과 함께 마시면 효과를 볼 수 있다."라고 하며 그 약용과 효능에 관하여 기록하고 있다.[189]

우리나라에 들어온 커피의 약용작용이 수록된 최초의 책은 『위생요지(衛生要旨)』이다. 『위생요지』를 저술한 사람은 존 글래스고우 커(John Glasgow Kerr:1824 -1901)는 1853년 중국에 와서 광저우(廣州)에서 의료 활동을 시작해 나환자(癩患者)병원을 설립한 후 40년을 생활하다가 사망한 미국 장로교 선교회의 의사였다. 『위생요지』는 당시 그가 거주하고 있던 광저우(廣州)가 해안에 인접하여 기온이 높고 습한데다 주민들의 위생이 불결하여 질병이 자주 발생하고, 또한 질병에 걸려도 의사에게 치료를 받기보다 무술(巫術)에 의존하는 것을 보고 이를 계몽하기 위해 1883년 저술한 것으로 19개 항목 중 「논양신지익(論養身之益)」에서는 물, 차, 향신료, 우유 등과 함께 커피를 활용할 수 있는 약용품으로 기술하고 있다.[190]

현재 『위생요지』는 1881년~1887년까지 집중되었던 개화관련서적 수입 시에 들어왔던 것으로 추측되지만 정확하진 않다. 다만 1895년 전후에 편찬되었을 것으로 보고 있는 『집옥재서적목록(集玉齋書籍目錄)』에 기록되어 있는 사실에 비추어 보면 최소한 이보다 이전에 궁으로 유입되었다는 것은 분

---

(188) 오카 기타로, 이윤숙 옮김, 위의 글, p35~36
(189) 오카 기타로, 이윤숙 옮김, 위의 글, p48
(190) 서울대 규장각 기록원. 「위생요지(衛生要旨)」

명하다.(191)

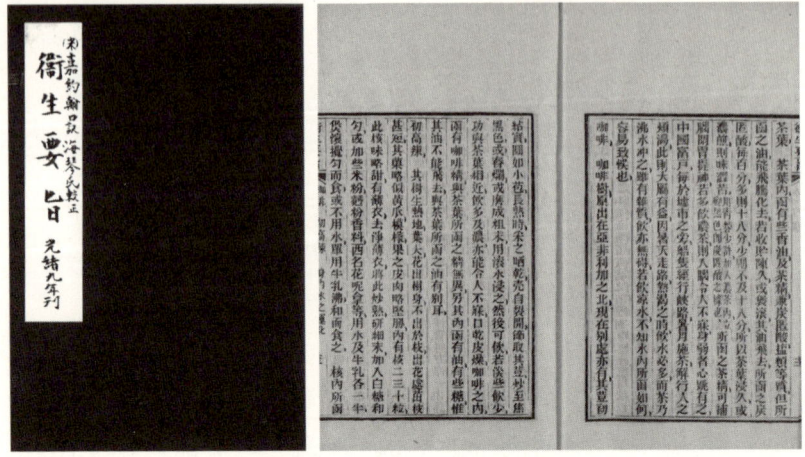

[그림 97] 위생요지 표지와 커피 관련 부분 출처-교토대학교 아카이브

한편 1900년 1월 2일 내무행정을 관장하고 있던 내부(內部)는 내부령(內部令) 제27호 『의사규칙(醫士規則)』를 제정하며 양약 관련 독극약 품목에 커피의 주요 성분 중 하나인 카페인(咖啡涅)을 극약으로 분류하고 있다.(『내부래문(內部來文)』16「의사규칙(醫士規則)」)

카페인은 커피나 차 같은 일부 식물의 열매, 잎, 씨앗 등에 함유된 알칼로이드(alkaloid)의 일종으로, 1819년 독일 화학자 프리드리히 페르드난트 룽게(Friedrich Ferdinand Runge)가 처음으로 비교적 순도 높은 카페인을 분리해냈고, 커피에 들어있는 혼합물이라는 의미로 카페인(kaffein, 영어로는 caffeine)이라는 명칭을 붙였다.

카페인이 인체에 미치는 영향은 개인의 신체 크기와 카페인에 대한 내성

---

(191) 장영숙 『한국근현대사연구 61』 『集玉齋書目(집옥재서목)』분석을 통해 본 고종의 개화서적수집 실상과 활용』, 한국근대사학회, 2012.p13,p15,p18

정도에 따라 다르지만 적당량을 섭취했을 경우 일반적으로 중추신경계와 신진대사를 자극하여 피로를 줄이고 정신을 각성시켜 일시적으로 졸음을 막아주는 효과가 있으며 이뇨작용을 촉진시키는 역할도 한다. 그러나 다량을 장시간 복용할 경우 카페인중독(caffeinism)을 초래할 수 있는데 이는 짜증, 불안, 신경과민, 불면증, 두통, 심장 떨림, 위궤양, 미란성 식도염, 위 식도 역류질환 등을 포함한 다양한 신체적, 정신적 증상을 일으킬 수 있다.[192]

우리나라 사람이 이와 관련하여 서술한 최초의 기록은 강병옥(康秉鈺:1880~1928)이 1906년 09월24일 『태극학보 제2호』「위생(衛生)」편에 기고한 글로 "차(茶), 커피(珈琲) 등(等)은 적당(適當)히 마시면(飮)면 양호(良好)하나 양(量)에 과(過)하면 소화작용(消化作用)을 방해(妨害)한다"고 기술되어 있는데 이는 엄밀히 말하자면 악용효과라기보다는 과다 복용에 관한 부작용을 설명하고 있는 것이다.

이후 『매일신보』 1927년 11월 03일자 「커피(珈琲)를 마시면 분앙(奮昻)이 된다. 그것은 유독물의 작용」에서 좀 더 구체적이며 자세한 커피의 약리작용을 다음과 같이 설명하고 있다.

가을도 깊어져서 이제는 찬 음식을 내려놓고 더운 음식을 많이 찾게 되었습니다. 그 중에도 늦은 가을 친능불아래에 '콥이(珈琲)'와 '홍차(紅茶)'를 많이 먹게 되었습니다. '콥이차'는 값이 좀 비싸게 먹으나 그 대신에 맛도 좋고 먹은 뒤의 기분도 비상히 흥분됩니다. '콥이'를 좋아하는 사람은 조금 피곤인 때에는 문득 '콥이' 생각이 나며 그런 때에 '콥이'를 먹으면 곧 피로한 것이 회복된다 함으로 '콥이'는 그것이 영양적 효과가 있기 때문에 그런 것은 아닙니다. 그 가운데 마취성을 가진 해로운 것이 있어 그것이 뇌를 자극하여 감각을 받은 때문입니다. 그러면 그것은 어떤 것이냐? 하면 '케후인'이라고 하는 '콥이'의 주요성분입니다. 그것은 '콥이'의 콩(豆)을 닦을지라도 없어지지 아니하는 것이니 마치 차(茶)가

---

(192) 『두산백과』「카페인(caffeine)」

운데 포함되어 있는 '탄닌'과 같은 것인데 좋은 차에 포함되어 있는 그것보다는 해가 적습니다만 심한 경우에는 뇌병을 얻고 더 불면증이 생기는 일이 많습니다.

그러므로 될 수 있는 대로 '콥이'는 조금씩 먹는 것이 좋습니다. 너무 많이 먹으며 몸에 좋지 못합니다. 특히 공부를 많이 하는 청년 등은 더욱이 '콥이'를 먹지 말고 보통 차를 먹는 것이 좋습니다.

-『매일신보』1927년 11월 3일 -

『동아일보』1931년 7월 13일 「독서자(讀書子)와 약물(藥物)」에서도 역시 "커피에는 어느 점(點)까지 이상적이라고 할 만 한 뇌흥분약(腦興奮藥)인 '카페인'이 섞여 있기" 때문에 "독서에 피곤할 때 이를 마시면 머리의 피곤은 어느덧 사라져버리고 다시 독서 할 용기가 난다."고 기술하고 있다. 또한 『동아일보』1932년 4월 28일 「만히 먹지 아니하면 커피는 무해 하다.」에서는 "미국 뉴욕대학의 생리학자 '췌네'교수의 말"을 인용하며 "커피가 사람의 몸에 미치는 영향은 90%의 사람에게는 무익무해 하다"고 전하며 "커피 안에 있는 카핀(카페인)은 일종의 약물로 이것을 남용하면 나쁜 결과를 맺지만 커피를 과하게 마시어 카핀의 해를 입는 것은 150잔 이상을 짧은 시간에 계속해서 먹는 경우라고" 말하고 있다. 그리고 이이 커피는 "심기가 상쾌하며 일시적이라도 긔갈(배고픔과 목마름)을 면하게 하고 피로를 회복시켜주는데 큰 효과를 가지고 있다."고 언급하고 있다.

덧붙여 『매일신보』1936년 5월 12일 「커피 한 잔쯤은 해가 안 된다.」라는 기사에서도 역시 "시카고 대학의 '노만-쿠퍼만' '물린' '나다니엘-클레이트만' 세 교수의 공동연구에 의한 수면에 관한 실험보고가 미국 생리학협회에 제출되었는데 그것에 의하면 '취침 전의 커피는 한잔 정도이면 그리 수면을 방해하지 않으나 두 잔 이상이면 차차로 잠을 못 자게 된다고 하였다."라고 기술하고 있다.

그런데 이와는 반대로 『동아일보』 1939년 8월 29일 「커피와 주름살 너머 많이 마시면 해로워요.」에서는 "커피와 홍차가 신경을 자극해서 흥분되는 것은 거기에 포함된 알카로이드 작용 때문"이라고 설명하고 있다. 여기서 말하는 알카로이드는 카페인을 말하며 보통 커피 한 잔에 약 0.8~2.5%가 함유되어 있다.[193]

위 기사는 이어 "알카로이드는 양이 적은 경우에는 흥분제로서 효과가 있으나 그 성분은 사람에게 불필요할 뿐만 아니라 이를 계속적으로 복용하면 위(胃)의 내벽이 마비되어 다른 영양분을 받을 수 없고 혈압이 올라서 곧 노쇠해 진다."고 하면서 "이를 많이 마시면 주름살이 많이 생긴다는 이야기는 허튼 소리가 아니니 젊은 아가씨들은 특히 주의 하라"고 강조하고 있다.

---

(193) 이승남. 『밥상의 유혹』, 경향미디어. 2010. p188

모던시대
커피시럽, 크림, 우유 광고

커피에 우유를 넣는 사람도 있으나 그것은 도리어 커피 차 맛을 좋지 못하게 하는 법입니다. 크림은 우유보다 좀 값이 비싸지만 한말을 스무 잔에 넣을 수 있습니다.

- 『중외일보』 1926년 12월 22일 -

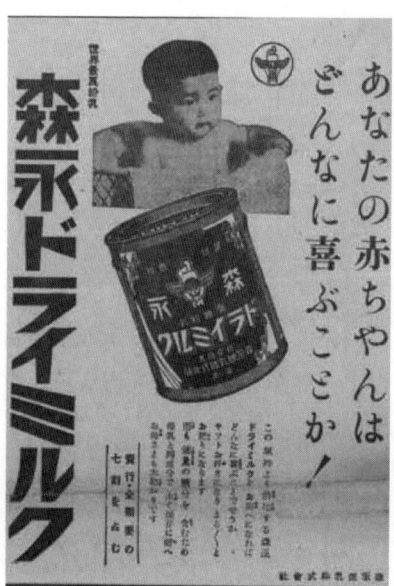 

[그림 98] 1930년대 커피에 넣어 먹었던 모리나가 우유와 크림 광고

여름철에 마침 적당한 연구가 발표되었습니다. 여름이 되면 어느 가정에서나 많이 사용하게 되는 음료를 상하지 않고 오래두어 두고 쓸 수 있는 방법인데…(중략)…유산음료, 커피

시럽, 토마토 케찹, 크림 등을 오래 상하지 않도록 하는 연구가 양조시험소에서 성공되었다는 것입니다.

- 『동아일보』 1939년 7월 3일 -

[그림 99] 모리나가 음료 광고(과일주스와 커피시럽-커피를 한층 쉽게 만들 수 있다고 적혀 있음) 출처- 경성일보, 1934년 7월 6일

커피 만드는 방법 소개

개항 이후 커피 제조방법이 처음 등장하는 기록은 1899년 간행된 『조양반서(造洋飯書) - 셔양 음식 만드난 책』이다.

이 책은 본래는 1852년부터 중국에 와 있던 미국의 침례교 선교사 크로포드(Tarleton Perry Crawford:1821~1902)의 부인(Martha Foster Crawford:1830~1909)이 편역 하여 1866년에 상해의 미화서관(美華書館)(American Presbyterian Mission Press)에서 신식활자로 간행한 책인데 1899년 언더우드(Horace Grant Underwood:1859~1916)가 한국어로 번역하여 간행하였다.

이 책은 서양의 식품이나 요리의 이름을 한국어로 번역할 때 다양한 방식을 사용하고 있는데 예컨대, 'soup'와 'gravy'를 각각 한자어인 '탕'과 '소탕'으로 'sausage'는 경우에 따라 '향긔로은 고기'로 의역하기도 하고 '쏘쎄쥐'로 음역하였으며, 'ham omelette'은 '계란쌈', 'tomato'는 '일년감'으로 번역하였다. 때문에 『조양반서 - 셔양 음식 만드난 책』은 19세기 말 서양 음식 조리법을 담고 있다는 점에서 큰 가치를 지닌 동시에 번역 및 외래어의 도입 과정을 살필 수 있는 흥미로운 문헌으로 평가받고 있다.

이 책은 총 271개의 세부항목으로 분류되어 있는데, 이 가운데 268개의 항목은 식품이나 요리에 대한 것이지만 3개의 항목은 세탁법이나 비누 제조법에 대한 것으로[194] 그중 제 251번 항목이 바로 커피에 관한 내용이다.

데 이백오십일(제 251)
카피(차일홈-차 이름)
관불에 카피를 보그되 부지런이 저어서 타지 말게 하여 더울 때에 우유 기름을 조곰 너어 병에 덥허 두엇다가 쓸 때에 카피 두 슈가락과 계란 한 개를 석거 십분 동안을 불에 복그며 더운물 두 잔을 부어서 불을 옴기고 냉수 반잔을 부으되 감안이 두고 요동치 말지니라.

- 『조양반서 - 셔양 음식 만드난 책』 -

---

(194) 안대현, 「조양반서(造洋飯書)」 소개 글. 서강대학교 로욜라도서관

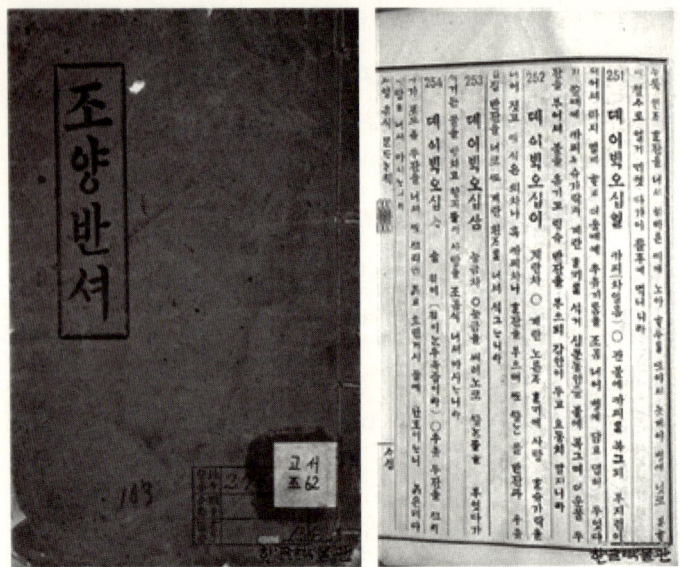

[그림 100] 조양반서 표지와 커피 나오는 부분 출처-디지털한글박물관

위 내용은 로스팅에서부터 추출하는 방법까지를 간단하게 기술하고 있는데 우유 기름은 버터를 말하며 로스팅 기술과 보관법이 발달하지 못한 19세기 중반 커피 제조법을 따라 하고 있다. 여기서 커피를 끓이는 가운데 달걀이나 그 껍질을 넣었던 이유는 '끓이기 방식'으로 만든 커피가 탁했기 때문이다. 즉 이는 미세해진 커피 입자를 안정시키기 위함으로 달걀의 알부민이라는 성분이 추출 시 높은 온도에 의해 원두 입자 표면에 응고되어 그 무게 때문에 커피 입자가 아래로 가라앉게 되는 원리였다.[195] 그러나 이와 같은 과정을 거친다 하여도 여전히 다른 방식으로 내린 커피에 비해서는 탁할 수밖에 없었다.

이러한 달걀이나 달걀껍질을 이용한 커피 제조 방식은 꽤 오랫동안 애용되었는데『매일신보』1936년 1월 5일「커피 홍차 맛잇게 끄리는 법」과 같은

---

(195) W.H 우커스. 위의 책. p194

신문 1941년 5월 22일 「아이스커피 이렇게 만들면 좋다.」에서도 등장한다. 전자는 끓일 때 달걀껍질을 넣으면 건더기(찌꺼기)를 빨아들여 맑아진다고 하였고 후자에서는 계란 흰자위 한 개 분과 껍질을 한꺼번에 넣고 물을 조금 부은 후 숟가락으로 잘 젓는다고 설명하고 있다. 또한 '끓이기 방식'은 1920년대 이후 신문에 게재되기 시작한 커피 제조법에도 자주 기록되어 있다.

『중외일보(中外日報)』 1926년 12월 22일 「겨울밤에 더욱 좋은, 맛 좋은 차 끓이는 법, 커피 홍차 코코아 초콜렛차는 이렇게」에서 커피 만드는 법에 대해 이야기하고 있는데 커피가 둥둥 떠돌도록 삼십 분 정도 끓인 뒤 불에서 내려 설탕을 넣으며 우유나 크림을 대신 넣는 경우도 있다고 설명하고 있다. 이렇게 설탕이나 우유, 크림 등을 넣어 끓이는 방식은 1933년 12월 22일 『조선중앙일보』 「커피 맛있게 끓이는 비결, 진한 것은 해롭다.」에서도 찾아볼 수 있는데 이 기사에서는 커피는 알맞을 정도로 연하게 타서 크림이나 우유 혹은 레몬을 넣어 마시라고 설명하고 있다. 특히 이 기사에서 흥미로운 점은 당시 커피는 진하게만 하면 좋다고 생각하여 쓰게 타서 마시는 인식을 지적하며 연하게 타서 마실 것을 권장하고 있다는 사실이다.

『동아일보』 1934년 12월 21일 「크리스마스 식탁 표와 요리하는 몇 가지 (하)」에서는 커피 다섯 큰 술, 뜨거운 물 네 컵을 넣고 2~3분 정도 끓이되 끓어오르거든 불을 낮추고 천천히 끓이면서 완성한다. 이후 뜨거운 물은 따로 준비하며 우유, 각설탕을 함께 내어 입맛에 맞게 넣어 마시도록 하되 진하면 뜨거운 물을 타서 내도록 한다고 설명하고 있다. 그리고 같은 신문 1934년 12월 21일 「커피 코코아 홍차 향기 조케 대리는 법」에서는 "한 사람에 차 술 수북하게 한 술 비례로 - 사람 수가 많으면 그보다 좀 적은 비례로- 하고 이때 달걀껍질을 가루로 만들어 두었다가 함께 넣으면 풍미가 더해지는바 그렇게 한 후 펄펄 끓는 물을 부어서 잠깐동안 뚜껑을 덮어 찌는 듯하여 완성한다. 단 이때 끓는 물을 넣은 다관(茶罐)을 불에 놓아 다시 끓이면 맛이 없어

지므로 이는 절대 안 된다."고 하였다.

한편 『매일신보』 1931년 3월 7일 「나라에 따라 다른 커피 타는 법」에서는 다양한 방식의 커피 제조방법을 다음과 같이 소개하고 있다.

커피를 맛있게 함에는 요컨대 가루에다 끓는 물을 부어서 사탕을 타서 달고 향기로운 물을 만들면 그만인데 한마디로 말하면 매우 간단하지마는 그렇게 하는데도 솜씨에 따라서 커피의 맛을 더하게 하기도 하고 또 없애기도 하는 것임으로 자연 타는 법도 여러 가지 종류가 있기 마련입니다.

다음으로는 외국 가정에서 하는 간단하게 타는 법을 소개합니다.
처음으로 소위 고전적인 방법인데 이것은 노과장치(濾過裝置)를 한 커피 끓이는 것을 사용하는데 새로 보온 커피를 골라서 여긔(노과장치)에 넣고 끓는 물을 살며시 부은 다음에 커피 끓이는 밑창을 끓는 물에 담아놓고 마십니다.
또 다른 방법으로는 일반이 행하는 방법인데 사용되기만 한 커피를 세 등분하여 최초의 3분의 1을 다관에 넣고 끓입니다. 그리하여 끓기 시작하면 3분의 1을 넣고 곧 다관을 불에서 내려놓은 다음에 향기가 발산되지 않게 뚜껑을 밀폐한 뒤 미리 커피 끓이는 그릇에 넣어두었던 마지막 분 3분의 1에다가 이것을 붓습니다. 그러한 다음에 따라 마시는데 그리 신통한 방법은 아닙니다.

그 다음으로 '브라질' 식의 커피라는 방법인데 이것은 몹시 간단한 것이 특징입니다. 특별한 커피 끓이는 그릇을 장만할 필요는 없으나 주전자든지 탕관이든지 아무것이나 할 수 있는데 우선 그 그릇 주둥이에 맞을만한 쇠줄을 둥그렇게 구부린 다음에 무명헝겊을 거기에다 붙입니다. 그런 다음에 좋은 커피를 골라서 여기다 넣고 그 위에다 끓는 물을 천천히 붓습니다. 이때 끓는 물이 커피와 잘 섞이기 위하여 숟가락으로 가끔 저어야 합니다. 또 한 가지 방법은 물이 끓는 새에 커피를 넣고 곧 무명헝겊으로 바쳐서 사용하는 것도 있습니다. 그런데 무명헝겊을 사용할 때에는 맨 처음에 커피 찌꺼기와 함께 헝겊을 한 번 끓여서 사용하면 헝겊 냄새도 없어지고 좋습니다.

다음으로 '토이기(터키)식'이라고 하는 커피 타는 법이 있습니다. 이것은 끓이기만 하면 그만이므로 특별한 그릇도 필요치 않고 가장 간단한 방법입니다. 커피는 극히 보드라운 가루를 사용하고 여기에다 끓는 물을 부어서 한참동안 그냥 내버려 두어서 대신에 집을 손이 있는 구리로 만든 단지를 사용합니다. 이와 같이 하여 커피를 마시는 자는 결코 사탕을 타지 않는다고 합니다. 그러나 만일 사탕을 탈 때면 커피를 넣을 때 가루사탕을 함께 넣어서 가라앉기를 기다라여서 그 위에 부분만을 마신다고 합니다.

- 『매일신보』 1931년 3월 7일 -

위 기사 첫 번째 방식에서 등장하는 노과장치(濾過裝置)는 '퍼컬레이터(percolator)'를 말한다. 1800년 '퍼컬레이터(percolator)'의 시초라고 할 수 있는 드 벨루아(De Belloy's) 주전자가 개발된 이후 널리 사용되었다. 퍼컬레이터는 일반적으로 물이 직접 닿는 용기(주전자)와 용기 바닥과 뚜껑까지 연결된 관, 관 위쪽에 붙어 있는 원두가 담기는 바스켓, 바스켓을 덮는 망으로 구성되어 있는데 용기에 물을 담고 끓이면 위로 연결된 관으로 물이 올라가며 물과 분리된 바스켓에 담긴 원두 위로 뿌려진다. 그런 과정에서 추출이 이루어지며 용기에 있는 물 안으로 조금씩 커피가 추출된다.[196] 이러한 '퍼컬레이터'를 1936년 1월 5일 『매일신보』 「커피 홍차 맛잇게 끄리는 법」에서는 가정용 커피기구로 추천하고 있기도 하였다.

두 번째 방식은 19세기 초 영국에서 등장한 방식과 비슷한데 이러한 방법에 대해 1834년 6월 14일 『페니 매거진(Penny Magazine)』에서는 '물을 두 주전자에 나눈 후 먼저 한 주전자에는 차가운 물과 함께 커피를 넣어 가열하여 끓기 시작하면 즉시 내려 가라앉기를 기다려 맑은 커피 추출액을 얻고, 다른 한 주전자에는 일단 물을 가열하여 끓기 시작하면 커피 가루를 넣고 3분 정도를 더 끓인 후 마찬가지로 가라앉기를 기다렸다가 맑은 커피 추출액을

---

(196) 커피노마드, 다양한 커피 정보와 이야기(https://story.kakao.com/ch/coffeenomad)

얻어 앞의 것과 합한다.'고 설명하고 있다.[197]

그리고 다음으로 브라질식이라고 소개된 여과망을 이용한 방식 중 그 하나는 드립식으로 헝겊 여과망을 이용한 방식은 이미 19세기 중반 유럽에서 널리 행해졌으며 다른 하나는 우려내기 한 커피를 간단히 걸러내는 방식을 일컫는다. 마지막으로 '토이기식' 즉 터키 스타일의 커피는 16세기 이후 일반화된 '이브릭(Ibrik)'을 이용한 커피제조방법을 말함이다.

이 중 여과망을 이용한 방식은 『동아일보』 1935년 11월 22일 「이러케 하면 일층 더 맛이 잇는 카피차 이야기」에도 등장하는데 여기서는 '먼저 물을 끓여 커피를 분량대로 넣는 동시에 불을 약하게 하면서 5~6회를 저으며 다시 끓어오르거든 불을 꺼놓고 2~3분을 그대로 두었다가 커피가루가 가라앉거든 차 거르는 곳에 거른다.'고 하였다. 또한 1935년 4월 3일 『매일신보』 「主婦(주부)의 알아둘 커피 茶(차) 맨드는법」에서는 '물이 끓으면 불을 끄고 물의 표면이 잠잠해짐을 기다려 커피 가루를 넣고 3분 동안 그대로 덮어 둔 후 커피 가루가 밑으로 가라앉았을 때 편면(片面) 네루(천)로 걸러낸 후 이렇게 내린 커피 액(液)을 다시 한번 냄비나 질그릇으로 끓인 후 적당한 컵에 담아 손님에게 낸다.'고 기록하고 있다. 그리고 『매일신보』 1935년 10월 15일 「珈琲茶(가배차) 이야기(下) 맛있는 커피는 어떠케 끄리나」에서는 '제일 이성적으로 커피차를 끓이는 방법은 펄펄 끓는 물을 붓고 헝겊으로 바치는 것'이라는 방법이 나온다.

커피 제조의 첫 조건으로 커피콩의 선택에 대해 언급하고 있는 기사도 종종 등장했다. 『매일신보』 1930년 11월 9일 「맛있는 커피를 잡수시랴면 콩 사는 때 주의하십시오.」라는 기사에는 맛있는 커피를 만들 수 있는 첫 번째 주의 사안으로 볶은 콩에 대한 지식을 다음과 같이 언급하고 있다.

---

(197) W.H 우커스. 위의 글. p192~193

제일 좋은 것은 커피콩 한가운데가 금이 쪽 간 것으로 그 금을 쪼개어 코에 대고 맡아보면 그 가운데 오래 부유 냄새가 난다. 그리고 볶은 콩은 표면에 기름기가 있고, 광채가 나는 것은 잘 볶지 못한 것이니 그것은 지반이 분해 된 것입니다. 그리고 콩을 가는 것도 부드럽게 갈면 좋다고 하지만 그것도 모르는 말씀입니다. 좀 거칠게 갈아야 더욱 향기롭습니다. 그런데 살때에는 갈아 놓은 것을 사지 말고 온 콩을 사서 서서히 갈아 쓰는 게 좋습니다.

- 『매일신보』 1930년 11월 9일 -

『동아일보』 1934년 12월 27일 「커피 코코아 홍차 사는 법과 택하는 법」에서도 이에 대해 게재하고 있는데 '싸기만한 커피 중에는 가금뿌리, 콩, 나뭇잎껍질 같은 것을 가루를 만들어 넣는 일이 있으니 만일 이러한 것을 알아보려면 컵에 물을 넣고 커피를 넣어보아 전부가 가볍게 떠오르거든 좋은 물품으로 알고 무거운 혼합물이 많으면 저절로 가라앉게 됨으로 좋지 못한 것이다. 또한, 끓여보면 빛이 엷고 향기가 높은 것이 좋은 것이다.'라고 하였다.

『매일신보』 1935년 4월 3일 「主婦(주부)의 알아둘 커피 茶(차) 맨드는 법」에서는 '지금까지는 새까맣게 탄 커피가 고급품(高級品)으로 인정되었으나 이는 잘못된 상식으로 이러한 커피는 사지 말라.'고 말하고 있다. 같은 신문 매일신보 1936년 1월 5일 「커피 홍차 맛있게 끄리는 법」에서는 '커피를 끓이려면 우선 콩(생두)대로 사다가 집에서 태우는 것이 제일이지만 기계가 없으면 탄 지 오래된 것은 맛이 없으니 태운 지 얼마 안 되는 것을 식료품점에서 사라'고 권하고 있다.

마지막으로 1941년 5월 22일 『매일신보』 「아이스커피 이렇게 만들면 좋다.」에서는 아이스 커피 제조법에 대해 아래와 같이 설명하고 있다.

커피는 더운 것에는 여러 가지를 쓰지만은 찬 커피에는 '자바' 것이 제일 좋습니다. 이 '자바커피'는 값도 그리 비싸지 않고 맛도 퍽 좋습니다. 따라서 아이스 커피는 이 '자바커피'로 만드는 것이 퍽 좋은바 아이스 커피는 흐리거나 검게 보이는 것은 보기에도 흉하고 마시면 맛도 좋지 못합니다. 아이스 커피는 반드시 투명하게 맑아야 합니다.

이 커피를 넣는 방법은 큰 사시에다가 잔뜩 담은 커피를 물 한 컵의 비례로 타는 것이 좋습니다. 이것을 잘못 넣으면 맛이 좋지 못합니다. 좀 더 자세히 이야기하면 다음과 같습니다. 세 사람 먹는 것을 만든다고 하면 먼저 큰 사시에 커피를 듬뿍 세 숟가락 떠서 커피 끓이는 주전자에 넣고 다음 닭의 알 흰자위 한 개 분과 흰 껍질을 한꺼번에 넣고 물을 조금 부은 뒤에 숟가락으로 잘 젓습니다. 다 저은 뒤에 뜨거운 물을 컵으로 네 컵쯤을 붓고 불을 때서 끓입니다. 끓으면 더러운 찌꺼기가 올라오니까 뚜껑을 열어놓고 한 40분 동안 그대로 끓이면 커피는 아래로 가라앉고 투명한 맑은 커피가 됩니다. 아이스 커피는 이것을 차게 하면 그만입니다. 이 아이스 커피에다가 크림을 조금 타면 맛도 더 좋아지고 빛깔도 좋습니다.

- 1941년 5월 22일 『매일신보』 -

이를 통해 당시 아이스 커피는 뜨거운 커피를 차게 만들어 마시는 커피임을 알 수 있는데 참고로 1928년 6월 7일 『동아일보』 「여름의 가정 지식 - 냉장고 이야기 上」에서 이미 일부 가정에서 냉장고를 쓰고 있다는 내용과 『매일신보』 1941년 7월 29일 「불결한 음식물 일소(一掃)」에서 카페의 냉장고도 점검 대상이라는 내용이 있음을 볼 때 가정이나 카페에서도 냉장고가 사용되었음을 알 수 있다.

커피 기구 광고

 어떤 가정에서든지 대개는 '커피-포트'에 넣고 그대로 대고 끓이는 모양입니다만 그렇게 해서는 정말 커피 맛이 제대로 나올 리 없습니다. 그리고 한 번 끓인 커피는 절대로 다시 끓이거나 데우거나 하셔서는 못씁니다. 흔히 집에서 하면 진하게 나오지 않는다고 하시지만 그것은 량(量)이 적은 탓입니다. 제일 이성적으로 커피차를 끓이는 방법은 한사람 앞에 한 잔씩 적은 사지로 세 사지나 네 사지가 보통입니다만은 그보다 약간 많게 하고 펄펄 끓는 물을 붓고 헝겊으로 바치면 제일 맛있게 나옵니다.

-『매일신보』 1935년 10월 15일

[그림 101] 커피포트 광고 출처-매일신보 1939년 06월 03일

커피는 악마와 같이 검고 지옥과 같이 뜨겁고 사랑과 같이 단 것이 좋다는 서양 격언이 있습니다만은 그렇게 맛있는 커피차를 끓이려면 우선 콩대로 사다가 집에서 타는 것이 제일입니다. 그러나 기계가 없으면 탄지 얼마 안 되는 것을 식료품점에서 사십시오. 탄지 오래된 것은 맛이 없습니다. 끓일 때에 닭에 알껍질을 조금씩 넣으면 건더기를 빨아들여 만드는 것으로 만든 커피가 대단히 묽습니다. '퍼컬레이터'를 사다가 끓이시면 보통 가정에서는 충분할 것입니다.

- 『매일신보』 1936년 1월 5일

[그림 102] 퍼컬레이터가 있는 광고 출처-도쿄 아사히 신문, 1934년 8월 29일

4장 모던시대와 커피

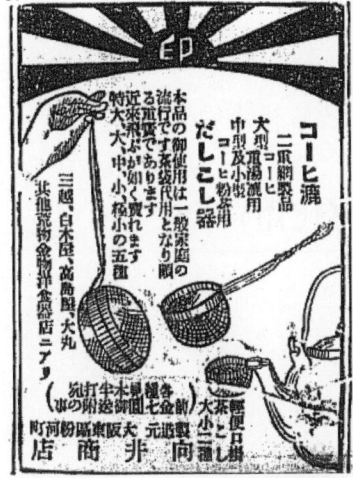

[그림 103] 1. 커피 거름망 출처-경성일보, 1925년 7월 17일

2. 끽다점 라인(도쿄) 출처-건축사진류취(1934)

3. 커피 분쇄기(광복전후) 출처-서울시립대학교 박물관

커피 가격과 대용(代用)커피

1910년~1945년까지 우리나라에서 통용되던 조선은행권 화폐 단위는 푼(分), 전(錢), 원(圓)이었다. 조선은행권 1원은 일본은행권 1엔과 같은 가치를 지녔는데 당시는 오늘날과 달리 물가와 소득 수준이 낮았고, 경제규모 또한 작았기 때문에 오늘날 돈의 가치와 비교하는 건 쉽지 않다. 다만 1930년대 당시 1원의 법정 평가는 화폐법(1897) 법률 제 16호 2조에 의거 하여 금 0.2돈(약.0.75g)이었던바[198] 이를 기준으로 현재 금 1돈 가격이 약 26만 2천원(금시세지표, 2020년 10월 10일 기준)임을 미루어 현재 가치로 환산해 보면 1원은 약 5만 원 정도로 추정해 볼 수 있다.

---

(198) 박상하, 『한국기업성장 100년史』, 경영자료사, 2013

4장 모던시대와 커피

이토 히로시(伊藤博)의 『커피 박물지(コーヒー博物誌)』(2001)에 따르면 일본의 커피 가격 변화는 1888년 1전 5리, 1897년 2전, 1907년 3전, 1916년 5전, 1921년과 1926~30년은 10전, 1934~1940년 15전 그리고 1945년은 5엔이었다. 1945년 무렵 가격이 폭등한 이유는 전쟁으로 인해 수입이 규제되었기 때문이었다.[199]

일본과 돈의 가치가 같았던 우리나라의 경우에 커피 가격도 크게 다르지 않았다. 1923년 8월 12일 『동아일보』 「월미도(月尾島)의 일야(一夜;하룻밤)」에 따르면 커피는 한 잔에 10전이었다. 그런데 놀랍게도 이 커피 가격은 한동안 변화 없이 유지되었는데 『별건곤(別乾坤)』 제30호(1930)에서 이 같은 근거를 확인해 볼 수 있다.

세계각국 야화집(世界各國 夜話集) 경성야화(京城夜話) 김을한(金乙漢)
4,50전(錢)만 가저도 하로 저녁의 위안을 어들 수 잇는 극장(劇場)과 10전(錢)짜리 백동화(白銅錢) 한푼만 잇서도 「뿌라질」에서 온 「커피」에 겸하야 미인(美人) 「웨이트레스」까지 볼 수 잇는 「카페-」조차 업다면 서울의 젊은이들은 갓득이나 고새(固塞)하고 건조무미(乾燥無味)한 생활에 얼마나 더 적막(寂寞)을 늣길 것인가?

- 『별건곤(別乾坤)』 제30호(1930) -

『별건곤』의 기록은 10전인 커피 가격이 비싼 가격이 아닌 듯한 뉘앙스로 기술하고 있으나 『동아일보』 1925년 4월 1일 「토굴빈민-생활비 5전」를 통해 극빈자 하루 생활비가 5전이었음을 상기해 볼 때 그리 싼 가격만은 아니었을 것이다.

이후 1937년 중일전쟁이 발발하면서 전시경제정책의 일환으로 동년 9월

---

(199) 山中雅大(야마나가 마사히로). 『喫茶店の大衆化過程における学生の利用状況(끽다점의 대중화에 관한 학생의 이용 상황)』. 東京経済大学(도쿄경제대학). 2015. p51

에 시행된 '수출입품에 관한 임시조치에 관한 법률'에 의해서 3백종의 수입 금제품(收入禁製品)이 규정되었다. 따라서 해외물자의 공급이 감소에 따라 물가가 등귀(騰貴)하여 소위 가격공정품(價格公定品)이 지정되는데 1939년에 이르러 '커피'도 그 품목에 들어가게 되었다.(『동아일보』 1939년 12월 12일) 이때 커피 가격은 25전이었다.(『매일신보』 1940년 11월 28일) 그러나 커피의 품귀현상이 계속되자 일부 커피점에서는 이보다 비싸게 팔아 폭리를 취하는 경우가 발생하였는데, 이에 따라 한 잔에 40전씩을 받아 단속, 처벌받는 사례도 생겨났다.(『동아일보』 1940년 6월 8일) 이어 25전이었던 가격은 1940년에는 18전으로 내리게 되었고,(『매일신보』 1940년 11월 28일) 1942년에는 12원까지 인하하기에 이르렀다. 이는 대용(代用)커피의 보급에 따라 원가가 30%~50%까지 적어졌기 때문이었다.(『매일신보』 1942년 10월 30일)

역사상 대용(代用)커피는 1809년 프랑스의 대륙봉쇄령 이후 나타난다. 영국을 고립시키기 위해 내린 대륙봉쇄령으로 영국을 통해 들어오던 커피가 부족해지자 프랑스인들은 커피와 맛이 비슷한 국화과에 속하는 다년초인 치커리를 말린 후에 볶아서 커피 대신 마셨다.[200]

커피 대용품

국산자원사변하(國産資源事變下)는 물론이오, 평시에 있어서도 국제수지 완화를 도(圖)할 입장으로 보아 대단히 필요한 것이다.
이와 같은 견지로 보아 수입품인 커피의 대용품을 생산하는 것도 의의가 있다고 믿는 바이다. 커피의 대용이라고 하면 먼저 일부분 다른 원료를 사용한다든가 전혀 다른 원료에 커피의 향기를 첨가한 제품의 두 가지 종류가 있다.
원료로 사용할 수 있는 것은 무화가, 대맥(大麥;보리), 귀리, 수수, 맥미(麥米;보리쌀), 낙화생(落花生;땅콩), 대두(大豆;콩) 등이 있다. 이것들의 곡식을 배연(焙燃;볶다)하면 그

---
(200) 김재현, 『루디's 커피의 세계, 세계의 커피』 3권, 아르고나인, 2016, p67

성분인 전분과 호정급당분(糊精及糖分)등은 캐러멜과 훈연고미질(燻煙苦味質;그을음과 쓴맛) 생성하여 커피 유사의 향과 맛을 발한다.
즉 곡실(穀實)은 많이 곡피(穀皮)중에 불쾌한 맛을 갖고 있는 물질을 포함하는 일이 많으므로 될 수 있는 대로 미리 물에 절여서 황색물이 침출하지 않을 때까지 충분히 세척하는 동시에 부유하는 제종(諸種)의 협잡물을 제거해서 한 번 열탕에 세척한 후 훈연로(燻煙爐)에 넣어서 처리한다. 여사히(이와 같이) 제조한 훈연물은 곡실의 종류에 따라서 다소 맛에 양부(良否)가 있는 대맥(大麥)과 맥아(麥芽)에서 제조한 것은 상당히 양호하다.
- 『동아일보』1938년 5월 20일 -

우리나라에서 대용커피가 보급되기 시작한 것은 위 기사에서 알 수 있듯 1937년 중일전쟁 발발 이후 커피 보급이 부족해지면서부터이다. 통제 이전에는 커피를 많이 먹지 않으면 해롭지 않다며(『동아일보』1932년 4월 28일) 소비를 유도하였으나, 통제 이후에는 커피를 너무 마시면 주름살이 생긴다는 등(『동아일보』1939년 8월 29일) 커피 소비를 줄이기 위한 노력을 기울였다.[201]

더불어 당국에서는 대용커피를 대대적으로 장려하기에 이른 것이다.
커피 대용품은 위에서 언급된 품목 이외에도 치커리,(『동아일보』1938년 2월 22일), 현미(玄米)(『동아일보』1938년 5월 21일)와 고거(藁苣) 즉 마른 검은깨(『동아일보』1938년 5월 24일), 금규과(錦葵科)에 속하는 목본성(木本性)의 식물인 오크라(okra)((『동아일보』1939년 5월 24일~25일) 등이 소개되기도 하였다.
또한 『매일신보』1940년 5월 13일에서는 가정에서 대용커피 만드는 법을 소개하고 있는데 대용품으로 검정콩을 소개하고 있다. 그 제조법은 "검은콩을 2홉쯤 물에 씻어서 자루 위에 놓고 물을 깨끗이 털어버린 다음 프라이팬으로 잘 볶은 후 헝겊에 조금씩 싸서 위로부터 무거운 쇠뭉치 같은 걸로 찧어

---

(201) 강찬호, 『관광연구제28권』, 『문헌을 통해 본 우리나라 커피의 역사』, 2013. p221

서 가루를 만들어 가지고 끓는 물에 조금 삶아 설탕이 들어있는 커피 잔에 넣으면 된다."는 것이었다.

[그림 104] 매일신보 1940년 5월 13일

이후 1941년 6월에는 콩으로 국산 커피를 제조하기 위한 공장이 세워졌다.

콩으로 '국산(國産)'커피 원산(元山)에 반도최초(半島最初)의 공장(工場)
식량계의 총아로 대두되고 있는 함남산의 우량대두(大豆)를 가지고 국산커피를 제조하여 국민보건영양제로서 방매하려는 기업이 원산에 새로이 일어났다. 원산시 내 중정(仲町) 삼우의일(三隅義一)씨는 요즘 동아커피 유한회사와 함남식품공업회사라는 새로운 회사를 조직하고서 함남산 대두의 배급을 요청하여 왔다. 고-히 대두 공장은 함남산 대두를 화학적으로 가공하여 소위 국산커피를 만들어 내는 것인데, 1년 5천 석의 대두를 쓰도록 하는데 규모의 것이다. 이것은 영양, 위생 어느 방면으로 보든지 함남산의 대두로서 이제까지 외국으로부터 수입하던 커피 이상의 좋은 커피를 만들어 낼 터이라고 하며 우선 7월부터 9월까지 동안 2천석을 배급해 주어 곧 착수하겠다는 것이다.

-『매일신보』 1941년 6월 8일 -

　동아(東亞)커피 유한회사와 함남식품 공업회사가 함경남도 원산에 설립되었으며, 그 해 흥아(興亞)커피 유한회사가 황해도 해주에 설립되었다. 물론 일본사람들이 설립하고 경영했던 회사였다. 동아커피의 경우 50,000원을 출자하여 만든 회사로 대두를 원료로 하는 국산 커피의 제조 판매, 대두의 가공 판매, 기타 부대사업을 하였고, 흥아커피의 경우에도 마찬가지로 대두를 원료로 커피를 제조하는 회사였다. (『조선은행회사조합요록(朝鮮銀行會社組合要錄)』(1942))

　그러나 대용원료로 사용하던 콩도 이내 조달이 어려워지자 백합뿌리가 활용되기도 하였지만(『매일신보』 1941년 9월 21일) 원래 커피 맛에 길들여 있던 사람들은 대용품으로 그 맛을 대신할 수 없었던 탓에 커피 하우스를 운영하던 사람들은 점차 폐업 혹은 전업할 수밖에 없었다.[202]

---

(202) 강찬호, 『관광연구제28권』, 「문헌을 통해 본 우리나라 커피의 역사」. 2013. p221

양탕국

　프랑스 사람이었던 플레이상(Plaisant)이 '부래상(富來祥)'이라는 이름으로 우리 역사 속에 등장한 건 무역회사 '한창'의 사장으로 선임되면서 부터이다. 이는 1910년 1월 22일 '황성신문'에서 확인할 수 있다. 이후 그는 경성부내 시탄시장을 운영하며, 왕성한 경제활동을 펼쳐나간 것으로 보인다. 일제로부터 우리 문화재를 지킨 전형필(全鎣弼)도 성북동의 부래상 소유의 '서양식집'(오늘날의 간송박물관 자리)을 매입할 정도였다. 이런 성공을 바탕으로 1931년 7월 그는 네덜란드의 명예 영사를 맡게 된다.
　그러나 그의 영광은 그리 오래가지 못했다. 1939년 8월 이른바 '가짜 박래(舶來) 화장품사건'이 터지는데 경찰 조사에 따르면 부래상은 영사관 간판을 내건 주택 안에 소규모 공장을 차리고, 조선이나 일본 등에서 만든 비누 가루분, 물분, 연지 등의 화장품을 이것저것 섞어 프랑스 파리 '세본(Cebon)' 회사 제품이라고 포장, 불과 사오원짜리를 삼십원 내지 칠십원씩 받고 팔아 수만 원의 이익을 올렸고, 탈세를 저지른 것이다. (『조선일보』, 1939년 8월 29일) 이 일로 플레이상은 그해 12월 영사직을 사임하고 이듬해 조선을 떠나 귀국길에 오르게 되면서 우리 역사 속에서 자취를 감춘다.

　그런 그는 우리나라 커피의 역사에서 흥미로운 일화를 남기는데 이규태(李圭泰)의 '개화백경'(조선일보 1968년 12월 26일)에 따르면 "1910년 전후 시장(柴場·땔나무 시장)을 운영하던 프랑스 상인 부래상이 자신을 '고양 부씨'로 소개하고, 보온병에 담은 커피로 나무꾼들을 유혹하였고 그때 그 커피가 나무꾼들 사이에선 '양탕국'이란 이름으로 불리었다."고 한다.

　물론 부래상과 양탕국의 명칭이 밀접한 관계를 맺고 있다는 당대 자료는 현재까지 찾아볼 수 없으나 1960년대 이후 자료에서 부래상과 시탄장 나무

장수 그리고 양탕국이라는 단어가 함께 등장하는 것으로 보아 부래상의 존재와 연관이 없다고 하더라도 양탕국이라는 용어는 서민들로부터 유래되었다는 것을 유추해볼 수 있다.

세금이 올음으로 경영할 수 업다고 시내뎡동(貞洞(정동))에 잇는 나무장(柴炭場(시탄장))은 지금부터 구년 젼에 덕국사람 '부래상'이가 개인의 경영으로 지금까지 입장료를 밧고 소와말게 실코오는 나무 장사를 드리여 오랫동안 시탄장을 경영하여 오던바 금번에 시탄장의 세금을 올느고 나무장수들에게는 과도한 입장료를 바들 수 업스므로 실디의 수입과 지출이 상당치 못하야 장구히 계속하야 갈 수 없다고 경성부에 폐지청원을 하얏다더라

-『동아일보』1920년 6월 15일 -

[그림 105] 1. 조선지지 자료(朝鮮地誌資料), (1919).
2. 플레이상과 그 조카 그리고 부래상상회 사진.

출처- 매일신보 1939년 08월 27일

프랑스인(佛人) 나무장수와 가배차(茶)

 1910년 전후, 지금 서울세종로 중부소방서 뒤편에는 부래상(富來祥)이라고 하는 프랑스사람이 나무시장을 벌이고 있었다.

 자하문과 무악재를 넘어오는 나무장수들은 황톳마루(지금 세종로 네거리 부근)를 지키고 있는 富來祥에게 눈에 띄던 그 장터에 짐을 풀지 않으면 안 되게끔 꾀임을 받았다. 그는 어깨에 화살통만한 보온병을 반드시 메고 있게 마련이며 나무장수가 다가오면 "고양(高揚) 부씨(富氏)입니다."고 인사를 청하고는 보온병에 들어있는 가배차(珈琲茶)를 따라준다. 나무장수들이 거의 고양사림임을 알고 있는 그의 상술이다.

『양탕국』이라고 나무장수 틈에 알려진 이 커피는 마땅히 모략을 받을만 했다. 그 무렵 독립문께에 화산시장(華山柴場;화산 나무시장), 서대문밖에 서문시장(西門柴場) 그리고 지금 의주로에 서외시장(西外柴場)등 나무시장 세 개나 있었고, 이 세 개의 시장은 최순영(崔淳英)이란 사람이 주인이었다. 부래상시장(富來祥柴場)까지 오려면 이 세 시장(柴場)을 거쳐와야 했다. 의주로에 있는 서외시장(西外柴場)은 이 부래상시장(富來祥柴場)을 방해하기 위하여 만들어졌다니 경쟁은 굉장했던 것이다. 따끈한 『양탕국』에는 아편이 들었고, 이 아편은 바로 10여년 전 순종황제가 마시고 이가 빠졌으며 속을 버린 그의 그 아편이라는 유언(流言)이 나돈 것이다.

 ...(하략)...

- 『조선일보』, 1968년 12월 26일 -

[그림 106] 경희궁 흥화문 근처의 시탄장사꾼.

출처-허버트 폰팅, 『1890~1903, 조용한 아침의 나라 조선』(1903)

05
부록

개화기 커피 표기변화(한국,중국,일본)

한국에 유입된 커피 수입량과 수입국

개화기 커피 표기변화

(한국, 중국, 일본)1. 한국 커피 명칭변화

년도	명칭	서명	저자	기타
1852년 경	加非(가비)	『벽위신편(闢衛新編)』	윤종의(尹宗義)	
1857년	加非(가비), 架非(가비)	『지구전요(地球典要)』	최한기(崔漢綺)	
1884년	珈琲(가배), 咖啡(가배)	한성순보(漢城旬報)		
1885~1886년	茄菲(가비), 咖琲(가배)	윤치호 일기	윤치호	
1895년	茄菲(가비)	『서유견문(西遊見聞)』	유길준(兪吉濬)	
1897년	珈琲(가배)	學部來去文(학부래거문) 1897년 6월16일		
	珈琲豆(가배두)	대조선독립협회회보 제9호 (3월 31일)		
1898년	咖啡茶(가배다)	고종실록 1898년 9월 12일(양력)		
	咖啡茶(가배다), 洋茶(양차)	『대한계년사(大韓季年史)』	정교(鄭喬)	
	咖啡茶(가배다)	『속음청사(續陰晴史)』	김윤식(金允植)	
	카피차	독립신문 1898년 9월 16일		한글표기
1899년	珈琲茶(가배다)	學部來去文(학부래거문) 1899년 5월18일		
	카피	조양반서(造洋飯書) (셔양음식 만드난책)	언더우드 (Horace Grant Underwood)	

5장 부록

년도	명칭	서명	저자	기타
1900년	加皮茶 (가피차)	황성신문(皇城新聞) 1900년 11월 24일		
1901년	珈琲(가배)	황성신문(皇城新聞) 1901년 6월 19일		
1902년	加皮茶 (가피차)	各部請議書存案 (각부청의서존안) (1902년 3월 26일)		
1904년	加皮茶 (가피차)	學部來去文(학부거래문) (1904년 4월 2일)		
1906년	加皮茶 (가피차)	各觀察道(去來)案 (각관찰도(거래)안) (1906년 3월 22일)		
	珈琲 (가배)	『태극학보 제2호』 9월 24일	강병옥(康秉鈺)	
1911년 경	양탕국	조선일보, 1968년 12월 26일 동아일보, 1920년 6월 15일		추정
1913년	커피	국민보 11월 19일		
1915년	珈琲(가배)	순종실록 부록 6권, 1915년 3월 4일(양력)		
1920년	珈琲(가배) 珈琲茶 (가배다)	개벽 제5호 1920년 11월 1일	현철	각본 격야
1920년 이후		* 1920년 이후 동아일보, 경성일보, 매일신보 등에 따르면 커피를 한자로는 가배(珈琲)일본어로는 コーヒー(코-히) 한글로는 고히, 커피, 카피로 표기하였다.		

2. 중국 커피 명칭변화

년도	명칭	서명	저자	기타
1843년	咖啡(가배) 珈琲(가배)	『해국도지(海國圖志)』	위원(魏源)	
1844년	柳椑(가비)	『상해대외경제무역지 (上海對外經濟貿易志)』 상해화상외무행출구화물정황표		1844년 4월~8월
1862년	咖非(가비)	상해신보(上海新報)		풍유행박 매광고 (豊裕行拍 賣廣告)
1866년	磕肥(개비)	『조양반서(造洋飯書)』	크로포드(高丕第)	
1872년	考非(고비)	상해신보(上海新報)		대리행박 매광고 (代利行拍 賣廣告)
1874년	茄菲(가비)	상해신보(上海新報)		노의사마 행박매광 고(魯意師 摩行拍賣 廣告)
1875년	咖啡(가배)	상해신보(上海新報)		융무행박 매광고(隆 茂行拍賣 廣告)
1876년	茄啡(가배)	『열국세계정요 (列國歲計政要)』	정창염 편저 (鄭昌棪 編)	
1877년	高馡(고비)	『신강백영(申江百詠)』	진교(辰橋)	
1892년	咖啡(가배)	『해상화열전 (海上花列傳)』	한방경(韓邦慶)	
1897년	加非(가비)	『시무통고(時務通考)』	기로주인 (杞盧主人)	
1901년	加(가비)	『원부(原富)』	엄부(嚴復)	*원부(原 富)는 국부 론의 번역 책이다.

5장 부록

년도	명칭	서명	저자	기타
1906년	加非(가비)	『병오제삼기관무상보(丙午第三期官務商報)』		
	考非(고비)	『호강상업시정사(滬江商業市井詞)』	이안주인(頤安主人)	
1909년	加非(가비)	『동화서록(東華緖錄)』	주수명(朱壽朋)	
		상해신보(上海新報)		상해지남(上海指南)
	咖啡(가배)	『해상죽지사(海上竹枝詞)』	주문병(朱文炳)	
1910년	珈琲(가배)	『대청광서신법령(大淸光緖新法令)』,		상표허책시판장정(商標許冊試辦章程)
	咖啡(가배)	『대청광서신법령(大淸光緖新法令)』		통상세칙(通商稅則)
1910년	咖啡(가배)	『청조속문헌통고(淸朝續文獻通考)』	류금조(劉錦藻)	
1916년	咖啡(가배)	『청패류초(淸稗類鈔)』	서가(徐珂)	

*이후 중국은 신문, 잡지, 문학작품 등 다수에서 咖啡(가배) 혹은 珈琲(가배)로 표기
*柯伶秦(가검진), 『咖啡與近代上海(커피와 근대 상해)』, 국립대만사범대학, 2012 를 참고하여 작성되었음.

3.일본 커피 명칭변화

년도	명칭	서명	저자	기타
1782년	コッヒイ(콧히이)	『만국관규(万国管窺)』	시즈키 타다오(志筑忠雄)	

년도	명칭	서명	저자	기타
1783년	波兊(파무) (バン: 팡)	『홍모본장 (紅毛本章)』 『아란타해토약품기 (阿蘭陀海土藥品記)』	임란원 (林蘭園)	バン은 아라비아어로 콩(豆)이며 영어의 ボン이다. 古闘比爲(コツビイ)는 일명 波兊(バン)이며 일명은 保子(ボク)이며, 일명은 比由兊那阿(ビユンナア)이며, 일명은 比由爾宇(ビユニウ)이며, 일명은 比由兊古於(ビユンコオ)이며,..
	保子(보자) (ボク:보쿠)			
	比由爾宇(비유이우) (ビユニウ;비유니우)			
	比由兊那阿(비유기나아) (ビユンナア:비윤나아)			
	比由兊古於(비유기고어) (ビユンコオ:비윤고나)			
	古闘比爲 (고투비위) (コツビイ;코츠비이)			
	古闘比爲豆 (코투비위두) (コツビイボン:코츠비위퐁)			
1792년	コピ(코피)	『북차문략 (北槎聞略)』	가츠라가와 호슈 (桂川甫周)	
1795년	*蛮人煎飲する豆(만인 전음하는 콩)	『나가사키견문록 (長崎聞見録)』	히로카와 (廣川)	*오랑캐가 끓여 마시는 콩이란 뜻
1796년	都兒格國の豆 (도아격국의콩) (トルコ:도루코)	『파류마와해 (波留麻和解)』	우다가와 겐즈이외 등 난학자들이 편집	*도아격국은 터키를 가리킨다.
1796년	各比伊(각비이) (コクビイ;코쿠비이)	『언록(蔫緑)』	오오즈키 겐스이 (大槻磐水)	
1797년	コヲヒの豆 (코웨히의 콩)	『나가사키 기합정(長岐寄合町)』	고가 쥬지로 (古賀十二郎)	기합정 -요리아이마치

년도	명칭	서명	저자	기타
1798년	歌兮(コーヒイ 一名 (일명) コツヒ)	『난원적방 (蘭畹摘芳)』	오오즈키 젠스이 (大槻磐水)	
	迦兮(가혜) (カッヘイ :캇헤이)			
	可喜(가희) (カッヘイ :캇헤이)	『난요법류해 (蘭療法流瀾)』		
1804년	カウヒイ (카이히이)	『경포우철 (瓊浦又綴)』	오오타 난보 (大田南畝)	
1807년	コーヒイ (코-히이)	『환해이문(環海異聞)』	오오츠키 젠타쿠 (大槻玄譯)	
	*煎り(ひき粉にして飲料にする豆)	**『도부파류마 (道富波留麻)』		*가루를 내서 음료를 만들 수 있는 콩 **네덜란드어 사전
1816년	哥非乙 (가비을) (コッヘイ :콧헤이)	『후생신편 (厚生新編)』	* 저서조소 (著書調所)	*서양학문을 가르쳤던 교육기관
	哥兮 (コッヘイ)	『가비을설 (哥非乙說)』	우타카와 요안 (宇田川榕庵)	
	骨喜(골희)	『난화대역사전 (蘭花對譯辭典)』	우타카와 요안 (宇田川榕庵)	*현대(現代) 일본에서 쓰이고 있는 가배 (珈琲)가 처음 만들어 등장한다.
	架非(가비) 珈琲(가배)			
1814년	黒炒豆 (흑초두) (コウヒマメ :코우히아메)	『신정불랑제어례 (新正拂郎祭語例)』	*모토키 마사히데 (本木正栄)	*네덜란드어 통역사
	骨喜(골희) (コーピ- :코-피-)	『난법구기 (蘭法枢機)』	*고모리 겐료 (小森玄良)	*막부시대의 의사
1819년	咖啡(가배)	*『오고운부 (五庫韻府)』	**R.Morrison (1782~1834)	*중국어로 번역된 영자자전 **영국출신의중국선교사

년도	명칭	서명	저자	기타
1826년	哥喜(가희) (コーヒー:코-히-)	『여지지략 (輿地志略)』	*아오치 린소 (靑地林宗)	*난학자이자 일본 물리학의 시조로 불림
1844년	過喜(과희) (コーヒー:코-히-)) 香湯(향탕)	*『아묵죽지 (亞墨竹枝)』	**이노우에 슌오우 (井上 春洋)	*아메리카 풍속 견문 기록 **난학자, 원래 이름은 井上黙이나 井上春洋로 널리 알려져 있다.
1844년	過稀(과희) (こうひい:코우히이))	『해외이문 (海外異聞)』		
	雁喰豆 (안식두)	『화보환표류기 (華寶丸漂流記)』		
1847년	口膏咭(고비)	English China dictionary		
1854년	コオヒ(코오히)	『시전방암일기 (柴田方庵日記)』		
1856년	加非(가비)	『지환계몽(智環啓蒙)』		
1857년	和蘭豆 (화란두) アメリカ豆 (아메리카 두), ホヲピ(호워피)	『몬베츠어용기 (モンベツ御用留)』		월동중인 근번(勤番-교대 근무자)들에게 괴혈병 예방과 보온, 건강증진을 위해 함관봉행(函館奉行)에서 그들에게 에 커피 콩을 세 봉지 씩 나누어 주었다고 기록되어 있음.
	豆の湯(콩탕)	『항미일록 (航米日錄)』		
1860년	架菲(가비)	『옥충좌태부일기 (玉蟲左太夫日記)』		
	茶豆湯 (다두탕) (カウヒン:카우힌)	『항미일기(航海日記)』	야나가와 마사키요 (柳川當淸)	
1860년	膏喜(고희)	『항미일지(米航日誌)』	사토 히데나가 (佐藤秀長)	
1862년	コーシー(고시)	『구행기(歐行記)』		

년도	명칭	서명	저자	기타
1862년	可非(가비) 茄韭(가구)	『미승구행만록』 (尾蠅歐行漫錄)	이치카와 세류 (市川 清流)	*막부시대 언어학자
1864년	扁豆(편두) 山羊旁の実 (산양방의 열매)	『영환지략』 (瀛環志略)		
1865년	*煎豆湯 (전두탕:コーヒイ)	『산내작좌위문일기』 (山内作左衛門日記)		*콩을 끓여서 만든 탕
1866년	*唐茶(당다:コーヒ) 唐(당)	『항해신설』 (航海新說)	나가이 타다시 (中井 貞)	*고대 일본시대부터 당(唐)은 종종 외국을 뜻하는 단어로 통용되어옴
1867년	カッフヘェー(캇훼)	『항서일기』 (航西日記)	시부사와 에이이치 (渋沢栄一)	
1869년	加菲(가비) (コーヒ-:코-히-)	『개지신편』 (開智新編)		
1871년	架啡茶(가배차)	materiamedaca &catalog history		
1871년	架啡(가배)	『세계상매왕래』 (世界商賣往來)		
1873년	茶豆(다두)	『신문잡지』 (新聞雜誌)87호		
1873년	加啡(가배)	『계몽지혜환』 (啓蒙知慧環)		
1873년	骨非(골비) (コ-ホヒ:코-호히)	『세계절용무진장』 (世界節用無盡藏)		
1873년	滑非(활비) 滑否(활부)	『신동경상매왕래』 (新東京商賣往來)		
1878년	焦製飲料 (초제음료) (コフヘ- :코후헤)	『요미우리신문』 (讀賣新聞)		광고
1879년	香湯(향탕) (コヒ: 코히)	『화류춘설』 (花柳春說)	정수경(鄭水慶)	

년도	명칭	서명	저자	기타
1888년	可否(가부)	『가부다관 (可否茶館)』		광고
1890년	珈琲(가배)	『동경일일신문 (東京日日新聞)』 -ダイヤモンド珈琲店 (다이아몬드 커피점)		광고
1904년	コーヒー (코-히-)	ブラジル・コーヒー 耕地 の事情、及各国植民の 状況 (브라질 커피 경작의 사정과 각국 식민지 상황)	미즈노 류(水野龍)	

* 1910년대 이후 신문에서는 한자로는 珈琲(가배), 일본어로는 コーヒー(코-히-)를 사용하게 되었음.

* 오쿠야마 지하치로(奥山儀八郎:1907년~1981)가 작성한 「かうひい異名熟字一覧(커피이명숙자일람)」을 참고하여 작성하였음

한국에 유입된 커피 수입량과 수입국

러일전쟁 직후인 1905년 말부터 일본정부는 조선의 총세무사(總稅務司)를 비롯하여 각 개항장의 세무사를 일본인으로 교체하였다. 1907년 4월 12일에는 해관(海關)이라는 전통적인 명칭을 일본식 호칭인 세관(稅關)으로 개칭하였으며 이듬해인 1908년 1월부터는 일본의 관세행정조직을 그대로 모방해 「관세국관제」 및 「세관관제」 등을 제정, 시행해 우리의 해관을 일본세관의 일부로 흡수, 통합해갔다.[203]

불행히도 커피의 수입량과 수입국에 관련된 사안을 알아볼 수 있는 자료는 그 일본에 의해 조선 무역에 대한 모든 사안이 정리된 『조선무역연표(朝鮮貿易年表)』에 등장한다. 1911년부터 발행된 『조선무역연표』에는 다행히 그 직전 3년간의 수출입 현황을 기술하고 있다. 이를 근거로 1908년부터 연도별 커피 수입액과 수입량을 정리해 보면 아래와 같다.

연도별 커피 수입액(円)과 수입량(斤)		
년도	수입액	수입량
1908년	3,451	9,545
1909년	3,944	10,860
1910년	4,124	9,418
1911년		
1912년	5,039	9,406
1913년	9,725	16,156
1914년	12,519	

---

(203) 한국학중앙연구원, 『한국민족문화대백과』 「해관(海關)」

연도별 커피 수입액(円)과 수입량(斤)		
년도	수입액	수입량
1915년	12,102	
1916년	12,508	
1917년	12,302	
1918년	16,162	
1919년	28,470	
1920년	36,703	
1921년	35,249	
1922년	25,464	27,020
1923년	12,353	13,739
1924년	11,055	8,471
1925년	6,206	3,878
1926년	8,318	5,615
1927년	5,811	3,687
1928년	5,334	3,695
1929년	9,470	7,980
1930년	7,573	8,805
1931년	6,282	6,538
1932년	9,057	7,128
1933년	2,708	1,827
1934년	2,836	3,039
1935년	4,011	3,604
1936년	3,885	3,595
1937년	2,430	1,806
1938년	140	84
1939년	1,275	4,227

연도별 커피 수입액(円)과 수입량(斤)		
년도	수입액	수입량
* 1911년 수입액을 알 수 없음 * 1911년, 1914년~1921년은 수입량을 알 수 없음. * 1912년~1926년은 코코아와 초콜릿을 포함한 분류임 * 1923년부터는 일본으로부터의 수입액은 제외됨		

『조선무역연표』에는 수출입(輸出入) 이외에도 이출입(移出入)이라는 용어가 등장한다. 여기서 수출입은 일본 이외의 나라와 행해진 조선과의 무역을 뜻하며 이출입은 같은 국가내의 이동이란 의미로 일본에 의해 사용된 일본과 조선 간의 출입물품을 지칭하는 용어였다.

커피와 관련하여 1923년 이전까지는 이 수출입과 이출입은 수이출입(輸移出入)이라는 한 항목으로 묶여 통계가 이루어졌으나 그 이후부터는 일본에서 유입되는 커피는 이입(入) 항목으로 통계가 산출되었다. 그러나 불행히도 커피는 이입품 중 음식물 항목으로, 차(茶), 술(酒), 청량음료(淸凉飮料), 우유, 기타 음료로 분류되었을 뿐 커피 항목만 따로 분류되어 있지 않았다. 때문에 커피 수입 중 비교적 큰 비율을 차지하고 있던 일본으로부터 유입 현황을 명확히 알 순 없었다.

한편 1929년부터는 커피가 코코아, 초콜릿과 분리되어 단일항목으로 분류되었다. 따라서 1930년 발행된 1929년도 『조선무역연표』 코코아 편에는 1927년부터 1929년까지 코코아의 수입액을 알 수 있는데 이를 통해 1927년과 1928년도의 코코아와 초콜릿을 포함한 총액 중 커피가 차지하는 비중을 알 수 있다.

먼저 1927년에 코코아만의 수입액은 1425엔이었으며 1927년도 코코아와 초콜릿이 포함된 수입액의 총액은 7236엔이었다. 또한, 1928년도는 총액이 7293엔으로 코코아의 수입액은 1959엔인바 이로써 초콜릿의 수입액 0원으로 거의 산입 되지 않았음을 알 수 있다.

이를 토대로 『조선무역연표』에 기록된 1927년부터 1939년까지 초콜릿을 포함한 총액 대비 커피만의 수입액을 산출해 보면 약 80.7% 정도에 이르는데 이로써 1912년~1926년도의 순수 커피만의 수입액이 해당년도 통계의 약 80% 전후였음을 짐작해 볼 수 있다.

대한제국 시기인 1908년부터 1910년까지 우리나라에 수입된 커피양은 평균 9,941근(斤)으로 그램(g)으로 환산해 보면 약 5,964kg이었다. 한편 1913년 수입량과 수입액을 통해 근(斤)당 단가를 알아보면 약 0.6엔이 나오는데 이와 같은 방식으로 1927년의 단가를 도출해 보면 크게 변동되지 않은 0.63엔이다.

이를 근거로 큰 물가변동이 없었음을 가정하자면 1914년엔 약 20,860여근(斤) 정도가 수입되었을 것이다. 그리고 수입액이 가장 많았던 1920년에는 약 61,100여근(斤)으로 약 36.6톤 정도로 추정해 볼 수 있다.

참고로 비슷한 기간 중국의 커피 수입량은 275.9톤(1920) 일본은 380톤(1921)이었으며 수입량이 가장 많았던 해는 중국은 1917년으로 8,685톤[204]일본은 1937년으로 8,571톤[205]이었다.

그렇다면 어느 나라에서 얼마나 수입을 하였을까?

	1912	1913	1914	1915	1916	1917	1918	1919	1920	1921
중국	887	350	341	91	83	12	180		302	108
일본	1,469	1,713	1,360	1,322	1,114	1,442	3,393	9,415	11,656	14,711
영국	198	998	4.601	2,777	3,921	161	1,404	701	2,519	3,231

[204] 柯伶秦(가검진), 『咖啡與近代上海』(커피와 근대 상해), 國立大灣師範大學(국립대만사범대학), 2012, p44~45
[205] 坂井素思(사카이 모토시), 『放送大學硏究 報(방송대학연구연보)』「コヒ 消費と日本人の嗜好趣味」(커피 소비와 일본인의 기호 취미)第25号.2007.p35

	1912	1913	1914	1915	1916	1917	1918	1919	1920	1921
영국령 인도	21	214	276	297	321	678	1,093	43	341	
영국령 아메리카		1				7				
프랑스	150	641	546	40	139					227
러시아		21	48	35	31	1				
이탈리아							24			
독일			1	88				121		
네덜란드			142		4		211		244	910
네덜란드령 인도		468	643	1,173	1,075	794	51		3,021	461
미국	2,529	5,283	4,692	5,999	5,575	8,544	8,939	16,256	18,473	10,674
스페인		35								
호주			110	6	18	10	5	10	18	390
필리핀	110									
터키	70							10		
이집트										571
기타	105	1	299	274	227	653	812	1,914	129	3,683
합계	5,539	9,725	12,519	12,102	12,508	12,302	16,162	28,470	36,703	35,249

*커피, 코코아, 초콜릿 분류
- 조선무역연표에서 이를 함께 분류하고 있음

	1922	1923	1924	1925	1926	1927	1928
중국		2	38		58		3(3)
일본	15,056						

	1922	1923	1924	1925	1926	1927	1928
영국	1,174	2,668	614	102		152	740
영국령 인도	48		3	1			
네덜란드	148			111	363		
프랑스	100	125	48		20	15	(15)
네덜란드령 인도		147					
미국	8,441	9,274	10,024	5,749	6,703	6,507 (5,234)	6,550 (5,331)
호주	497	137	326	3	527	2(2)	
오스트리아			2	9			
기타				231	647	(560)	
합계	25,464	12,353	11,055	6,206	8,318	7,236 (5,811)	7,293 (5,334)

*커피, 코코아, 초콜릿 분류
-조선무역연표에서 이를 함께 분류하고 있음
* ( )는 커피만의 분류
*1923년부터 일본으로부터 수입을 제외하고 통계를 산정했으나 그 수입액은 기타로 처리되어 파악할 수 없었음

	1929	1930	1931	1932	1933	1934	1935	1936	1937	1938	1939
중국	1										
독일		65									
영국	9		1								
만주국						8		13	2	2	1
관동주							1				
프랑스	771	180	350	350							
캐나다		14									

	1929	1930	1931	1932	1933	1934	1935	1936	1937	1938	1939
네덜란드령 인도	180	926	371	552							100
미국	8,284	6,254	5,560	8,153	2,421	2,243	3,397	3,871	2,427	128	15
브라질									1	10	1,159
호주								1			
기타	225	134		2	287	585	613				
합계	9,470	7,573	6,282	9,057	2,708	2,836	4,011	3,885	2,430	140	1,275

*커피, 코코아, 초콜릿 분류
- 조선무역연표에서 이를 함께 분류하고 있음

위 표를 근거로 먼저 일본이 포함된 1912년~1922년까지의 커피(코코아, 초콜릿 포함) 수입액 관련 나라별 비중을 분석해 보면 아래와 같다.

1912년~1922년 나라별 커피 (코코아, 초콜릿 포함) 수입액 현황		1927년~1939년 나라별 커피 수입액 현황(일본 제외)	
나라	수입액	나라	수입액
중국	2,354	브라질	1,170
일본	62,651	프랑스	1,666
영국	21,145	네덜란드 (령 인도 포함)	2,129
영국령 인도	3,332	미국	53,318
프랑스	1,184		
네덜란드 (령 인도 포함)	9,466		
미국	95,455		
기타	10,497	기타	2,529
합계	206,743	합계	60,812

이를 통해 당시 우리의 커피 최대 수입국이 일본이 아닌 미국이었음을 확

인할 수 있다. 또한 1912~1921년간 일본으로부터의 수입 비율이 약 30%정도임을 알 수 있는데 이를 근거로 수입(輸入)과 이입(移入)의 분리에 따라 전체를 알 수 없게 된 1923년도부터의 커피 수입액을 어느 정도 추정해 볼 수 있을 것이다.

다음으로 나라별 수입량의 현황은 아래와 같다.

	1912	1913	1922	1923	1924	1925	1926	1927	1928
중국	927	852		1	24		24		8(3)
일본	3,320	3,711		16,835					
영국	377	1,771	879	2,283	459	77		176	648
영국령 인도	51	361	42		4				
프랑스	375	1,183	383	306	27		18	(38)	
러시아		31							
러시아령 아시아	14	2							
네덜란드			110						
네덜란드령 인도		1,028	300		126	218			
미국	3,831	7,175	8,465	10,577	7,749	3,439	4,406	4,431 (3,211)	5,104 (3,692)
스페인		38							
호주			306	272	206	1	449	4	
필리핀	165								
터키	151								
기타	195	4			2	235	500	434 (438)	
합계	9,406	16,156	27,020	13,739	3,471	3,878	5,615	5,083 (3,687)	5,755 (3,695)

| | 1912 | 1913 | 1922 | 1923 | 1924 | 1925 | 1926 | 1927 | 1928 |

* 1914~1921년은 커피 수입량을 따로 산출하지 않았음
* 커피, 코코아, 초콜릿 분류
* ( )는 커피만의 분류
* 1923년 이후 일본으로부터 수입을 제외하고 통계를 산정했으나 그 수입액은 기타로 처리되어 파악할 수 없었음

	1929	1930	1931	1932	1933	1934	1935	1936	1937	1938	1939
독일		34									
영국	8	1						12	2	2	1
민주국						5					
프랑스	1,445	598	756	667							
캐나다		11									
네덜란드령 인도	310	2,573	1,029	1,595							95
미국	5,714	5,083	4,752	4,864	1,227	1,434	2,109	3,583	1,803	76	5
브라질									1	6	4,126
기타	503	506		2	600	1,600	1,495				
합계	7,980	8,805	6,538	7,128	1,827	3,039	3,604	3,595	11,806	84	4,227

* 1929~1939년은 커피만을 분류함
* 일본으로부터 수입을 제외하고 통계를 산정했으나 그 수입액은 기타로 처 리되어 파악할 수 없었음

한편 지금까지 1933년 이후 커피 수입량의 급감한 이유를 브라질에서 기인한다고 보아왔다. 당시 브라질은 다른 나라들에 비해 비교적 낮은 고도의 대규모 농장에서 커피를 경작하고, 적당한 습기, 비옥한 토지, 값싸고 풍부한 노동력 등의 조건으로 전 세계 커피의 40~50%를 점유하고 있었다. 그런데 1930년 풍작으로 인해 커피값이 폭락하자(『중외일보(中外日報)』1930년 4월 8일) 1932년 생산량을 완화하기 위해 커피 재배를 3년간 금지한다고 선포하기도 하였다.(『동아일보』1932년 11월 26일)

따라서 브라질로부터 커피 수입을 의존하고 있던 일본의 커피 수입이 어려움을 겪게 되었고 그에 영향을 받아 국내에서도 그러한 문제에 봉착하게 되었다[206]고 본 것이다. 그러나 이외에도 『조선무역연표』에서 드러난 커피 현황에서 알 수 있듯 우리나라 커피수입 급감의 또 다른 원인은 미국으로부터 파생된 것이었다. 제1차 세계대전 종결 후 경제적 호황기가 이어지자 1920년대 후반 과잉생산과 과잉소비 현상이 나타나며 이른바 '과잉축적'현상이 일어나고 있었다. 커피 역시 예외는 아니었다. 1920대에 늘려 심은 커피나무들에서 생산이 본격화되자 생산량이 크게 늘어 난 것이다. 그러나 자본 수출국과 수입국 사이의 불균형이 심화 되면서 1928년~1929년 국가 간 자본 이동 자체가 한계에 부딪힘에 따라 미국은 1929년 8월을 정점으로 산업생산이 감소하기 시작한다.

그리고 마침내 1929년 10월 24일 뉴욕 월가(街)의 '뉴욕주식거래소'에서 주가가 대폭락하며 '경제대공황'이 시작된다. 불황이 깊어지자 1930년 미국은 관세율을 인상하여 보호무역주의를 강화하는데 이러한 움직임은 전 세계로 퍼져 1932년에 이르면 세계 무역량이 60% 감소하는 결과를 낳게 된다.[207]

이에 따라 브라질 경제에 대한 대공황의 충격은 커피 가격의 하락과 수출입의 감소로 이어졌다. 대공황의 충격으로 말미암아 커피수출액은 1929년 4억 4천 6백만 달러에서 1932년 1억 8천만 달러로 급격히 감소했으며 교역조건 악화로 인한 구매력 역시 1929년에 비하여 63%로 떨어졌다. 따라서 브라질 정부의 관심은 당연히 전체 수출의 71%, GNP의 10%를 차지하고 있던 커피산업을 어떻게 지탱하느냐에 쏠리게 되었다.

---

(206) 강찬호, 『관광연구제28권』「문헌을 통해 본 우리나라 커피의 역사』, 2013. p219, p221
(207) 홍익희, 『2008년 금융위기의 실체』, 홍익인간, 2012

국제 커피 가격 하락이라는 충격으로부터 국가 경제를 보호하기 위해 그때까지 주 정부 차원에서 운영되던 커피가격지지 프로그램을 연방정부로 이관하고 1931년 5월에는 국가커피위원회(Conselho Nacional do Café)가 설립되었으며 정부는 모든 커피를 수매하였다. 그러나 석탄 대신 증기기관차의 연료로 쓰일 정도로 폭락한 커피를 팔수도 저장할 수도 없었기에 대부분의 수매 물량은 폐기 처분하기에 이르렀다.[208]

결국 이와 같은 일련의 경제적 상황으로 말미암아 커피 수입의 상당량을 미국과 일본에 의지해오던 우리 역시 그러한 영향을 받아 1933년부터 커피 수입량이 급격히 줄어드는 결과를 낳게 된다.

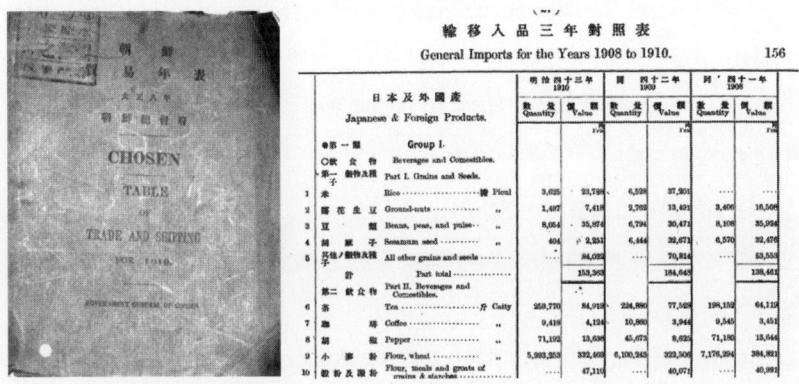

[그림 107] 조선무역연표 표지와 내용 출처-국립중앙도서관

---

(208) 김우택, 『라틴아메리카연구』,「라틴아메리카에서의 대공황의 영향: 정치경제학적 접근」.2007. p13~14

참고문헌 목록

국내참고자료

『고려사(高麗史)』, 『고려사절요(高麗史節要)』, 『조선왕조실록(朝鮮王朝實錄)』, 『승정원일기(承政院日記)』

『비변사등록(備邊司謄錄)』 『일성록(日省錄)』 「대한제국 관보(大韓帝國 官報)」 『명사(明史)』, 『청사(淸史)』

국사편찬위원회, 『각사등록(各司謄錄)』, 『각사등록(各司謄錄)』(근대편) 『고종시대사(高宗時代史)』

『주한일본공사관기록(駐韓日本公使館記錄)』, 『일제침략하 한국36년사』, 『한국근대사자료집성』

『대한민국임시정부자료집』 『한국사료총서』 『재외동포사 총서』, 『한국사연구휘보』 『한국 근현대 회사조합 자료』

『국사관논총(國史館論叢)』, 『신편한국사』

안축(安軸), 『근재집(謹齋集)』 / 이색(李穡), 『목은고(牧隱藁)』 / 김안로(金安老), 『용천담적기(龍泉談寂記)』

경섬(慶暹), 『해사록(海槎錄)』 / 허전(許傳), 『성재집(性齋集)』 / 홍만선(洪萬選), 『산림경제(山林經濟)』

이수광(李睟光), 『지봉유설(芝峰類說)』 / 김정희, 『완당전집(阮堂全集)』 / 이익(瀷) 『성호사설(星湖僿說)』 / 김원행(金元行), 『미호집(渼湖集)』 / 이구(球), 『부연일기(赴燕日記)』 / 김경선(金景善), 『연원직지(燕轅直指)』 / 이헌영(李𢡮永), 『일사집략(日槎集略)』 / 유상필(柳相弼) 『동사록(東槎)』 / 신좌모(申佐模), 『담인집(澹人集)』

이갑(李岬), 『연행기사(燕行記事)』 / 서영보(徐榮輔), 『죽석관유집(竹石館遺集)』

김기수(金綺秀), 『일동기유(日東記遊)』 / 정약용(丁若鏞), 『여유당전서(與猶堂全書)』

이규경(李圭景), 『오주연문장전산고(五洲衍文長箋散稿)』 / 남병철(南秉哲), 『규재유고

(圭齋遺藁)』

윤종의(尹宗儀), 『벽위신편(闢衛新編)』(한국교회사연구회, 1990) / 최한기(崔漢綺), 『지구전요(地球典要)』

유길준, 『서유견문(西遊見聞)』 / 윤치호, 『윤치호 일기』 / 김윤식(允植), 『속음청사(續陰晴史)』

정교(鄭喬), 『대한계년사(大韓季年史)』 / 황현(黃玹), 『매천야록(梅泉野錄)』

조선총독부, 『조선총독부 관보(朝鮮總督府 官報)』 『경성부사(京城府史)』, 『조선지지 자료(朝鮮地誌資料)』,

『조선무역연표(朝鮮貿易年表)』

단행본

서울특별시사편찬위원회, 『서울육백년사』, 1995

김은신. 『한국최초 101장면』. 가람기획. 1998

원융희. 『커피이야기』. 학문사. 1999

이재선. 『한국 소설사』. 민음사. 2000.

최성연. 『읽기 쉬운 개항(開港)과 양관(洋館) 역정(歷程)』. 해반문화사랑회. 2002

신복룡. 『이방인이 본 조선 다시 읽기』. 풀빛. 2002

이경재. 『한양이야기』. 가람. 2003.

김원모. 『개화기 한미교섭관계사』. 단국대학교출판부. 2003.

조우성. 『인천이야기 100장면』. 인아트. 2004

김성윤. 『커피 이야기』. 살림. 2004

박헌호. 『식민지 근대성과 소설의 양식』. 소명출판. 2004

김정동. 『고종황제가 사랑한 정동과 덕수궁』. 발언. 2004

강준만. 오두진. 『고종 스타벅스에 가다』. 인물과 사상사. 2005

김태수. 『꽃가치 피어 매혹케 하라 – 신문광고로 본 근대의 풍경』. 황소자리. 2005

김현숙. 『도시계획』. 광문각. 2006

이경훈. 『한국근대문학 풍속사전:1905~1919』. 태학사. 2006

이상문학회. 『이상소설작품론』. 역락. 2007

최규진. 『근대를 보는 창 20』. 서해문집. 2007

전광수, 이승훈 외 2명. 『기초 커피 바리스타』. 형설출판사. 2008

장수한. 『유럽 커피문화 기행』. 한울. 2008

김장춘. 『세밀한 일러스트와 희귀 사진으로 본 근대 조선』. 살림. 2008

유대준. 『COFFEE INSIDE』. 해밀. 2009

황지희, 오경화 외 3명. 『커피 & 티』. 파워북. 2009

주영하외 2인. 『제국 일본이 그린 조선민속』. 한국학중앙연구원. 2009

김훈태. 『핸드드립 커피 좋아하세요?』. 갤리온. 2010

박종만. 『닥터만의 커피로드』. 문학동네. 2011

정동진. 『한 잔의 역사, 차·커피·술 일상 다(茶)반사』. 인천광역시박물관. 2011

인천시립박물관. 『Coffee, 양탕국에서 커피믹스까지』. 인천광역시박물관. 2011

이윤선. 『테라로사 커피 로드』. 북하우스엔. 2011

김영철. 『영어 조선을 깨우다.』. 일리. 2011

장유정. 『다방과 카페 모던보이의 아지트』. 살림. 2012

김민수. 『이상 평전』. 그린비. 2012

이정학. 『가비에서 카페 라떼까지-한국커피와 다방의 사회문화사』. 2012

장수한. 『깊고 진한 커피 이야기』. 자음과 모음. 2012

이영숙. 『식탁위의 세계사』. 창비. 2012

최성환. 『문순득 표류연구-조선후기 문순득의 표류와 세계인식』. 민속원. 2012

김태웅. 『뿌리 깊은 한국사 샘이 깊은 이야기6 - 근대』. 가람기획. 2013

국립고궁박물관. 『궁에서 왕을 만나다.』. 디자인 인트로. 2013

주영하. 『식탁 위의 한국사』. 휴머니스트. 2013

이윤섭. 『커피 설탕 차의 세계사』. 필맥. 2013

박윤석. 『경성 모던타임스-1920, 조선의 거리를 걷다』. 2014

정영진, 차승은. 『맛있는 커피의 비밀』. 광문각. 2014

최승일. 『커피 컬쳐』. 밥북. 2014

김태환, 이미현 외 3인. 『조선의 풍경, 근대를 만나다.』. 채륜서. 2014

한국교회사연구소. 『한국천주교회사1~5』. 한국교회사연구소. 2009~2014

한국교회사연구소, 『베르뇌 주교 서한집 上 下』, 한국교회사연구소. 2018

손정목. 『손정목이 쓴 한국 근대화 100년』. 한울. 2015

국외논서(번역서 포함)

줄리아 알레니(Giulio Aleni, 애유략(艾儒略)). 『직방외기(職方外紀)』

마테오 리치(Ricci,M., 이마두(利瑪竇)). 『곤여만국전도(坤輿萬國全圖)』

위원(魏源), 『해국도지(海國圖志)』

서계여(徐繼畬), 『영환지략(瀛環志略)』

John Glasgow Kerr(미) 同譯 海琴氏(해금씨)(淸) 校訂, 『위생요지(衛生要旨)』 (1883)

언더우드(Horace Grant Underwood), 『조양반서(造洋飯書)(셔양음식 만드난책)』 (1899)

퍼시벌 로런스 로웰(Percival Lawrence Lowell). 『고요한 아침의 나라 조선』

윌리엄 칼스(William Richard Carles). 『조선풍물지』

헨리 거하드 아펜젤러(Henry Gerhard Appenzelle). 「한국에서 우리의 사명」

호러스 알렌(Horace Newton Allen). 「조선의 풍물(Things Korean)」

릴리아스 호톤 언더우드(Lillias Horton Underwood). 『상투잡이와 더불어 15년』

애니 엘러스 벙커(Annie Ellers Bunker). 「더 코리안 리포지토리(The Korean Repository)」 1895년 10월호

앵거스 해밀턴(Angus Hamilton). 「코리아(Korea)」

『하멜표류기』. 한글학회. 1937

『리델문서』. 한국교회사연구소. 1994

『베르뇌 (S.F. Berneux, 張敬一) 문서』. 한국교회사 연구소. 1995

까를로 로제티. 『꼬레아 꼬레아니』. 서울학연구소 옮김. 숲과 나무. 1996

리하르트 분쉬. 『고종의 독일인 의사 분쉬』. 김종대 옮김. 학고재. 1999

H.B.드레이크. 『일제시대의 조선 생활상』. 신복룡 옮김. 집문당. 2000

E.J.오페르트. 『금단의 나라 조선』 신복룡 옮김. 집문당. 2000

크리스토프 르페뷔르. 『카페의 역사』. 강주현 옮김. 효형. 2002

끌라르 보티에 외 1인. 『프랑스 외교관이 본 개화기 조선(En Coree)』. 김상희, 김성언 옮김. 태학사. 2002

힐러리 프렌치. 『건축의 유혹』. 최윤아 옮김. 예담. 2003

케네스 포메란츠. 『설탕, 커피 그리고 폭력』. 박광식 옮김. 심산. 2003

일본 역사교육자협의회. 『동아시아 역사와 일본』. 송완범 신현승 윤한용 옮김. 동아시아. 2005

스튜어트 리 앨런. 『커피견문록』. 이창신. 이마고. 2005

줄리오 알레니. 『직방외기 (17세기 예수회 신부들이 그려낸 세계)』. 천기철 옮김. 일조각. 2005

『뮈텔주교일기』. 한국교회사 연구소. 2008

우스이 류이치로. 『커피가 돌고 세계사가 돌고』. 김수경 옮김. 북북서. 2008

혼마 규스케. 『조선잡기(일본인의 조선정탐록)』. 최혜주 옮김. 김영사. 2008

존톤, 마이클세갈. 『세계의 명품커피』. 고재윤 옮김. 2008

오카 기타로. 『커피 한잔의 힘』. 이윤숙 옮김. 시금치. 2009

니나 루팅거, 그레고리 디컴. 『커피북 Coffee Book』. 이재경 옮김. 사랑플러스. 2010.

안드레 에카르트. 『조선, 지극히 아름다운 나라』. 이기숙 옮김. 살림. 2010

니시자와 치에코, 귀엔 반 츄엔. 『커피의 과학과 기능』. 이정기 외 2명 옮김. 광문각. 2011

이시와키 토모히로. 『커피는 과학이다』. 김민영 옮김. 섬앤섬. 2012

윌리엄 H. 우커스. 『올 어바웃 커피』. 박보경 옮김. 세상의 아침. 2012

도널드 서순. 『유럽 문화사 1~5』 오숙은, 이은진 외 2인 옮김. 뿌리와 이파리. 2012

하인리히 에두아르트 야콥. 『커피의 역사』. 남덕현. 자연과생태. 2013

스콧 F. 파커, 마이클 W. 오스틴. 『커피, 만인을 위한 철학』. 김병순 옮김. 따비. 2015

小坂貞雄,『外人の 觀たる 朝鮮外交秘話』. 조선외교비화 출판회. 1934
小林章夫.『ロンドンのコヒ·ハウス: 18世紀イギリスの生活史』. PHP硏究所, 1994
伊藤博.『コヒ 事典』.保育社.1994

논문 및 학회지

진명숭.『해국도지의 조선 개화운동에 끼친 영향』. 성균관대학교. 1977
신용하.「오경석의 개화운동과 개화활동」『역사학보107』. 1985
이향란.『대한제국의 황실재정에 관한 연구』. 숙명여대. 1989
김윤희.「대한제국기 황실재정운영과 그 성격」『한국사연구 90』. 1995
최경숙.「대한제국기 민족지에 나타난 경제 개혁론」『외대논총13』. 1995
이영호.「대한제국시기내장원의 외획(外劃-무역)운영과 상업 활동」
　　　『역사와 현실 15』. 1995
김종건.『구인회 소설의 공간 설정연구』. 대구대학교. 1997
김현숙.「한말 고문관 러젠드르(李善得)에 대한 연구」『한국근현대사연구 8』. 1998
오명금.『서계여의 서구 민주주의 인식 : [영환지략] 을 중심으로』. 이화여대. 2001
조현범.『19세기 중엽 프랑스 선교사들의 조선 인식과 문명관』. 한국학중앙연구원. 2002
노혜정.「최한기의 지리사상 연구」『서울대학교 국토문제 논문집』. 서울대학교. 2003
김의경.『魏源(위원)의 海國圖志(해국도지) 에 나타난 西洋認識(서양인식)』.
　　　이화여대. 2003
문화재청.『덕수궁보고서-기록화조서 보고서』. 문화재청. 2004
이민원.「일본의 침략과 대한제국의 경운궁」『한국독립운동사연구 22』. 2004
박숙영.「근대문학과 카페」『韓國民族文化 제 25호』. 2005
장영숙.『고종(高宗)의 정치사상과 정치개혁론 연구』. 상명대학교. 2005
최보윤.『闢衛新編(벽위신편)을 통해 본 '尹宗義(윤종의)'의 서양 인식』.
　　　서강대학교. 2006
권행가.「사진 속에 재현된 대한제국 황제의 표상」『한국근현대미술사학16』. 2006

김문식. 「고종 황제 등극의식의 함의」. 『조선시대사학보 37』. 조선시대사학회. 2006
조시내. 『대한제국기 궁중 연향용 가구 연구』. 홍익대학교. 2007
우정권. 「30년대 경성과 동경의 '카페' 유흥문화 비교 연구」. 『한국현대문학연구 제26집』.
　　　 한국현대문학회. 2008
이성복. 『19세기말 서양인의 고종인식』. 명지대학교. 2010
우동선. 「경운궁(慶運宮)의 양관(洋館)들」 『서울학 연구 40』. 서울시립대학교. 2010
서정현. 『광무개혁기 정동(貞洞)의 공간 변화』. 이화대학교. 2010
이정희. 「대한제국기 건원절 건축행사의 설행양상」 『한국 음악사학보45』. 2010
한철호. 「일제의 국권강점에 관한대한제국 집권세력의 대응과 그 한계」
　　　 『역사와 교육11』. 2010
김필동. 「대한제국기 '근대조직' 변동의 추이」 『사회와 역사 107』. 2010
하은지. 『한국 30년대 도시소설을 통한 문화연구』. 한국해양대학교. 2011
유근영. 『도시공간의 삶과 잠재된 이미지』. 홍익대학교. 2011
이정희. 「대한제국기 순종황제 즉위 행사와 음악」 『한국 음악사학보47』. 2011
하정미. 『한국 카페의 공간 생산에 관한 연구』. 동의대학교. 2012
전정은. 『문학작품을 통한 1930년대 경성중심부의 장소성 해석』. 서울대학교. 2012.
장영숙. 「집옥재(集玉齋書目) 분석을 통해 본 고종의 개화서적 수집 실상과 활용」.
　　　 『한국근현대사연구61』. 2012
조은주. 『근대기 한양도성 안 궁묘(宮廟)와 궁실(宮室)의 변용』. 서울시립대학교. 2012
임명선. 『구인회 소설의 공간표상 연구』. 부산대학교. 2013
최여진. 『근대 한국 커피문화 공간 연구』. 원광대학교. 2013
이규진. 「근대시기 서양인 시각에서 본 조선음식과 음식문화」
　　　 『한국식생활문화학회지28』. 2013
강찬호. 「문헌을 통해 본 우리나라 커피역사」 『관광연구28』. 2013
문화재청. 『덕수궁 미술관설계도』. 문화재. 2015
김동택. 「대한제국기 근대국가 형성의 세 가지 구상」 『21세기 정치학회보20』. 2015

신문 및 잡지

한성순보 / 한성주보 / 독립신문 / 독립신문-영문 / 대한매일신보 / 대한매일신보-국한문 / 매일신보 / 경성일보 / 황성신문 / 중외일보 / 동아일보 / 조선일보 / 중앙일보 / 조선중앙일보 / 국민보 / 경향신문 / 한겨레21 / 매일경제/한국일보 / 세계일보 / 도쿄 아사히 신문 / 오사카 아사히 신문 / 요미우리 신문 / 『태극학보』 / 『개벽』 / 『삼천리』 / 『동광』 / 『별건곤』 / 『대동아』 / 『세대』 / 『월간 조선』 / 『신동아』

인터넷 참조

국사편찬위원회 www.history.go.kr

조선왕조실록 http://sillok.history.go.kr

한국사 데이터베이스 http://db.history.go.kr

미디어 가온 http://www.mediagaon.or.kr

한국고전종합 DB http://db.itkc.or.kr

국립중앙도서관 www.nl.go.kr

국회도서관 www.nanet.go.kr

한식 아카이브 http://archive.hansik.org

서울대학교 규장각한국학연구원 http://kyujanggak.snu.ac.kr

한국민족문화대백과사전 http://encykorea.aks.ac.kr

국립고궁박물관 www.gogung.go.kr

서울 역사박물관 http://www.museum.seoul.kr

디지털 한글박물관 http://www.hangeulmuseum.org

경복궁 www.royalpalace.go.kr

창덕궁 www.cdg.go.kr

창경궁 www.cgg.cha.go.kr

덕수궁 www.deoksugung.go.kr

하버드대학교 도서관 http://hollis.harvard.edu

쿄토대학교 중요자료 아카이브 https://rmda.kulib.kyoto-u.ac.jp

인천 문화재단 웹진 플랫폼 http://platform.ifac.or.kr

한국 역사연구회 http://www.koreanhistory.org

문화콘텐츠 닷컴 http://www.culturecontent.com

스마트K http://www.koreanart21.com

전(全) 일본 커피협회 http://www.katocoffee.com/agca/index.html

UCC커피 박물관 https://www.ucc.co.jp/museum

동경대학 종합연구박물관 http://www.um.u-tokyo.ac.jp

히로시마 평화기념 자료관 http://www.pcf.city.hiroshima.jp

도쿠시마 카페 이야기 http://www.awacafe.com

네이버 캐스트- 한국 커피의 역사

http://navercast.naver.com/contents.nhn?rid=173&contents_id=13506

호시탐탐(다음 블로그) http://blog.daum.net/ysriver21/6043953

다음 블로그 http://m.blog.daum.net/sabul358/18321832

Thanks to

'한국 커피역사 이야기'를 기획하고 준비함에 있어 도움을 주신 많은 분들께 진심으로 감사 인사를 드립니다.

강동영님 강민성님 강봉묵님 강수정님 강신국님 강정원님 강지은님 고은지님
곽종우님 길종분님 김경수님 김기삼님 김다혜님 김남기님 김도훈님 김동호님
김　목님 김　민님 김맹준님 김병조님 김수훈님 김슬지님 김애서님 김영두님
김영주님 김유녀님 김은비님 김은식님 김일두님 김정아님 김정희님 김　진님
김진영님 김찬우님 김현기님 김현성님 김현숙님 남원식님 노승배님 문영미님
문종인님 문진영님 민슬기님 민예슬님 박기운님 박민규님 박상용님 박순철님
박윤혁님 박이추님 박지영님 박진규님 박형민님 박해정님 배상법님 백미숙님
배은식님 백은희님 백현희님 서정현님 소종호님 손혜선님 송륜석님 안강현님
안상철님 안소민님 안영웅님 안용현님 양임모님 엄명숙님 염태성님 오영석님
왕성수님 우혜정님 원영기님 원태산님 유성우님 유종현님 유지웅님 윤세국님
윤이정님 윤주영님 윤태영님 윤혜영님 이도형님 이상희님 이세진님 이승주님
이원중님 이은숙님 이재국님 이제임님 이지은님 이형춘님 이희춘님 임병현님
임종목님 임태훈님 임해진님 장동헌님 장수연님 장진기님 장준호님 전창호님
전천후님 정병대님 정영아님 정의창님 정승연님 정영혁님 정혜강님 정현진님
정효진님 조영수님 조한규님 조희경님 진나라님 진정순님 천명훈님 최성락님
최성욱님 최은영님 최은정님 최주리님 최형범님 최희수님 편성후님 한규봉님
한규준님 한상연님 한성숙님 허지현님 홍경일님 홍기남님 홍대길님 홍지원님
황가경님 황재송님 황현균님

그리고 션시내 이르마민들레 전주해피나비

개화기 한국 커피역사 이야기

발행 2021. 05. 06.
저자 김시현 윤여태
펴낸이 김시현
펴낸곳 피아리스
출판사등록 2017.03.28. (제407-06-26921호)
주소 전북 전주시 완산구 관선1길 87
전화 070-7807-8823
이메일 piaris12@naver.com

ISBN 979-11-970792-2-1
22,000원
ⓒ 김시현 윤여태 2021

본 책은 저작자의 지적 재산으로서 무단 전재와 복사를 금합니다.